弘 教 系 列 教 材

大学生
就业指导

黄时祥　俞智慧　主编

复旦大学出版社

前言

    大学生就业工作是一项重要的民生工程,是民生之本,承载着千万个家庭的希望,直接影响到高校的专业建设和学科发展,关系到社会的稳定与和谐。党中央、国务院高度重视高校毕业生就业问题,对做好高校毕业生就业创业工作提出了明确要求。党的十八大报告强调:要推动实现更高质量的就业,就必须做好以高校毕业生为重点的青年就业工作。教育部《关于做好 2015 年全国普通高等学校毕业生就业创业工作的通知》(教学[2014]115 号)要求"各地各高校要继续把高校毕业生就业创业工作摆在突出重要位置,加强组织领导,健全责任制度,明确任务分工,统筹推进工作。要创新服务方式和手段,加强督促检查和分类指导,及时研究解决工作中出现的新情况、新问题。要结合本地本校实际,切实加大就业创业资金投入力度,制定出台更加有力的政策措施,确保完成就业工作目标任务"。

    大学生就业指导与教育是一项高质量、高水平的就业服务,是高校义不容辞的责任。各高校都将大学生就业指导课作为公共必修课,加强对就业指导与教育的研究,改进教学方法,重视个性化和团队的指导。但近年来,高校毕业生的就业总量矛盾与结构性矛盾并存的局面没有完全改变。从学生的角度分析,主要是对国家扶持政策的理解不够、对就业市场的认识不到位、对就业前的准备不充分。高校的就业指导与教育工作任重而道远。

这本《大学生就业指导》是由学校具有丰富的就业指导实践与经验并长期从事就业指导教学工作的一线教师,根据国家现阶段对大学生就业指导工作的要求,分析目前大学生就业存在的问题,结合本校就业工作的实际编写的。从就业形势分析、就业前的准备、求职礼仪与技巧、求职心理管理、求职自我营销、基本权益保护,同时结合经典的和我校历届毕业生就业的案例,对大学生就业提供全方位的指导和教育,引导学生顺利走入社会,实现理想就业的目标!

编　者

2016 年 9 月

目录

第一章　高校毕业生就业形势与政策

就业乃民生之根本。随着我国高等教育改革的不断深入和经济社会不断的发展,高等教育得到了跨越式发展,办学规模扩大,招生人数逐年上升,高等教育已经由精英化向大众化转变。因此,高校毕业生的就业形势发生了极大的变化。

了解社会就业环境,选择就业或参与创业,对于即将毕业的大学生来说是人生的一次重要抉择。大学生就业虽然是个个体的过程,但是一个人的发展不会游离于国家、社会大环境之外,而是与这个大环境息息相关。大学生应该对当前的就业现状及其未来发展方向有一个全面、客观、清醒的认识,主动适应当前的就业形势,转变择业观念,准确为自己定位,将个人能力充分发挥出来,从而实现自己的人生价值。

第一节　高校毕业生就业现状分析

近年来,大学毕业生就业形势越来越严峻,就业压力明显增大,从宏观上看有以下几个方面:

一、供求矛盾突出

我国高校自 1999 年开始大规模扩招以来,毕业生人数逐年大幅度增加,2014 年全国高校毕业生人数再创新高,规模达到 727 万人,约是 21 世纪初毕业生人数的 7 倍,堪称史上"最难就业季",2015 年、2016 年更是有增无减,分别达到了 749 万、765 万人。据统计,近几年我国每年新增劳动力近 1 000 万人,加上城镇再就业劳动力,全国每年需要就业的劳动力达 2 000 多万人。从岗位需求来看,如果我国经济增长速度保持在 9%,每年也只能够安排 1 200 万人左右的新增劳动力就业,这样我国每年可供就业的岗位缺口约在 800 万人以上。数据表明,求职人数与岗位需求间的突出矛盾,直接导致了高校毕业生就业难,预计这种供需矛盾将会在较长一段时间内持续存在。

图 1-1 2001—2015 年全国高校毕业生人数

二、结构性矛盾明显

长期以来,我国东西部发展差距较大,东部发展速度大大高于中西部地区,反映在就业市场上表现为"孔雀东南飞"的现象,大学毕业生不断涌向发达地区,导致这些地区就业竞争加剧。相反,欠发达的中西部地区则面临人才紧缺问题,少数地区甚至出现需求岗位数大于求职人数。于是在我国出现了明显的就业区域结构性矛盾。高校专业设置和社会需求专业间也存在明显的结构上的矛盾,部分专业的毕业生人数远大于社会需求人数,而有一些专业的毕业生却不能满足岗位需要。

三、社会需求人才标准不断提高

用人单位提高对毕业生的素质要求是大学生就业市场成为"买方市场"的

必然结果。当大学生劳动力资源成为一种非稀缺资源时,企业为了招到真正的人才,必然从一个更宽广的范围,通过多种形式去挑选最适合的、高素质的毕业生人才。一般来说,用人单位对毕业生的素质要求主要有五个方面:

（一）更加注重毕业生的个人品德修养

德才兼备、品学兼优已成为许多用人单位招聘人才首选的标准之一。毕业生的诚信程度、吃苦耐劳的精神、事业心、责任感、良好的团队意识和过硬的心理素质已成为是否被录用的重要条件。一直以来,获得过三好学生、优秀学生干部、学生党员等荣誉的毕业生普遍受到社会用人单位的欢迎。

（二）更加注重毕业生的专业水平和知识结构

社会的发展使学科之间的交叉应用越来越广泛和普遍,这就要求毕业生具备扎实的专业知识和较广的知识面。例如,是否参加过创业大赛,是否有科技发明,是否发表过学术论文,这些也已成为社会用人单位考虑的重要因素。

（三）更加注重毕业生的社会经历和工作经验

与社会应聘人员相比,刚出校门的大学毕业生最欠缺的就是社会经历和工作经验。现在很多大学生已经意识到了这一点,在校期间他们积极参与各种社会活动,提高自己的交际能力和组织领导能力,使自己在投身工作后能够独挡一面;在假期,他们主动寻找单位进行专业或非专业实习,增加自己的社会经历。

（四）更加注重毕业生的实际应用能力

用人单位对人才的消费采取更加务实的态度,对毕业生的技能和实际应用能力有了更高的要求。拥有各种技能等级考试证书的实用型人才越来越受到用人单位的青睐。随着毕业生求职队伍的扩大,用人单位的招聘门槛也在逐步提高。

（五）更加注重毕业生的创新和团队协作精神

创新是一个民族的灵魂,也是一个企业的灵魂。团队协作精神是一个企业发展的动力。用人单位在招聘毕业生的时候当然希望大学毕业生富于创新精神、集体观念强,而那些思维保守、集体观念淡薄的大学毕业生则是不受欢迎的。

四、经济发展走势的影响

一个国家的经济发展情况直接关系到该国的就业状况,经济发展得好就业需求就旺盛,相反,就业形势就严峻,就业压力增大,甚至导致众多劳动力失业。未来若干年,如果我国经济一直保持良好的增长速度,则基本上能解决每年大学毕业生等新增劳动力就业问题。因此,国民经济的健康发展是缓解大学毕业生就业压力的根本保障。

除上述因素外,还有一些宏观和微观的因素直接或间接地影响着大学毕业生的就业,导致毕业生就业形势越来越严峻。

第二节　高校毕业生的就业方向

当前,高校毕业生就业难最关键的因素还在于毕业生的就业观念,如就业期望值偏高,自身定位不准,理想与现实脱节等等。所以,要解决大学毕业生就业难的问题,首先要求毕业生应适应社会的发展,转变陈旧的就业观念。就业观念与就业方向的选择有直接的关系,只有观念的更新,才能确保大学毕业生选择正确的就业方向。

一、转变就业观念

(一)转变依赖学校、家庭的观念

随着人才市场的建立和毕业生就业制度的改革,毕业生就业主要是毕业生和用人单位之间进行双向选择。这就要求毕业生必须转变依赖学校、依赖家庭的观念,要依靠自身的实力,要对自己准确定位,大胆推销自己。

(二)转变一次就业定终身的观念

随着人事体制改革的深入进行,各种社会保障体制的建立和健全,人才合理有序流动将是一种普遍现象和必然趋势。社会将通过公开、公平的竞争,不断优化人力资源配置,这就要求毕业生要转变一次就业定终身的观念,树立"先就业,后择业,再创业"的观念,在工作中不断提高自己、不断学习发展,要做好随时重新择业上岗的思想准备和具备适应工作转换的能力。

(三)转变狭隘的"专业对口"观念

长期以来,认为大学的专业分得越细越好,专业之间有一种难以逾越的鸿沟。事实上,大学教育只是基础教育的延伸,毕业生所掌握的只是专业所涉及的最基本的知识。因此,大学生还应不断扩充自己的知识面,注意培养自己的综合素质和能力;要主动适应社会的发展,不断拓宽自己的择业领域。

(四) 转变择业盲目攀高的观念

部分学生不从自己的实际情况出发,择业过程中盲目攀高,追求"三高六点"式的职业("三高"即起点高、薪水高、职位高,"六点"即名声好一点、牌子响一点、效益高一点、工作轻一点、离家近一点、管理松一点),缺乏到生产一线、基层去锻炼和艰苦创业的思想准备,就业愿望脱离自身条件、就业实际和国家需要。因此,毕业生要处理好理想与现实之间的矛盾,不要一味盲目追逐热点,应根据自己的兴趣、爱好、特长,选择适合自己的职业,从最基本的一步做起。

二、选择就业方向

对于即将就业的大学生来讲,在选择就业方向上要注意以下几点:

(一) 积极调整心态,强化就业意识

毕业生应认清当前国家的就业形势,正确认识自己,实事求是地评价自己,树立"先就业后择业再创业"的正确就业观念。

在科学技术日新月异的今天,经济社会发展的事实越来越证明,一方面,一个人不可能终生从事一种职业,另一方面,在"买方市场"的就业条件下,哪里有那么多的工作等着你去挑选呢? 因此,具有高附加值人力资本的高校毕业生没有必要刻意追求一时的"完美",完全可以先就业,然后在职业发展中选择从事的职业,进而在不断积累中成就自己的事业。

(二) 把握机遇,主动出击

很多毕业生在毕业时总是左顾右盼、犹豫不定,即使手中有几个单位可供选择也迟迟不签约,总希望奇迹在明天出现。这是对当前就业形势缺乏认识或自己就业方向不明确的表现。"机不可失,失不再来",机会稍纵即逝,且目前就业市场受全球经济危机影响,在毕业生供给充足、社会需求呈现买方市场的态势下,用人单位不可能在一个需求周期内两次或多次到同一个学校去招聘,更不可能苦苦等待你迟来的回复。所以,建议毕业生在自己就业方向明确的前提下,有机会就要好好把握。

（三）全面撒网，重点捕鱼

还没有找到工作的毕业生，关注就业信息是重要的。一方面，要尽快与学校就业部门联系，取得主渠道的帮助和支持；另一方面，要充分利用"地缘、血缘、学缘"关系，发动老乡、亲友、同学、校友找信息。在有目标的情况下，要重点"捕鱼"，在没有目标的条件下，可以有选择地全面"撒网"，甚至"有枣没枣打一竿"。

（四）高也成，低也就

大众化教育必然导致大众化就业，高校毕业生已不再是物以稀为贵的"天之骄子"，这种转变促使高校毕业生在享受大众化教育成果的同时也肩负着沉痛的就业压力。于是，不就业族、考研族、创业族、打工族、出国族纷纷出现，使得高校毕业生就业越来越多样化、多元化。因此，高校毕业生不仅要能担当"治国平天下"的重任，更要能够承受"天将降大任于斯人"的磨难，在激烈的就业竞争中，理想的职业固然重要，但在没有更好选择的前提下，暂时屈就也是权宜之计。

（五）到国家最需要的地方建功立业

在就业方向上，要密切关注国家、地方不同层面关于就业的政策导向，满足社会需要，满足国家需要，把自身的就业和国家的需要充分地结合起来，选择自己最优的就业方向。

第三节　当前国家促进高校毕业生
就业的主要政策

面对新的形势，国家确立了"市场导向，政府宏观调控；学校推荐，毕业生与用人单位双向选择"的就业制度，并在逐年完善。毕业生就业按照"公开、公正、择优、自愿"的原则落实就业。目前，除少数定向和委托培养的学生实行在一定范围内就业外，大部分高校毕业生在国家方针、政策指导下通过毕业生就业市场双向选择，实现"自主择业"。在这种就业体制下，大部分毕业生按照个人的能力、条件到市场参与竞争。

在就业政策相对稳定的前提下，为了缓解就业压力，国家和地方政府每年都会出台一些就业新政策来促进高校毕业生就业。

一、鼓励和引导毕业生到城乡基层就业

什么是基层？一般来讲，它既包括广大农村，也包括城市的街道社区；既涵盖了县级以下的党政机关、企事业单位和社会团体组织，也包括了非公有制组织和中小企业，还包含了自主创业、自谋职业以及艰苦行业和艰苦岗位。基层就业是指到城乡基层去工作，到生产、服务的第一线去工作。

基层是吸纳毕业生就业的最大空间，是最需要人才的地方，也是毕业生锻炼成长、施展才华的广阔舞台。积极引导和鼓励高校毕业生到基层和中西部地区就业，既有利于促进高校毕业生充分就业，也有利于培养具有坚定理想信念和奉献精神、对人民群众有深厚感情的后备人才，更有利于进一步优化基层人才队伍结构。鼓励和引导毕业生到城乡基层就业是大学生就业的主要方向。

小资料

中西部地区和艰苦边远地区基层单位所涉及的地域范围主要包括：

1. 西部地区：西藏、内蒙古、广西、重庆、四川、贵州、云南、陕西、甘肃、青海、宁夏、新疆等 12 个省（自治区、直辖市）；

2. 中部地区：河北、山西、吉林、黑龙江、安徽、江西、河南、湖北、湖南、海南等 10 个省；

3. 艰苦边远地区：由国务院确定的经济水平、条件较差的一些州、县地区和少数民族地区；

4. 基层单位：

（1）中西部地区和艰苦边远地区县以下机关、企事业单位，包括乡（镇）政府机关、农村中小学、国有农（牧、林）场、农业技术推广站、畜牧兽医站、乡镇卫生院、计划生育服务站、乡镇文化站、乡镇劳动就业服务站等；

（2）工作现场地处以上地区县以下的气象、地震、地质、水电施工、煤炭、石油、航海、核工业等中央单位艰苦行业生产第一线。

为鼓励高校毕业生参加社会主义新农村建设、城市社区建设和应征入伍，国家实行四项具体鼓励政策：

（一）基层社会管理和公共服务岗位就业补贴政策。其中涉及两项补贴政策：一是对到农村基层和城市社区从事社会管理和公共服务工作的高校毕业生，符合公益性岗位就业条件并在公益性岗位就业的，按照国家的规定，给予社会保险补贴和公益性岗位补贴。二是对到农村基层和城市社区其他社会管理和公共服务岗位就业的，给予薪酬或生活补贴，按规定参加有关社会保险。

国家加大公益性岗位的开发力度，在城乡基层社会管理和公共服务领域开发公益性岗位，安排就业困难的高校毕业生。对在农村基层和城市社区其他社会管理和公共服务岗位就业的高校毕业生，不限计划和项目，给予薪酬或生活补贴。

所谓基层社会管理和公共服务岗位包括村官、支教、支农、支医、乡村扶贫以及城市社区的法律援助、就业援助、社会保障协理、文化科技服务、养老服务、残疾人居家服务、廉租房配套服务等岗位。

（二）学费和助学贷款代偿政策。自 2009 年起，对全日制普通高等学校应届毕业生，自愿到中西部地区和艰苦边远地区县以下基层单位工作、服务期达到 3 年以上（含 3 年）的学生，实施学费和助学贷款代偿。

学费代偿程序：代偿资格经全国学生资助管理中心审定后，财政部将代偿资金拨付给全国学生资助管理中心，全国学生资助管理中心在收到代偿资金 15 个工作日内拨付给高校。高校在 15 个工作日内代为偿还给毕业生本人。

国家按照每个高校毕业生每学年代偿学费的金额最高不超过 6 000 元的标准，并采取分年度学费代偿的办法，3 年代偿完毕，每年代偿学费总额的 1/3。

如高校毕业生在校学习期间获得国家助学贷款的，代偿的学费必须优先用于偿还助学贷款本金及其全部偿还之前产生的利息。

（三）选聘招录优惠政策。参加"选聘高校毕业生到村任职""三支一扶""大学生志愿服务西部计划""农村义务教育阶段学校教师特设岗位计划"等项目的毕业生，服务期满且考核合格后，享受以下优惠政策：

在公务员招录和事业单位招聘方面专门设岗并明确录用比率，面向具有基层工作经历的大学毕业生优惠；在考研升学方面，考研给予初试加分、同等条件下优先录取等优惠，高职（高专）学生可免试入读成人本科。另外，各基层就业项目服务年限计算工龄，服务期满到企业就业的，按照规定转接社会保险关系。

（四）面向基层就业的专门项目范围不断扩大、政策不断衔接。主要内容包括四个方面：一是中央有关部门和地方基层就业专门项目鼓励更多的大学生参加。二是制定各项目待遇政策衔接的办法。三是对参加项目的毕业生给予生活补贴，参加有关社会保险。四是与项目相对应的自然减员空岗全部聘用那些项目结束后留在当地就业的高校毕业生。

二、鼓励毕业生到中小企业、非公有制企业就业

近年来，为了鼓励毕业生到中小企业和非公有制企业就业，国家和地方政府进一步完善了相关制度和政策。

（一）清理影响就业的制度性障碍和限制。主要是在档案管理、人事代理、社会保险办理和接续、职称评定以及权益保障等方面做好服务工作，以形成高校毕业生到企业就业的有利环境。

目前我国对档案的管理主要有单位管理和社会管理两类：有档案管理权限的企事业单位可直接接收、管理档案；无档案管理权限的企事业单位，主要指公有制和非公有制（含个体、私营、外资）的中小企业，可以由所在地的人才交流中心、政府批准的人才服务机构代为提供档案管理、人事代理、社会保险办理和接续等方面的服务，档案不允许个人保存。

人事代理是指由政府批准的人事档案管理机构（各类人才服务机构），按照国家有关人事、劳动等政策法规要求，接受单位或个人委托，为多种所有制经济尤其是非公有制经济单位及各类人才办理：人事档案管理；因私出国政审；在规定的范围内申报或组织评审专业技术职务任职资格；转正定级和工龄核定；大中专毕业生接收手续；其他需经授权的人事代理事项。

小资料

对毕业生而言，办理人事代理首先解决了落户的问题；其次保证了毕业生不论在何种类型单位（包括私营、三资或民营企业）工作，其本人的合法权益，应有的社会、政治待遇和人事服务都得到保障，例如转正定级、工龄连续、国家规定的档案工资调升、职称评定、出国政策、党团管理、代办社会保险、住房公积金、各种证件年审等。对于离校时未就业、自主创业和灵活就业的高校毕业生，可以个人委托政府批准的人事代理机构办理委托管理。

（二）取消落户限制。对企业招用非本地户籍的普通高校专科以上毕业生，各地城市取消落户限制（直辖市按有关规定执行）。

（三）落实就业扶持政策。企业招用符合条件的高校毕业生，可享受相应的就业扶持政策。

目前，我国已就业大学生中有70％以上的大学生去中小企业和非公有制企业就业，这类单位已经成为大学生就业的主要渠道。

三、鼓励骨干企业和科研项目单位积极吸纳和稳定高校毕业生就业

为提高骨干企业人力资源质量和科研项目质量，国家和地方政府鼓励骨干企业吸纳有技术专长的优秀高校毕业生，以加强人才的培养使用和储备。

（一）鼓励企业更多吸纳高校毕业生。国有大中型企业特别是创新型企业要更多地吸纳有技术专长的毕业生。高新技术开发区、经济技术开发区和高科技企业要集中吸纳高校毕业生。

（二）鼓励困难企业更多保留高校毕业生。支持困难企业更多地保留大学生技术骨干，按规定给予社会保险补贴、岗位补贴或职业培训补贴。

（三）鼓励科研项目聘用高校毕业生。承担国家和地方重大科研项目的单位要积极聘用优秀毕业生参与研究。一是给予毕业生劳务性费用和有关社会保险费补助，由项目经费列支；二是参与项目期间，毕业生户口、档案可存放在项目单位所在地人才交流机构；三是聘用期满，可续聘或到其他岗位就业，聘用期间工龄、社会保险缴费年限连续计算。

小资料

国家和地方重大科研项目包括由高校、科研机构和企业所承担的重大科技专项、国家重点研发计划科技支撑计划项目以及国家自然科学基金会的重大重点项目等，这些项目可以聘用高校毕业生作为研究助理或辅助人员参与研究工作。除此之外的其他项目，承担研究的单位也可聘用高校毕业生。

四、鼓励和支持高校毕业生自主创业

自主创业是大学生就业的重要增长点，主要包括四个方面的鼓励支持政

策：一是鼓励高校积极开展创业教育和实践活动；二是税费减免和小额贷款；三是提供创业服务；四是鼓励支持高校毕业生灵活就业，符合就业困难人员条件的可享受社保补贴。

2016年教育部办公厅下发了《关于进一步做好高校毕业生就业创业工作的通知》强调：

（一）着力抓好大学生创新创业。各地各高校要将就业创业结合起来，释放创业带动就业的"倍增效应"。要把深化创新创业教育改革作为推进高等教育综合改革的突破口，融入人才培养体系，健全课程体系，促进专业教育、实习实践等与创新创业教育有机融合。要抓紧制定鼓励学生创新创业的学分转换、弹性学制、保留学籍休学创业等具体政策措施。要根据学生创新创业不同阶段的实际需求，不断提高指导服务的针对性和有效性。高校要加大在科技成果转化、场地建设、资金投入等方面的帮扶，开辟专门场地用于学生创新创业。做好"全国高校实践育人创新创业基地"培育建设。要在明晰科研成果产权前提下，支持在校学生带着科研成果创业，并提供实验室、实验设备等各类资源。要充分发挥校友等社会资源作用，多渠道为创新创业学生提供资金支持。要积极引导鼓励学生返乡创业，并积极协调有关部门为返乡创业的学生提供土地、资金、技术指导等方面的支持。要组织举办好第二届中国"互联网＋"大学生创新创业大赛和2016年全国职业院校技能大赛，通过各类大赛激发学生创新创业热情。要做好全国高校创新创业总结宣传工作，提供各类学校可借鉴的典型经验。

（二）精准推送就业创业指导服务。各地各高校要建立健全精准推送就业服务机制，准确掌握就业信息，完善毕业生求职意愿信息数据库和用人单位岗位需求信息数据库，搭建精准对接服务平台。充分利用"互联网＋就业"新模式，根据毕业生自身条件、个性特点进行智能化供需匹配，减少毕业生求职盲目性。要广泛使用手机等移动终端，开展个性化订制服务，为毕业生送政策、送指导、送信息。要加强就业创业指导课程和学科建设，按要求配备专兼职就业指导教师，加强对就业指导教师的培训，不断提高就业指导能力和水平。要高度重视心理健康辅导，及时疏导毕业生求职焦虑等心理问题，帮助毕业生调整就业预期，科学规划职业生涯，积极主动就业创业。

五、强化对困难毕业生的就业援助

主要有四个方面的就业援助：

（一）求职补贴政策。对困难家庭高校毕业生，高校可根据情况给予适当的求职补贴。

（二）免费就业服务政策。对离校后未就业回到原籍的毕业生，积极提供免费就业服务。

（三）登记失业毕业生的就业扶持政策。对登记失业的高校毕业生，纳入当地失业人员扶持政策体系，抓好政策落实。

（四）就业援助制度。对就业困难和零就业家庭的高校毕业生，实施帮扶措施，按规定落实社会保险补贴、公益性岗位补贴等政策。

第四节　京、沪、粤接收外地
生源的就业政策

一、非北京生源到北京就业的具体政策

北京是我国文化、政治中心，许多毕业生把在京工作作为第一选择。北京市人力资源与社会保障局规定：要严格控制"双外生"（双外生是指外地院校的外地生源毕业生），非北京生源且非北京院校的毕业生，除艰苦行业、远郊区县外原则上不能引进；京外生源本科毕业生留京要坚持学以致用，择优推荐，按照"先通过进京指标审批、后签订《毕业生就业协议》"的原则签署三方协议。北京户口是落实到毕业生就业单位的，只有单位和毕业生达成就业意向，并且单位有户口指标，承诺解决北京户口后，才能开始进入北京户口的审批程序。

（一）非北京生源进京就业的基本条件

1. 一般应为普通高校硕士以上学历应届毕业研究生；

2. 能正常参加当年就业派遣；

3. 成绩全部合格，无补考记录，能按时取得相应学位；

4. 本科毕业生限定于教育部直属院校、其他部委所属院校、中央与地方共

建院校及列入"211 工程"的地方院校的应届毕业生；

5. 毕业生所学专业应与接收单位主营业务一致，本科毕业生所学专业应属于北京市的紧缺专业；

6. 毕业生需通过国家英语四级考试，参加改革后四级考试的，成绩需在425 分以上；第一外语为其他语种的毕业生、体育类、艺术类毕业生，其外语水平应达到毕业要求，并由学校就业指导中心出具证明；

7. 政府机关单位行政编制内引进毕业生，应取得北京市公务员笔试合格证书，具备公务员任职资格；

8. 限于统招统分的普通高等学校毕业生(独立学院毕业生除外)，培养方式为定向或委培的毕业生不在引进范围。

研究生、双学士和获得省部级荣誉称号的本科毕业生不作专业限制。

小资料

北京市人事局每年会统计分析出当年的紧缺专业目录，并在此专业目录内引进非北京生源毕业生，该目录每年之间会略有不同，寒假前后在北京市人事局网站上公布。近几年北京市紧缺专业有：计算机科学与技术、机械及自动化、电子科学与技术、临床医学、通信与信息系统、市场营销、建筑工程、生物、医药类、化学化工类、材料学、会计学和金融学。

高校毕业生在求职的时候，非常重视北京户口，按照我们国家户籍管理制度的改革趋势，户口对人们的工作和生活的影响将越来越小。就目前的情况而言，没有北京户口，除了不能购买经济适用房、子女不能在北京参加高考之外，其他方面都没有太大的限制。目前北京、上海等大城市解决户口指标越来越难，建议毕业生不要因为太看中户口指标浪费工作机会。

(二) 非北京生源进京就业的办理程序

京外生源毕业生要进京就业，必须首先与用人单位达成意向，签署《非北京生源高校毕业生引进协议书》，然后由用人单位网上申报，通过审批后再提交非京毕业生的纸质审批材料。非北京生源毕业生留京就业申请的申报截止时间一般不超过当年 4 月底。北京市人力资源与社会保障局对京外生源进京的审批时间以当年的就业实施办法为准,但是一般为当年的 6 月下旬。比如 2016 届毕业生京外生源进京审批的截止日期即为 2016 年 6 月下旬。超过进京审批时间以后,即使有单位接收毕业生,也无法再办理派遣手续,毕业生只能到京外的单位落实工作。

用人单位向北京市人力资源与社会保障局申报接收非北京生源毕业生所需的材料如下:

1. 非北京生源毕业生进京审批表(一式两份),须用人单位及主管部门盖章;

2. 毕业生就业推荐表,须学校就业主管部门盖章;

3. 毕业生已修全部课程成绩单,须学校教务处盖章;

4. 非北京生源高校毕业生就业协议书;

5. 毕业生品行鉴定表;

6. 毕业生身份证复印件。

二、非上海生源到上海就业的具体政策

上海是我国的经济中心,国际大都市,全国许多高校毕业生特别是长三角地区的毕业生通常将上海作为求职的首选地。到上海就业就必须了解上海市的相关政策。

(一) 非上海生源进沪就业,申请办理上海市户籍的基本条件

1. 品行端正,身心健康,在校期间无违法违纪记录和行为;

2. 已与符合规定的用人单位签订就业协议(一般应为直接录用协议);

3. 学习成绩优良,具备规定的外语和计算机应用能力。

在学习成绩、外语与计算机应用能力方面须达到以下要求:学习成绩基本要求是应取得相应的学历证书和学位证书;外语能力要求是获得大学外语四级证书或四级成绩达到 425 分(含 425 分)以上证书;计算机应用能力要求是获得省(市)级及以上教育行政部门颁发的计算机应用能力水平考试合格证书(文科专业学生为"一级",理工科专业学生为"二级"。毕业研究生及数学类、电子信息科学类、电气信息类、管理科学与工程类专业本科毕业生可免于提交)。所学专业为体育学类和艺术学类毕业生,其外语和计算机应用能力可不作上述要求。

(二) 申请材料

申请办理上海市户籍进沪就业的非上海生源应届普通高校毕业生,须由用

人单位向上海市学生事务中心递交下列申请材料：

1. 填写完整的《非上海生源应届普通高校毕业生进沪就业办理户籍申请表》，可从上海学生就业创业服务网(www.firstjob.com.cn)下载；

2. 由学校(或培养单位)的毕业生就业工作部门盖章的毕业生推荐表；

3. 填写完整的就业协议书(如该协议书含有毕业生未能办妥落户手续将解除就业协议内容的,不予受理)；

4. 由学校(或培养单位)教务部门盖章的成绩单(一般按学期分列)；

5. 由学校(或培养单位)教务部门或就业工作部门盖章的外语和计算机等级证书复印件；

6. 由学校(或培养单位)就业工作部门盖章的毕业生在其最高学历学习阶段期间所获各类奖项证书的复印件(验原件)包括以下两个方面：一是校级(含校级)以上"优秀学生""三好学生""优秀毕业生""优秀学生干部"等,受理截止日期前尚未领到有关证书的,须提供发证机构出具的相关证明,二是国际性和全国性竞赛(含地方赛区)获奖证书；

7. 用人单位的企业营业执照复印件(验原件)。

(三) 非上海生源人才类《上海市居住证》申领条件和申领程序

从2002年开始,上海市为了促进人才流动,鼓励人才来上海市工作或者创业,对具有本科以上学历的、以不改变其户籍的形式到上海工作或者创业的非上海生源毕业生,实行申领《上海市居住证》的制度。

从2009年2月起,上海市人民政府规定持有《上海市居住证》满七年的持证人员,可以申请办理上海市常住户口。

申领条件：

1. 个人条件。必须是上海市行政区域内注册登记的用人单位录用的非上海生源应届普通高校本科及以上学历毕业生。符合上海市重点发展领域和紧缺专业的应届普通高校毕业生,学历条件可适当放宽为大学专科毕业。

2. 用人单位条件。一般为在上海市行政区域内注册登记的党政机关、事业单位;符合上海市产业发展方向、注册资金达到人民币100万元(含)以上的各类企业(应届普通高校毕业生自主创办的企业不受此限制);注册资本(或开办资金)在100万元(含)以上的社会团体、民办非企业单位。

申领程序：

1. 领取《高等学校毕业生进沪就业通知单》。外地高校非上海生源应届普通高校毕业生依据申领条件到上海市高校毕业生就业指导中心办理领取《通知单》。领取《通知单》受理截止时间为当年年底。

2. 申领人才类《上海市居住证》。用人单位网上注册(www. 21cnhr. gov. cn)，并持单位法人证书或企业法人营业执照、组织机构代码证原件至注册所在地受理点进行单位审核。已经注册并通过审核的用人单位可以直接登录。

非法人企业须另提交：上级法人的营业执照复印件，且注册资金一般不低于1 000万元人民币；上级法人的自主招聘授权书；上年度在沪缴纳营业税税单原件；上年度在职员工缴纳社会保险证明。

由应届普通高校毕业生在本市首创的企业须提交：公司注册验资证明；学校或培养单位出具的自主创业证明。

用人单位或个人至单位注册所在地或者个人居住所在地受理点递交书面申请材料。具体书面申请材料登陆www. firstjob. com. cn和www. 21cnhr. gov. cn查实。

提交材料后等待主管部门的审批，通过后申领人按照《办理＜上海市居住证＞通知书》的要求，领取人才类《上海市居住证》。

三、非广东生源到广东就业的具体政策

(一) 非广东生源毕业生到广东就业的程序

广东省各市及所辖县以下基层单位或省直、中央驻粤单位需要接收非广东生源毕业生的，都要由地级以上市毕业生就业主管部门或省直、中央驻粤单位人事部门填写《广东省接收省外高校毕业生报表》(以下简称《报表》)报广东省教育厅高等学校毕业生就业指导中心盖章备案后通知外省有关高校，有关学校凭该省《报表》将毕业生列入就业方案，介绍到接收单位主管部门报到，其档案也同时发往接收单位主管部门。

(二) 非广东生源毕业生到广东就业的手续

1. 凡在广东省落实单位的本科以上优秀毕业生，并经广东省高等学校毕业生就业指导中心盖章备案的，予以办理进粤手续；

2. 凡未经广东省高校毕业生就业指导中心盖章备案与用人单位签订就业协议书的非广东生源毕业生,应由相关高校通知用人单位补办《报表》手续,并报广东省就业指导中心盖章备案;

3. 凡是在粤落实单位的本科以上优秀毕业生,只要符合国家和广东省的有关政策,各市政府和有关部门要"不限生源、不限专业、不限时间"予以办理进粤手续,为他们解决户籍、人事档案、社会保险等问题。

(三)非深圳生源到深圳就业的条件和手续

深圳接收市外生源的范围和条件:主要是国家教育部直属、其他部委所属和部分省属院校本科以上并取得大学英语四级以上(含四级)合格证书或大学英语四级考试总分在 420 分(含 420 分)以上的财经类、理工类及深圳市社会经济发展急需的其他专业毕业生。

非深圳籍毕业生与深圳市用人单位签署就业协议书后,用人单位持就业协议书到深圳市人力资源与社会保障局审批,审批通过后由人力资源与社会保障局出具《深圳市人力资源与社会保障局接收院校毕业生函》,毕业生将此函和毕业生就业协议书交到学校就业主管部门作为学校派遣的依据。

第五节　毕业生就业情况统计分析

毕业生的就业是一个动态变化的过程,为了及时准确地了解高校毕业生的就业状况,北京大学教育学院教育经济研究所继 2003 年、2005 年、2007 年、2009 年、2011 年、2013 年对全国毕业生就业状况进行了问卷调查后,于 2015 年 6 月又进行了第七次大规模的问卷调查,对 2015 年高校毕业生的就业状况进行了统计和分析,样本涉及我国东、中、西部地区 17 个省份的 28 所高校。

一、2015 年全国高校毕业生就业情况

(一)毕业生就业落实情况

从被调查的毕业生总体统计来看,2015 年全国高校毕业生毕业时的就业"落实率"达 83.1%。

1. 从学历层次的比较来看,就业落实率差异不大,都在80%以上。专科生的就业落实率最高,为87.4%;其次是硕士生,为84.5%;第三是本科生,为81.5%;博士生的就业落实率最低,为81.3%。

2. 从性别之间的比较来看,男性就业落实率高于女性。男性就业落实率为85.3%,女性为80.8%。

3. 从学校类型的比较来看,高职大专院校的就业落实率最高,为89.4%;其次是"211"(包括"985")重点大学,为86.5%;独立学院和民办高校排第三,为80.6%;普通本科院校最低,为77.7%。

4. 从学校所在地的比较来看,东、中、西部地区高校之间存在差异,西部地区高校的落实率低于东部和中部。东、中、西部高校的落实率分别为85.9%、81.6%、78.4%。

(二) 毕业生的起薪情况

为了排除奇异值,调查只统计了月起薪在500~30 000元之间的观测值。统计结果显示,2015年高校毕业生月起薪的算术平均值为4 187元。

毕业生的起薪具有以下特点:

1. 学历越高起薪越高。从算术平均值看,专科生为2 640元;本科生为4 010元;硕士生为6 363元;博士生为6 753元。

2. 性别之间存在差异。从算术平均值看,男性为4 448元,女性为3 896元。

3. 学校类型之间存在差异。从算术平均值看,"211"(包括"985")重点高校为5 571元,一般本科院校为3 944元,民办高校和独立学院为2 993元,高职院校为2 597元。

4. 就业地区之间存在差异。从算术平均值看,京津沪为5 449元,东部地区为3 401元,中部地区为2 866元,西部地区为2 680元。最高与最低收入之比为2.03倍。

5. 就业地点之间存在差异。省会城市或直辖市的平均收入最高,为4 721元;地级市的平均收入为3 605元;县级市或县城的收入平均为3 066元;乡镇和农村的收入分别为2 909元和3 247元。最高与最低收入之比为1.63倍。

6. 工作单位性质之间存在差异。11个单位类型按照平均起薪由高到低的排列顺序依次为：科研单位 5 407 元；三资企业 5 329 元；国有企业 4 801 元；高等学校 4 404 元；医疗卫生单位 4 056 元；党政机关 3 967 元；其他企业 3 889 元；其他事业单位 3 740 元；私营企业(民营、个体)3 647 元；中小学 3 422 元。最高与最低收入之比为 1.58 倍。

7. 工作类型之间存在差异。专业技术工作、企业管理工作、国家机关党群组织事业单位管理人员的收入位居前三甲，分别为 4 611 元、4 504 元和 4 400元；办事人员和有关人员、商业和服务人员的收入居中，分别为 3 901 元和 3 847元；最低的是生产运输设备操作人员及有关人员、农林牧渔水利业生产人员，收入分别只有 3 014 元和 2 977 元。最高与最低收入之比为 1.55 倍。

8. 行业之间存在差异。19 个行业按照平均起薪由高到低的排列顺序依次为：信息传输、计算机服务、软件业为 5 386 元；金融业为 5 098 元；科学研究、技术服务、地质勘查为 4 834 元；水利环境公共设施管理为 4 648 元；房地产为4 395 元；租赁和商务服务业为 4 165 元；采矿业为 4 077 元；文化体育娱乐为3 999 元；农林牧渔为 3 938 元；电力、煤气和水的生产和供应业为 3 926 元；制造业为 3 859 元；公共管理与社会组织为 3 822 元；教育为 3 816 元；卫生、社会保障与福利为 3 661 元；建筑业为 3 607 元；交通运输、仓储和邮政为 3 496 元；居民服务为 3 334 元；批发零售为 3 255 元；住宿餐饮为 2 854 元。最高与最低收入之比为 1.89 倍。

(三) 毕业生就业满意度

由于高校毕业生找工作有充分的选择权，因此毕业生对自己所找到工作的满意程度较高。在已经确定就业单位的毕业生中，有 25.9% 的毕业生对找到的工作感到非常满意；53.6% 的毕业生感到满意；19.0% 的毕业生感到一般；1.2% 的毕业生感到不太满意；只有 0.3% 的毕业生很不满意自己的工作。毕业生的就业满意度具有以下特点：

1. 学历之间存在差异。博士生的满意度最高，其次是硕士生和本科生，专科生的满意度最低。

2. 就业地区之间存在差异。在京津沪地区就业的满意度最高；第二是西部地区；第三是东部地区；在中部地区就业的满意度最低。

3. 就业地点之间存在差异。城市越大满意度越高：在省会城市或直辖市就业的满意度最高;其次是地级市;第三是县级市或县城;第四是农村;在乡镇就业的满意度最低。

4. 工作单位性质之间存在差异。11 个单位类型按照满意度由高到低的排列顺序依次为：党政机关;科研单位;高等学校;国有企业;三资企业;其他事业单位;中小学;私营企业(民营、个体);其他企业;医疗卫生单位。

5. 工作类型之间存在差异。7 个单位类型按照满意度由高到低的排列顺序依次为：国家机关、党群组织、事业单位管理人员;企业管理人员;农、林、牧、渔、水利业生产人员;办事人员和有关人员;商业和服务人员;专业技术人员;生产、运输设备操作人员及有关人员。

6. 行业之间存在差异。19 个行业按照满意度由高到低的排列顺序依次为：采矿业;公共管理与社会组织;农林牧渔;金融业;水利环境公共设施管理;电力、煤气和水的生产和供应业;建筑业;房地产;信息传输、计算机服务、软件业;教育;卫生、社会保障与福利;文化体育娱乐;科学研究、技术服务、地质勘查;住宿餐饮;批发零售;制造业;交通运输、仓储和邮政;租赁和商务服务业;居民服务。

(四) 毕业生就业分布

根据已经确定就业单位者的回答,2015 年高校毕业生的就业分布状况如下：

1. 按就业地区划分。在京津沪地区工作的毕业生占 12.8%,在东部地区工作的毕业生占 46.0%,在中部地区工作的毕业生占 22.2%,在西部地区工作的毕业生占 19.0%。

2. 按就业地点划分。在省会城市或直辖市工作的毕业生占 59.1%,在地级市工作的占 25.4%,在县级市或县城工作的占 13.0%,在乡镇工作的占 1.8%,在农村工作的占 0.8%。

3. 按工作单位性质分。11 个单位类型按照比例由高到低的排列顺序依次为：私营企业占 38.9%;国有企业占 27.9%;三资企业占 8.1%;国家机关占 4.9%;其他企业占 4.6%;其他事业单位占 4.6%;中小学占 4.2%;高等学校占 3.1%;科研单位占 1.5%;医疗卫生单位占 1.1%;其他占 1.2%。从分布结构看,毕业生就业的单位类型非常集中,私营企业和国有企业是最主要的就业单位。

4. 按工作类型划分。7 个工作类型按照比例由高到低的排列顺序依次为：专业技术人员 29.8%；国家机关、党群组织、事业单位管理人员 16.7%；商业和服务人员 14.3%；企业管理人员 14.1%；办事人员和有关人员 11.2%；生产、运输设备操作人员及有关人员 5.1%；农、林、牧、渔、水利业生产人员 1.8%。从分布结构看，毕业生就业的工作类型比较分散，有 5 个类型的工作比例达两位数。

5. 按行业划分。在 19 个行业中按比例由高到低的行业顺序是：金融业为 15.2%；信息传输、计算机服务、软件业为 10.8%；制造业为 10.3%；教育为 9.1%；建筑业为 6.7%；农林牧渔为 5.4%；电力、煤气和水的生产和供应业为 4.5%；批发零售为 4.2%；交通运输、仓储和邮政为 4.0%；科学研究、技术服务、地质勘查为 4.0%；公共管理与社会组织为 3.1%；租赁和商务服务业为 2.7%；房地产为 2.7%；卫生、社会保障与福利为 2.3%；文化体育娱乐为 2.1%；住宿餐饮为 1.9%；采矿业为 1.9%；水利环境公共设施管理为 1.0%；居民服务为 1.0%。

新兴服务业（金融业和信息传输、计算机服务）表现突出，成为占比最大的两个行业，占比合计为 26%。工业（制造业和建筑业）依然重要，制造业和建筑业的占比合计为 17%。教科文卫体等事业行业占比合计为 15.4%，其中教育行业占比突出，为 9.1%。

（五）影响毕业生就业的因素

毕业生就业受多种因素的影响，各种因素的相对重要性如何？应该从用人单位和毕业生供给和需求两种角度综合考虑，但是本次问卷调查对象只包含毕业生，因此统计结果只是毕业生的看法。问卷包含的影响就业的各种因素共有 21 种，调查统计结果中按照影响程度从重到轻的排列顺序，这 21 种影响因素分别为：1. 工作能力强；2. 相关的实习经历；3. 实习经历丰富；4. 了解自己，扬长避短；5. 了解求职岗位的要求及特点；6. 学历层次高；7. 形象气质好；8. 应聘技巧好；9. 学校名气大；10. 就业信息多；11. 热门专业；12. 学习成绩好；13. 往届毕业生的声誉好；14. 老师的推荐；15. 朋友的帮助；16. 家庭背景好或亲戚的帮助；17. 学生干部；18. 拥有就业地户口；19. 性别为男性；20. 是党员；

21. 送礼拉关系。

上述统计结果表明，工作能力、实习经历、求职技巧等与就业直接相关的因素显得最为重要。学校名气、热门专业、学习成绩等与高等教育直接相关的因素的重要性一般，排在中间位置。亲朋好友、党员干部、性别等与社会资本、政治资本、人口特征等相关的因素最不重要。

(六) 毕业生求职状态

1. 择业意向。就业对每一位毕业生都是人生中的一件大事。在择业过程中，毕业生们普遍重视的是哪些因素？本次调查共涉及 16 种因素，按照影响程度从重到轻的顺序排列发现，毕业生最看重的是个人发展和福利待遇。

2. 求职渠道。毕业生需要通过各种渠道获得就业信息，并需要通过一定的途径向有关单位发出求职信息。调查显示，网络招聘的占比上升明显，已经与学校信息提供的占比并列第一。亲朋好友的作用保持较高的比例，达到20.1%。

3. 就业指导课程。从毕业生对学校开设的就业指导课或讲座的帮助程度看，有8.3%的毕业生认为帮助很大，有16.9%的毕业生认为帮助较大，有48.4%的毕业生认为帮助一般，有19.8%的毕业生认为帮助较小，有6.6%的毕业生认为没有帮助。

4. 求职数量。在需要求职的毕业生中，在择业过程中毕业生递交过求职简历的单位数平均为13.3个，接受过面试的单位数平均为5.6个，曾表示愿意接收的单位数平均为2.9个。进一步的分析发现，求职单位的数量与求职成功率有一定的联系，求职成功者比未成功者付出了较大的努力。

5. 求职费用。2015年高校毕业生为求职而花费的相关费用人均为2 029元，但求职结果与求职费用之间没有显著的相关关系，在求职过程中过分地增加支出并不一定能够提高求职的成功率。

二、我校近两年毕业生的就业情况

上饶师范学院是一所以招收本科生为主、兼招专科生的全日制公办师范类本科院校，重点培养基础教育师资及适应经济社会建设需要的各类专门人才。学校高度重视毕业生就业工作，始终坚持以就业创业为导向，瞄准区域经济社会发展需求，以创新人才培养模式为抓手，提高毕业生专业技能和职业素养。

通过构建政府、学校、企业三方合作平台,提升互联网＋、创新创业帮扶指导工作效能,力求就业创业工作精准定位、精准发力、精准服务,不断优化就业结构、提高就业质量。

（一）我校 2014 届毕业生就业情况

1. 毕业生规模和总体结构

毕业生总人数为 4 764 人,其中本科毕业生 3 412 人,占全校总毕业人数的 71.62％;专科毕业生 1 352 人,占总人数的 28.38％。

毕业生中男生数为 1 584 人,占全校总毕业人数的 33.25％;女生数为 3 180 人,占全校总业人数的 66.75％。

属江西省生源毕业生数为 3 584 人,占全校总毕业人数的 75.23％,其他省外生源 1 180 人,占全校总毕业人数的 24.77％。

2. 毕业生就业情况

截至 2014 年 8 月 31 日,全校总就业率达到 86.52％,其中本科生为 86.02％,专科生为 87.80％。毕业生就业去向分别为:升学占毕业生总数的 6.65％;基层项目就业占毕业生总数的 9.36％;自主创业占毕业生总数 0.88％;通过正式签约录用、考录、考编等方式就业的占毕业生总数的 15.67％;聘用就业占毕业生总数 53.96％。

3. 毕业生就业情况相关调查与分析

学校对离校后的部分毕业生展开了就业跟踪问卷调查,调查的对象涵盖 13 个二级学院的 10 个专业,分别是会计、英语、舞蹈学、音乐学、应用化学、法学、体育教育、数学与应用数学、美术学、教育技术学。主要从以下几个方面进行了就业调研和分析。

（1）毕业生薪酬待遇

调查表明,本科生的起薪每月 1 500～2 000 元的为 44.90％,1 000 元、1 000～1500 元、2 000～3 000 元和 3 000 元以上的依次为 2.04％、7.48％、34.02％和 11.56％,毕业生入职一年后工资都会有所增加。入职一年后第一个月的工资与入职时第一个月工资比较,增幅较大。

（2）毕业生专业对口度

毕业生从事工作与专业对口的比率是 69.78％,各专业对口的比率排序为:

会计(89.09%)、教育技术学(88.26%)、体育教育(76.20%)、英语(70.56%)、舞蹈学(70%)、化学(70%)、数学教育(65.22%)、美术学(64%)、音乐学(56%)、法学(48.35%)。

(3) 毕业生离职率

毕业生主动离职率为62.12%,被解职为8.75%。毕业生选择主动离职原因是薪资福利偏低占41.73%,个人发展空间不够占30.87%。这说明毕业生应该正确认识自己的职业,用人单位要规划员工的职业发展,而学校则要加强就业指导。

(二) 我校2015届毕业生就业情况

1. 毕业生规模和总体结构

毕业生总人数为4 643人,其中本科毕业生3 222人,占总人数的69.39%;专科毕业生1 421人,占总人数的30.61%。

毕业生中男生数为1 352人,占全校总毕业生人数的29.12%,女生数为3 291人,占全校总毕业生人数的70.88%。

属江西省生源毕业生数为3 345人,占全校总毕业人数的72.04%,其他省外生源1 298人,占全校总毕业人数的27.96%。

2. 毕业生就业情况

截至2015年8月31日,全校总就业率达到87.85%,其中本科生就业率为86.93%;专科生就业率为89.94%。毕业就业去向分别为:升学占毕业生总数的6.20%;基层项目就业占毕业生总数的7.53%;自主创业占毕业生总数的1.59%;通过正式签约录用、考录、考编等方式就业的占毕业生总数的17.51%;聘用就业占毕业生总数的55.01%。

3. 毕业生就业情况相关调查与分析

为全面了解毕业生的就业过程与现状,有效掌握毕业生求职期望、工作满意度、就业匹配度等关键信息,开展了2015年我校毕业生就业质量第三方调研项目,实际回收有效问卷共1 792份,调研的主要内容包括以下几个方面:

(1) 就业途径

调查反馈,通过自己直接联系应聘找到工作占41.02%;母校推荐找到工作占22.65%;亲友推荐找到工作占14.29%;其他找到工作占13.47%;通过社会中介推荐的方式找到工作的人数比例最小为 8.57%。

(2) 就业困难

实践经验缺乏是当代大学生面对求职时的最大困难,这一因素的比率高达 48.39%,其余的原因依次为专业技能没有优势,语言表达能力不强,社会关系缺乏和求职方法技巧欠缺,百分比依次为 16.57%,12.75%,9.64% 和 8.63%。

(3) 就业花费

就业花费越低,代表毕业生的就业平台越方便、越好,相反如果就业代价过高则会侧面影响到毕业生的就业体验和就业质量。我校已就业毕业生的就业花费在 2 000 元以下的比率为 78.98%,还有 9.80% 的毕业生为 2 001~4 000元之间,就业花费在 6 000 元及以上的只占到 8.57% 左右。

(4) 成功就业因素

实践/工作经验是成功就业最为重要的因素,占 33.88%,其次是职业资格证书占 17.14%,接下来依次是个人素质 16.33%,学历 12.86%,专业背景 11.84%,社会关系 3.47%,母校声誉 2.86%,其他 1.63%。

(5) 就业期待吻合度

就业期待吻合度是度量毕业生是否找到了自己理想中的工作。就业期待吻合度比较一致的毕业生占 42.18%,一般占 29.82%,非常一致占 16.36%,一致性比较小的和一点也不一致的仅为 8.00% 和 3.64%。

(6) 就业状况满意度

就业状况满意度中选择一般的毕业生为 45.76%,选择比较满意的毕业生占到 31.14%,选择不太满意的则为 11.05%,而非常满意和很不满意的占 9.38% 和 2.68%。

第六节 熟悉就业流程

作为高校毕业生,要以普通人的身份去做好每一件平凡的甚至是琐碎的工作。当然,许多毕业生都胸怀大志,但是,要实现最雄伟的目标,也只能一点一滴从基础工作做起。所以古人说:"天下大事,必做于细;合抱之木,生于毫末;

九层之台,起于垒土。"毕业生无论胸怀怎样的伟大理想,只有先做好做普通人的准备,即使在极普通、极平常的岗位上,也兴高采烈地工作,才能一步一个脚印,达到自己的终极目标。

一、掌握就业政策

积极主动地参加校院组织举行的各种就业咨询活动、讲座、会议等,以了解国家就业政策及学校的实施意见,使择业行为理性化、规范化。

二、获取有效的就业信息

现在获得就业信息的渠道很多,毕业生可通过政府的就业主管部门、学校、公共媒体、各种类型的双选会、招聘会、洽谈会等各种途径来了解社会需求,收集对自己有用的就业信息。

三、准备书面材料

书面材料包括毕业生推荐表、求职信、简历、成绩单及各种证书、已发表的文章、论文、取得的成果等。

四、撰写求职信

求职信是针对特定的用人单位写的。求职信要集中突出个人的特征与求职意向,书写要清晰、简明,态度要诚恳,用语要得当并能打动招聘人的心。写好求职信是敲开择业大门的重要步骤。

五、接受培训

参加学校就业主管部门举办的就业系列讲座及就业咨询活动,主动了解和查阅毕业生就业相关材料和信息,以掌握必要的包括笔试、面试在内的择业方法和技巧。

六、签订毕业生就业协议

在慎重选择、认真考虑的基础上,与用人单位和学校签订三方协议书并交学校就业主管部门备案。

七、毕业体检

参加学校安排的毕业生体检。

八、离校

参加毕业典礼,办理离校手续。

九、报到

按时到接收单位报到。

第二章　就业前的准备

第一节　就业信息的获取

【案例】

　　某校大三下学期便安排毕业生在外地实习，正当班上同学们整装待发、摩拳擦掌之时，小张却不动声色地忙开了：他首先去了班主任办公室，拜托班主任如有合适的单位，请帮忙推荐并留下了两份自荐材料。然后跑了一趟校领导办公室，将自己的自荐材料及联系方式又留给了负责推荐工作的领导，请他有重要信息及时告诉自己。接下来，他走访了自己最好的一位低年级朋友，拜托这位师弟定期到校就业信息栏看看，将有关重要信息及时通报给他。最后，他到校就业指导中心查询学校招聘会信息。做完了以上准备工作，小张安心去实习了。

　　小张实习期间，所在学校多次将重要招聘、面试信息通知他；班主任在小张未及时赶回面试时，还专门为他投送了材料并向用人单位介绍了他的基本情况；他的学友也为他提供了好几条重要信息。这样尽管小张人在外地实习，却总是比班上其他同学消息更灵通，不断接到用人单位面试通知，选择的机会也很多。在实习期间，小张的工作也顺利敲定。

　　点评：在日常就业指导工作时常会听到有的毕业生抱怨：有这么多用人单位的需求信息，学校怎么就及时通知了他而不通知我？太不公平了！案例中的小张显然在发挥信息的作用这个问题上处理得非常好，虽然他在求职关键时期人在外地实习，但他能够主动密切与学校联系，使得信息渠道畅通无阻，赢得了时间和机会。因此，作为毕业生应主动与学校联系，经常到信息栏看看，到招生就业处走走，充分发挥就业信息的作用。

一、就业信息内容及其作用

(一) 就业信息的含义及分类

1. 就业信息的含义

信息是现代科学的一个重要概念,它和能源、材料并驾齐驱,已经成为人类文明的三大要素。而所谓就业信息是指那些经过加工处理的,能被求职者所接受并对其所从事的职业或职位有价值的消息、资料和情报。包括宏观就业政策、社会对人才的需求、未来行业的发展趋势、社会就业、人口资源等等。

2. 就业信息的分类

就业信息根据不同的分类标准有各种不同的分类。从就业信息的内容来分,可分为就业形势信息、社会需求信息、用人单位信息等;从就业信息语言的角度来分,可分为口头信息、书面信息、媒体信息等。

(二) 就业信息的内容

随着信息科学的发展,信息的内涵大大增加,内容十分广泛,初次择业的大学生应了解足够的就业信息。就业信息有三个方面的内容。一是就业政策。它包括了解国家就业方针、原则和政策、相关就业法律法规、地方用人政策、学校的有关规定等。二是就业方法。要了解就业体制,知晓毕业生就业是由国家、地方及学校的哪些部门和机构来负责的,同时要明确就业范围和程序。三是供求信息。包括国家政治经济建设的方针、任务和发展战略,产业与职业的分类与结构,当年毕业生的供求形势,本专业的培养目标、发展方向、适用范围及对口单位的情况,用人单位的信息等。

(三) 就业信息的作用

1. 就业信息是高校明确就业定位、实现持续性良好就业的重要依据

高校如何认清形势,做好毕业生就业工作,最为主要的就是利用好就业信息。对就业信息的分析掌握,最基础的依据就是教育部、各省教育行政部门制定的方针、政策;其次,是深入分析各行业对人才的需求方向、需求量;再次,是对学校本身的培养对象、培养层次、学生就业的反馈意见等作全面总结。总之,高校就业工作的定位是建立在对就业信息的深入、准确分析的基础上的。学校就业工作的定位关系着学校能否实现毕业生顺利就业的目标,而对就业信息的

分析、掌握、总结,正是这一定位得以制定的重要依据。

2. 就业信息是毕业生正确择业的基本前提

大学生的就业观念是影响高校就业工作的一大难题,就业期望值偏高,嫌基层条件差,追求高回报等较片面的就业观念影响着毕业生的正确择业。就业信息是降低毕业生和用人单位期望值,实现毕业生资源合理配置最具说服力的依据。在某校去年一次毕业生问卷调查中发现,在个人择业选择机会有限的情况下,有超过 75% 的毕业生选择在直辖市、沿海开放城市就业,而选择在民营、私营企业就业的不到 15% 。一些用人单位也盲目地强调只要本科以上的毕业生,甚至只要名牌大学的毕业生。针对这种情况,仅靠理想前途教育显然不够,靠行政命令更是行不通,唯一的选择就是将收集的社会需求信息通报给全体毕业生,用活生生的现实教育他们缩短理想与现实之间的差距,实现毕业生资源的合理配置。

3. 就业信息是毕业生充分就业的基础

信息时代已经到来,信息在我们社会生活中的地位已经越来越重要。大部分同学懂得信息的重要性,能够及时抓住信息,把握就业机遇,迅速走上称心如意的工作岗位。也有少数同学缺乏信息,一味地拿着自荐材料到处乱碰,结果自然是运气不佳;或者因为信息不够全面、准确,没有找到足以充分发挥自己聪明才干的工作岗位就草率决定,签约后发现更加满意的单位又后悔莫及;或者有了信息不知道好好地利用,结果坐失良机等等。毕业生只有拥有准确、充分、完备的就业信息,才能把握择业过程中的每一次机遇。

4. 就业信息是促进供需双方双向选择切实有效、维护就业市场良好秩序的可靠保证

就业信息包括两个方面,一个是"供给"信息,即毕业生综合情况,包括毕业生的姓名、性别、年龄、生源、思想表现、学习成绩、健康状况、兴趣爱好、择业意向等等;另一个是"需求"信息,即用人单位的基本情况,包括用人单位的性质、地址、电话、职工总数、职称状况、经营状况、业务收入、福利待遇、需求计划等等。在双向选择活动中,常常出现由于毕业生与用人单位双方缺乏必要的相互了解,导致签约后毁约现象严重,这里就有一个信息沟通的问题。如果毕业生和用人单位能够掌握对方的信息,增进供需双方的相互了解,就会大大减少毕

业生择业和用人单位选人过程中的盲目性,从而减少违约率,保障双向选择切实有效,维护就业市场的良好秩序。

5. 就业信息对高校毕业生素质提升具有重要指导作用

随着大学生就业制度的不断改进,就业信息一方面反映了用人单位对职位、专业、能力及人数的需求,另一方面也反映出需求方对人才的质量要求。随着用人机制及人才理念的不断成熟,用人单位对人才素质会提出不同的要求。这种变化的信息通过不同载体不断地向学生传递和流动,促进在校大学生根据市场的需求变化,不断地加强学习和实践活动,努力提高自身的知识水平,建构适应市场的知识结构,培养适应市场的综合素质。

【案例】

某高校一个毕业班一次性就业率达百分之百,该班班主任在总结经验时介绍说,他们的成功一方面得益于学生整体素质好,班集体多次被评为学校先进班集体;另一方面则得益于该班一个特殊的组织——信息小组。原来,该班在大四刚开学时便召开了一次特殊的班会,主题是:要让每一位同学毕业时都能找到自己的位置。会上班主任倡议,由班长、团支部书记牵头,成立了由学生党员和保送研究生为骨干的信息小组,该小组的任务就是积极收集信息,为全班同学服务。由于该小组就就业业工作,全班同学团结一致,互帮互助,就业信息来源宽广,全班56人中有8人考取研究生、4人考取公务员、7人进入了大中专院校及科研院所、9人进入了行政事业单位、3人进入了部队、16人进入了企业单位、9人进入了其他单位,一次性就业率100%。

点评:身处纷繁复杂、瞬息万变的信息时代,谁能以最快捷的方式拥有最广泛、最准确、最有效的信息,谁就掌握了成功的最大机遇。本案例中的某毕业班非常成功地把握了毕业生求职择业信息来源的主渠道,收集的方式也非常灵活。这一成功的案例,会对我们有所启示。

【案例】

某大学计算机学院毕业生张某这几天一直沉浸在找到理想工作的兴奋中,他拿到了某市"吉祥大酒店"的录用通知书。计算机专业这几年一直处于饱和状态,工作非常难找。有一天,他在参加了一场大学生招聘会失望而归的途中,猛然看到拔地而起的新竣工的酒店大楼,他立即多方打听消息。后来通过他人了解到该酒店大楼正要招聘一名搞计算机的大学毕业生。他勇敢地去面试,并利用恰当的语言很好地推销了自己,终于击败了其他几十名竞争对手,得到了这个令他十分满意的职业。

　　点评:对信息具有特殊的、敏锐的感受力和持久的注意力,善于捕捉信息,往往能够给我们带来许多成功的契机。大学生无论对课内的还是课外的,学校的还是社会的,专业的还是非专业的信息,都应能自觉、敏捷地感受到并和自己所要解决的问题联系起来。尤其是在求职阶段,若能多方获得信息,不仅能帮助你找到称心的工作,同时也可能在你山穷水尽时给你带来惊喜。许多求职者并非没注意到新建的高楼,而是以为这些单位与自己的专业相距甚远,不会有适合自己的职位空缺。其实,任何一个单位都是"麻雀虽小五脏俱全",不亲自了解,怎么会知道你不适合这里呢?张某恰恰捕捉到了别人没有注意到的信息,找到了满意的工作。从目前情况看,大学生的信息意识比较淡薄。一是对信息的基本知识缺乏了解,二是信息思路不开阔。他们的信息源主要为专业书籍且表现为被动接受信息,主动搜寻有价值的信息的意识和能力不强。有的学生从未有目的地去图书馆查过某个资料,有的同学在临毕业时还等着用人单位到学院里要人,而不是主动地提前搜罗用人信息、自我推荐。大学生淡薄的信息意识将严重影响他们自身的成才以及走向社会后的事业发展。

二、求职信息收集的途径

　　在求职的大市场中,大学生要善于利用多渠道求职,选择适当的途径达到求职目的。可选择的途径有以下几种:

　　(一)传统思维的求职途径

【案例】

　　小吴是位细心的同学,为了不让自己错过任何一场想去的企业招聘会,她专门准备了一本求职记录本。每天,她都要浏览几次学校就业信息网站,并随时关注学校就业微博、微信平台发布的专场招聘会信息,见到就业干事或其他信息灵通的同学就主动询问相关信息。对每一场自己认为需要参加的招聘会,她都仔细将招聘企业名称、招聘会召开的时间、地点、需求职位和岗位要求等重要信息——记录在随身携带的求职笔记本上。她还记录了其他一些信息,如参加每场企业宣讲会企业 HR 提供的一些重要信息,以及自己经历每场企业招聘笔试和面试的一些心得总结。借助这种办法,小吴没有错过自己想去的招聘会,并且通过每一次参加招聘宣讲、笔试或者面试,自己都能够进步一点点,终于在三个月后,拿到了心仪企业的录用通知。

点评:求职是一场特殊的马拉松,选择好的起点和正确的路线是求职能否胜出的关键。

通常可供我们选择的求职途径包括以下十种:

1. 各级政府、社会就业机构,学校的毕业生就业工作主管部门

国家教育部有全国高校毕业生就业指导中心,各省、市、区有毕业生就业指导服务机构,学校有毕业生就业工作主管部门。这些部门都是对毕业生进行就业政策咨询、就业指导、提供就业信息的职能部门。

2. 网络申请

网申是最常用的方法。投递过程有两种方式:一是发送简历到指定邮箱;二是填写对方公司的网申表格。招聘网站和求职社区都是很好的网申信息获取途径。网申时必须海投,如果你只投递一两家你很感兴趣的公司职位,那你拿到 offer 的机会可能微乎其微。

3. 宣讲会

宣讲会是我们了解目标公司招聘职位信息和公司文化的好时机,很多企业在接受网申前会先到学校举办宣讲会。有的企业也会在宣讲会上收取简历,甚至直接举行笔试、面试。

4. 大型招聘会

主要是校园招聘会。校园招聘会的参展单位通常都是和学校的诸多专业非常对口且针对应届生的,应聘成功概率非常大。

5. 校企合作单位

学校一般都会和一些与本校开设专业相关的企业建立联系,为毕业生提供对口的实习与就业的机会。

6. 目标企业

根据自己的择业定位,在建立了合理的求职目标后,可以将自己的求职锁

定在一部分具体的重点目标上。这样可以通过各种途径与方法,更有效地跟踪搜集职业目标的信息,掌握信息获取的主动权。

7. 企业实习

近年来,越来越多的企业愿意到学校选拔实习生,为实习生提供完善的培训和成长指导,并在优秀的实习生中选择员工。大二、大三的同学可以利用寒暑假或空余时间去实习,一方面锻炼自己的业务能力,另一方面增加社会经验,更有机会在实习后直接就业。

8. 内部推荐

内部推荐的成功率非常高。学生可以通过亲朋好友、师兄师姐、导师等关系获得内部推荐机会。在求职过程中要充分利用身边的一切资源,平时一定要注意人脉的积累。

9. 上门自荐

如果有足够的自信和勇气,选择这种最直接方式是不错的,成功率比网申要高很多。

10. 商业竞赛

这其实是现在非常流行的招聘方式,企业通过各类商业策划发掘具有出色商业头脑的毕业生。对学生而言,能够通过商业竞赛展示能力,获得企业的青睐,是非常高效的求职路径。

其他有效的求职途径还有:对职业人士进行生涯人物访谈、参加培训与学习、加入俱乐部、参加义务工作、成为目标企业的客户等,毕业生可以根据自身情况进行尝试。

(二)互联网思维的求职途径

【案例】 **朋友圈招兵买马,越玩越新鲜**

"欢迎大家推荐靠谱人员,成功入职者公司和我个人都有奖励和回报。"广州一家教育集团的网络营销部经理陈先生日前在微信朋友圈发出招聘信息,一口气招聘八大岗位,涉及网络营销、SEM、新媒体运营、UI高级设计师、NET开发、网络咨询、网站编辑、文案策划。据了解,该公司今年加大了"教育+互联网"拓展力度,所以大举招兵买马。

如果只是在微信朋友圈发布招聘信息,然后提供一个邮箱,让求职者发简历,这种玩法在现在"新新人类"看来已经有点 out 了,比较新的做法是制作一个"微招聘系统",在朋友圈发布招聘职位,求职者可以直接在上面"立即申请"职位,也可以"收藏职位"或"分享"职位。据了解,现在已经有网站提供"微信招聘官网"的服务,可以实现职位信息在朋友圈传播。

其实,微信朋友圈的招聘玩法有很多,今年深圳一家公司的招聘信息在微信朋友圈被刷屏。该公司的招聘信息正文只有寥寥数语,仅有公司名称、网址、电话、邮箱、联系人等最基本的信息,但配图所透露的"约会补贴"等生活福利和转发即可领取 3 838 元红包的信息,却引发了网友的广泛关注,一夜之间在朋友圈狂转刷屏。

【案例】　　　互联网招聘兴起"直聘""微招聘""微信群"模式

2014 年 5 月,微博正式推出其社会化招聘产品"微招聘"。"微招聘"是用简洁的文字把招聘/求职信息第一时间发布到微博上,它使用的是碎片化简历模式,系统会不定期向使用用户推送消息,让用户做一些简单的问答,随后用户可将其保存为最新简历。注册用户还可以以发送微博状态的形式发一些求职信息,系统会自动将其推荐给相关企业,粉丝也可帮转发。微招聘根植于微博社交平台,通过数据挖掘,对企业和个人求职者进行精准匹配,不仅为企业提高了招聘效率,也为求职者就业提供了便捷。同时,微招聘可以为企业雇主品牌的传播提供巨大的帮助。

2015 年底,互联网第一招聘应用"boss 直聘"启动了持续一周的"马桶招聘节",包括阿里、腾讯、百度、华为、乐视、360、人人车、神州租车等明星企业在内的数万家公司、数万家老板集中在线抢人。在招聘节中,"互联网＋"的趋势强劲显现,传媒、金融、汽车、教育和医疗等领域的参与度非常高,招聘需求包括 IOS、安卓、PHP、Java 等技术岗位,也包括新媒体运营、市场公关等方面的人才。"直聘"模式大幅优化了人才在找工作时的体验,省掉了简历投递、笔试、一面、二面、专业面等繁琐的环节,提升了找工作的效率。

2015 年 6 月,"江西财经大学第一届'优企实习营'微招聘(微信群)启动仪式"举行。参加此次微招聘(微信群)的有广东省内共 14 家企业,以及部分大二、大三、大四学生。微招聘(微信群)的大致流程为:微招聘(微信群)准备、学生加入临时微信群、微信群内企业招聘宣讲答疑、二面新微信群组建及面试沟通,以及线上或线下终面,微信群由专职管理员、学校就业工作老师、企业 HR 代表共同参与,并有着严格的群规和管理制度。微信群招聘突破了传统招聘中地点和时间的限制,能组织线上和线下结合的行业定位准确、地域特色明显、符合专业需求的各类"微招聘"(微信群)。

以下是几种网上找工作的途径:

1. 招聘网站

目前来说,通过招聘网站来求职的毕业生已大大超过了到人才市场找工作的人数,很多学生都可以通过大型的招聘网站找到适合自己的工作。但需要注意一点,少去一些小型招聘网站,因为小型站点审核机制不太健全,有许多虚假职位信息,很容易使人上当受骗。

2. 微博

中华英才网的一位人力资源总监说:"我很少看学生的简历,因为无法判断这些简历内容的真伪,从校内活动看貌似人人都成绩优秀,个个都当过班长或者各种班委会成员。因此,更多时候我了解一个人就看看他的微博,如果天天只会自拍个相片有什么用? 或者只会发一些我在哪里,我吃的是什么,那样的人对我们企业也没什么用处。我会看看他自己写过哪些内容,来判断这个人。"

想通过微博找工作的学生切记,微博的简介有 70 个字,如果写得精彩的话,足以让企业方了解你,而且可以展现出你的概括和表达能力。

3. 微信

微信用户现在突破了 3 亿,很多企业平台会在微信内直接发送招聘信息。此外,现在还有很多专门帮助求职者的微信公众号,可以给用户推送一些职位信息。如果学生对某家公司感兴趣的话,可以关注这家企业的微信号,这样可以了解企业的最新动态,而且一旦公司发布招聘信息,你也可以最快速度获悉,大大增加了入职的可能性。

4. 豆瓣

豆瓣也可以用来找工作。豆瓣上有许多兴趣小组,很多 HR 喜欢去有相同爱好的人群集中的地方发布招聘信息,例如要找程序员可以去 IT 技术小组,找推广人员可以去互联网兴趣小组等等。另外,豆瓣上面也有专门的找工作小组,上面也有很多职位信息,找工作时可以去了解一下。

5. 知乎

知乎上有专门的"找工作"页面,里面有各路大神分享的求职经验,而且由于是问答平台,通过提问的方式,我们可以了解心仪公司的发展动态等等,而回答者就有可能是公司现有员工。

互联网、微博、微信等新媒体以其独特的功能和互动体验特色吸引着最易接受新生事物的大学生群体。网络对"90后"大学生的就业观和求职行为均产生了深刻的影响。人人校招发布的《2013应届生求职反馈调研报告》显示,互联网已超过传统的招聘会、校园宣讲会,成为2013应届生投递简历最多的渠道,其中招聘网站的使用率最高,约占整体的70%。

互联网思维影响下,用人单位更重视招聘平台和资源的整合,如压缩招聘过程,扁平化招聘管理,在招聘海报上加入微信二维码,开发网络求职系统,增加用人单位和学生的互动体验,创设微信网申平台,力求实现指尖上的精准人职匹配,提高招聘效率。如阿里巴巴等大型企业已尝试通过开发移动考试系统(即基于移动智能终端的考试产品),让求职者可在任何地方通过手机等新媒体访问、提交求职材料甚至参与考试。用人单位则可借助移动网络实现一体化移动招聘、面试调度、面试反馈、在线笔试、在线评卷等功能。

很多用人单位的招聘官在面临岗位空缺时,第一时间想到的不是打招聘广告,而是借助各种各样的微圈子寻求合适的人员推荐。招聘官在微圈子里面经常做的事情一般有两件:一是有个"坑"(岗位),寻求合适的"萝卜"(应聘人员);二是有合适的"萝卜"往外推荐。

互联网思维开创了用人单位和求职者的双赢局面,满足了双方对效率的追求。大学生可以通过博客、微博、微信、QQ群、专业论坛等链接各种各样的HR圈子,有针对性地参与相关专业人士发起的话题讨论,为自己创造合适的就业路径,绝不要做一个被动等待的、默默无闻的粉丝。在一个人人都有麦克风的新媒体时代,学生要学会利用新媒体传播途径,积极推销自我,及时交流互动,塑造具有正能量和好声音的靠谱青年形象。

"90后"大学生更善于运用网络获取就业信息,开展求职活动。他们创造性地将网络热点语言、呈现方式嫁接在求职包装中,如"凡客体""淘宝体""咆哮体"等成为今年求职流行语言;"微简历""多媒体简历"等新型的求职形式层出不穷,其中 2013 年网上热传的以"今麦郎"为主题的 90 后神求职视频堪称互联网求职的典型。小米教父雷军说:"只要站在风口,猪也能飞起来。"在瞬息万变的互联网时代,"90 后"大学生可以充分整合和运用互联网思维和平台,积极探索和寻找适合自己的风口,在未来就业探索和职业发展中聚焦、沉淀、积累、修行,让生涯之旅在自己的追寻中倾情演绎,让生命之花在自己的"风口"上绚烂绽放。

三、获取就业信息渠道

【案例】 **善用平台坐拥良机**

某股份制银行珠海分行跟某学校联系,拟在第三天进校进行春季补充招聘,并要求毕业生在规定时间内到该行网站参加网申。学校就业指导部门得到该信息后,当即在就业信息网、微博、微信和毕业班就业委员 QQ 工作群等平台予以发布。

不少毕业生看到信息后,立即在网上进行了网申。该银行也在到校前对网申学生简历进行了初步筛选,到校后即安排了笔试和初面。一些想在现场投简历搞"霸王面"的同学只好眼睁睁地看着已通过网申的同学们参加笔试和面试,而失去了进入该银行的最后机会。

点评:在求职过程中,机会人人均等,就看你如何把握它。如果你认准这条信息对你有用,就必须主动出击,以最快捷的方式向信息发出方作出反应,并精心进行准备。

就业信息的获取对职业发展起着至关重要的作用。获取就业信息应把握两个原则:一是便捷,二是权威。毕业生可以重点通过以下几种途径获取就业信息:

(一) 用足学校资源

在校园招聘活动中毕业生和用人单位会直接见面,所以求职者不仅可以从中获取许多就业信息,而且还可以抓住时机当场签订就业协议,既简捷又有效。从学校得到的就业信息可信度高,针对性、准确性、可靠性都较强,专业更对口,用人单位更有选人的诚意,应格外重视。不少高校的"网站+微博+微信+短信平台+手机报"的立体式就业信息服务体系,实现了信息服务体系的全面性、个性化、交互式推送,使新媒体信息服务体系成为新时期学校就业工作高效开展的重要助推器。

(二) 分享社会服务

每年教育部、人力资源和社会保障部都会制定有关毕业生就业的工作政策,各级各类就业服务机构以及行业主管部门则会开展信息交流并提供咨询服务,这些都是获取就业信息的重要渠道。一些地区的就业指导中心或人才服务中心也会举办规模不等的毕业生供需见面会,包括分行业举办和分地区举办的,在供需见面会上毕业生可以掌握较多的信息。由政府主管部门所属的毕业生就业机构组织和举办的针对毕业生的招聘会,往往具有时间集中、信息量大、针对性强等特点,值得我们格外重视。

(三) 关注公共传媒

网络、报刊、广播、电视等途径传递的就业信息速度快、范围广、容量大,但因为受篇幅、时间的限制,在内容上比较笼统,不够全面。在使用这些媒体信息时,要注意其权威性和专业性。其中,全国大学生就业公共服务立体化平台、各省高校毕业生就业管理部门的网站、社会知名人才招聘网站以及各行业主管部门主办的就业招聘平台,都能为毕业生提供专业性和权威性的信息。

(四) 参与实践活动

通过毕业实习及平时的各种课外实践活动,能够了解用人单位,并让用人单位了解自己,这是毕业生在求职择业过程中增进与对方了解的最好途径。

(五) 善用社会关系

通过家长、亲戚、朋友、老师、同学等渠道来获取就业信息,有时会起到事半功倍的效果。

四、就业信息的分析与处理

获取信息的目的是为了使用,然而从各种不同渠道、以不同方式获得的信息,从形式到内容,从可靠性到有效性都存在很大差别。因此必须对信息进行分类整理、去粗取精、去伪存真,以便使用。在处理这些信息时应把握以下几点:

(一) 掌握重点。信息可以全面收集,但在比较筛选之后,应把重点信息选出、标明并注意留存,一般信息则仅作参考。

（二）善于对比。当从不同的渠道收集到大量的需求信息后，因每个人的情况不一样，毕业生应结合自己的求职意向、专业水平、工作能力、性格特点等选择适合自己的信息。可用对比鉴别的办法，确定其是否有用。

（三）结合政策。有些城市对企业选聘应届毕业生设定了一些条件，就要结合就业政策进行考虑，比如上海需要英语四级证书、计算机等级证书才能办理"五险一金"，深圳对本科专科生落户有毕业院校和专业的限制。

（四）勤于打听。当收集到一些需求信息后，应当通过各种办法，找有关人士打听、了解，以确定信息的可靠程度。

（五）了解透彻。对于重要的信息要顺藤摸瓜、寻根究底，务求了解透彻，不能一知半解。要全面掌握情况，抓住信息的中心内容。

（六）避免盲从。获取用人信息以后，不能一味盲从，那种认为亲友告诉你的信息一定可靠，报刊上传播的信息肯定没问题的想法是不可取的。不要未经筛选就轻率地作出选择，这样有可能会错过良机，耽误时间。

（七）适合自己。一切信息都要用来对照衡量一下，看是否适合自己。千万不要好高骛远，挑选不适合自己的工作岗位。

（八）分析信息。用人单位在确定招聘计划后会通过媒体发布，如校园网、本单位的网站或本行业人才服务机构和人才网站。在求职过程中，要警惕不法分子利用"立即就业""高收入"等噱头，散布虚假信息诱导大学毕业生进入传销等非法行业。求职者可以运用一些简单的方法来鉴别信息的可靠性与时效性：

1. 认真看清楚招聘内容。如有的招聘信息把所有的专业都列进去，而且还没有岗位描述，这个时候你就要小心了。

2. 看清楚招聘单位的地址和电话。合法的单位一般在招聘信息中都会留下详细的地址和固定电话，而不法招聘单位只留下一个手机号码，连固定电话都没有。当你询问地址时，他只提供一个比较大的范围，说你来到后会有人接。

3. 了解目标城市毕业生的平均薪酬。企业一般都是遵循市场规律和自身的薪酬体系给员工提供薪水和福利。刚刚大学毕业的"菜鸟"，工作能力和专业技能肯定比不上老员工，而且即使你够优秀，也不可能为了你而打破整个薪酬体系。

4. 拒绝那些求职时收费的单位。遇上索要所谓培训费等费用的公司或者个人,应立即拒绝。目前各地政府部门都实行政务公开,建设了电子政务平台。毕业生可以在招聘单位所在地的工商局网站"企业信用公示"或"企业注册信息"系统中查找招聘企业的基本信息。如果系统中显示该企业未进行工商登记、未经过年检或已经注销,从法律意义上来讲,这家企业是不存在的。还有一些大企业在各地的分公司,也应在各地工商部门注册登记。

五、就业信息的"陷阱"与防范

(一) 信息陷阱的类型

择业是大学生人生道路上遇到的一个新课题,经过多年寒窗苦读的大学毕业生,都希望找到一份理想的工作,这是情理中的事情。然而,近几年来,由于高校毕业生规模不断扩大,国家机关、事业单位机构精减、人员分流,众多企业受经济危机的影响减员、下岗分流,一些用人单位人才相对饱和,毕业生自身期望值过高等原因,大学毕业生就业压力越来越大。与此同时,由于就业市场尚不成熟,就业信息"陷阱"形形色色,形态各异,对大学毕业生的危害是巨大的。大学毕业生要防范各种就业"陷阱",首先要了解和认识形形色色的就业信息"陷阱"。

1. 试用期陷阱。大多数企业对新职工都要求有一段时间的试用期,这是正常的,是劳动法律法规许可的。但有些公司却不签劳动合同先试用,往往是打试用期与签约时间的时间差,在试用期即将结束时,便以各种理由,炒求职者的"鱿鱼",以榨取廉价劳动力。这样一来,求职者交了培训费不说,还当了几个月的廉价劳动力。

2. 高薪酬陷阱。所谓高薪酬陷阱,就是针对薪水中的一些不确定收入,进行虚假或模糊的承诺,最终不能兑现,或者"缩水兑现"。初次求职大学生对薪水常有高于实际的要求,因此一些用人单位即以夸张、离谱的高薪为饵,诱使求职者上钩。

3. 高职位陷阱。高职位陷阱通常是招聘时以高职位加以诱惑,采用"挂羊头卖狗肉"的伎俩,发生在上司永远不兑现的高职承诺,和不断多出来的工作时间上。

4. 黑中介陷阱。黑中介陷阱通常是利用中介公司为载体,打着招聘的旗号,收取高额报名费、介绍费、培训费、考试费、体检费、置装费、上岗押金等,或者要求必须购买一定数量的产品,进行非法职业中介活动,还经常扣押求职者的身份证、毕业证以便日后进行要挟。

5. 传销陷阱。传销一直喜欢标榜直销,多为同学、老乡、战友关系以"介绍工作拿高薪"为诱饵,主动热心帮你找工作。以"加盟连锁""滚动促销""动力营销"等名义,一般通过电话主动来联系,将毕业生骗至外地,收其有效证件,控制其人身自由,强迫、诱骗毕业生加入非法传销组织,给毕业生造成巨大损失。

6. 合同类陷阱。实习协议、就业协议或劳动合同本来应该成为保护劳动者合法权益的护身符,但有些单位利用应届毕业生涉世不深、社会阅历缺乏的特点,在与毕业生签订合同时采取欺诈、胁迫等手段设置陷阱,经常表现为口头承诺、签订不平等协议和以就业协议代替劳动合同。

(二) 就业信息陷阱的防范

要消除就业信息"陷阱",需要进一步规范人才市场的秩序,完善人事管理制度和相关的法律法规,加大对不法分子的打击力度。但对毕业生而言,如果预先有了心理防范意识,仔细甄别用人单位的真假,面对再诱人的"陷阱"也能够找出破绽。毕业生可以从以下几个方面着手,培养和增强自己对就业信息"陷阱"的防范意识。

1. 加强相关法律法规和大学生就业政策的学习。毕业生在求职前或求职过程中,应主动加强对相关政策法规的学习,提高自己的法律意识,提高自己的求职素质和独立思考、明辨就业信息"陷阱"的能力,必要时懂得用法律武器保护自己的合法权益。

2. 通过正规渠道获取招聘信息。如前所述不同渠道获得的就业信息的真实度是不同的,对于那些真实度不高的信息,毕业生一定要擦亮眼睛,仔细辨别。比如有些小广告上所称的"某上市公司",等等,这些公司对他们的业务描述含糊其词、遮遮掩掩,连企业名称都不敢公开,其可信度可想而知。

3. 不要缴纳诸如面试费等费用。凡是遇到要求交纳由招聘单位收取的某种费用的时候毕业生就要提高警惕了,不合理的费用千万不能交。因为国家劳动部门早就明文规定,任何企业在招聘员工时,不得以任何理由、任何形式收取求职者的押金,或者以身份证、毕业证等作抵押。

4. 不要被职位的名称所迷惑。现在有的单位在招聘中将普通的岗位"包装"以华丽时髦的名称,毕业生上岗后才发现,原来所谓"销售经理"的工作内容不过是拉广告、跑直销,甚至是陪客户喝酒等。因此,求职者在正式签约前应想方设法加强对企业和应聘岗位的了解。

5. 加强自我保护意识,防止个人资料泄漏。在求职过程中,常会发生一些毕业生个人资料泄漏的情况。如有时会接到莫名其妙的电话,有的人手机上也会出现一些非法的短信息,电子邮箱里也会塞满了垃圾邮件。这些都提醒广大毕业生在求职时要注意保护自己,以免出现不必要的麻烦。

第二节　用人单位分类

在我国,依照所有制的形式和所在行业综合划分,用人单位一般分三大类:党政机关、事业单位和企业单位。

一、党政机关

党中央、国家机关(含设在地方的垂直管理部门。如海关、税务等)
省级机关
地(市)机关
县级及县级以下机关(含乡、镇机关)

二、事业单位

事业单位是指国家为了社会公益目的,由国家机关举办或者组织利用国有资产举办的,从事教育、科技、文化、卫生等活动的社会服务组织。

事业单位一般是国家设置的带有一定的公益性质的机构,但不属于政府机构,与公务员是不同的。一般情况下国家会对这些事业单位予以财政补助,其中又分为全额拨款事业单位和差额拨款事业单位,还有一种是自主事业单位,是国家不拨款的事业单位。

(一)全额拨款事业单位也称为全供事业单位,也就是全额预算管理的事业单位,是其所需的事业经费全部由国家预算拨款的一种管理形式。

这种管理形式下,人员费用、公用费用都要由国家财政提供。一般适用于没有收入或收入不稳定的事业单位,如学校、科研机构、卫生防疫等事业单位,采用这种管理形式,有利于国家对事业单位的收入进行全面的管理和监督,同时,也使事业单位的经费得到充分的保证。

(二) 差额拨款事业单位,如医院等,按差额比例,财政承担部分经费,由财政列入预算,单位承担部分经费,由单位在税前列支。

差额拨款单位的人员费用由国家财政拨款,其他费用自筹。这些单位的人员工资构成中固定部分为 60%,非固定部分为 40%。按照国家有关规定,差额拨款单位要根据经费自主程度,实行工资总额包干或其他符合自身特点的管理办法,促使其逐步减少对国家财政拨款的依赖,向经费自收自支过渡。

(三) 自主事业单位又称为自收自支事业单位,是国家不拨款的事业单位。自收自支事业单位作为事业单位的一种主要形式,由于不需要地方财政直接拨款,因而一些地方往往放松对它的管理,造成自收自支事业单位有规模不断膨胀的趋势。

三、企业单位

企业单位是指从事生产、运输、贸易等各项经济活动的部门或单位。以满足社会需要和盈利为目的。实行自主经营、独立核算,并具有法人资格。如工厂、矿山、运输、建筑、农场、商业企业等。

大学生了解不同性质、不同类型的用人单位有助于把自己的发展特点与组织的特点联系起来,以免造成盲目择业、人才错位的现象,从而实现顺利就业。

(一) 企业性质的分类

关于公司、企业的种类,我国《公司法》《合伙企业法》《中外合作经营企业法》《中外合资经营企业法》《外资企业法》《个人独资企业法》等法律及有关法规有相关规定。企业法人包括全民所有制企业(即国有企业)、集体所有制企业、联营企业、三资企业、私营企业及其他企业。公司种类又分为有限责任公司和股份有限公司两种,其中有限责任公司又分为国有独资公司和非国有独资公司。从广义上讲,国有公司以出资情况来加以区分,可以分为国有独资公司、国有控股公司和国有参股公司。

(二) 不同性质企业的含义和区别

1. 国有企业

指企业全部资产归国家所有,并按《中华人民共和国企业法人登记管理条例》规定登记注册的非公司制的经济组织。不包括有限责任公司中的国有独资公司。资产的投入主体是国有资产管理部门的,就是国有企业。

2. 三资企业

通常把在中国境内设立的中外合资经营企业、中外合作经营企业、外资企业三类外商投资企业统称为三资企业。它是经我国有关部门批准,遵守我国有关法规规定,从事某种经营活动,由一个或一个以上的国外投资方与我国投资方共同经营或独立经营,实行独立核算、自负盈亏的经济实体。改革开放以来,三资企业已经成为我国企业系统一个组成部分,办好三资企业,对吸引外资、引进先进技术和先进管理经验,扩大出口渠道都具有重要意义。

3. 私营企业

指由自然人投资设立或由自然人控股,以雇佣劳动为基础的营利性经济组织。包括按照《公司法》《合伙企业法》《私营企业暂行条例》规定登记注册的私营有限责任公司、私营股份有限公司、私营合伙企业和私营独资企业。

4. 外企类型

外企分为欧美企业、港台企业和日韩企业等。

(1) 欧美企业

在欧美企业中,不论职位,一般直呼英文名。对员工的创造力和工作效率要求很高,大家工作都很努力,通宵加班是常事。待遇较好,正式员工不多,多以协作形式聘请或外包。具有浓厚的学习氛围和较系统的培训,每个人都比较自信。

美资企业:美国公司的特点是希望获得最新信息,做事很执着,不肯轻易放弃,竞争意识浓厚。公司也常常给员工提供公平竞争的舞台,大家不管家世出身,上级下属在竞争的舞台上地位都是平等的。在公司里,比较民主,可以尽情发表自己的意见。要把公司当作自己的公司,这才是一个优秀的员工素质。在面对一个美国上级时,不要事事都唯命是从,如果有比上级更好的想法和意见,你完全可以直言不讳,对方反倒会佩服你。美企员工时间观念很强,美国经理在商业活动中注重快速取得成功,公司对员工的创造力和工作效率要求很高。

英资企业:英国公司注重文化,只有融入了公司文化,才能把个人发展和公司发展融为一体,事半功倍地青云直上。在英国,人们喜欢干脆利落、开门见山。求职者应在简历的开头就明确写出求职目标。同时,英国人希望求职者言之有物,最好附加一些精确的信息、具体的时间、体现你特定能力的具体数字或你为原来所在工作部门赢得的利润额等。英国公司要求员工有严格的时间观念、注重礼节。公司内部人员处世观念比较平和,老板不会对员工随便发火,同事之间也很少激烈地争辩。厌恶说谎,注重实干。

德资企业:德国公司以严谨、细致举世闻名。在制度的执行上,德国公司一丝不苟,不讲情面。制度只是恰到好处地告诉你工作有哪些流程,只要按照流程做,没有人会来干扰你的具体操作,德国人更重视结果。员工有自由度,待遇优厚,公司一般不鼓励加班,因为德国人善于享受生活,不会把工作变成生活的全部。培训体系相当完善,做到一定级别常可出国交流学习。如果你不喜欢别人,还可以照样拿薪水,做好自己的工作就可以。

(2) 港台企业

港资企业:职业精神无可挑剔,职业操守是珍贵的个人品牌。公私分明,公司就像一台高速运转的机器,节奏快,注重效率,不要妄想让它停止或减速,员工能做的就是跟着一起转动,否则就会被淘汰。

台资企业:台资企业较为务实,新进员工一般都必须从基层干起。管理不如欧美企业那样规范、制度化,在台资企业工作并不容易,但通常坚持几年后,个人能力会有很大的提升,薪酬待遇也会涨得快。

(3) 日韩企业

日资企业:注重凝聚力,"和为贵"是企业文化的核心。终身雇佣制,福利好,常有健身、心理培训活动。管理严格,注重团队精神,雇员很少提意见。要求员工做事认真,有责任心,不偷懒,礼貌待人;论资排辈,工作效率比较低,强调绝对服从,层层上报,耗时费力。

韩资企业:追求全体员工对企业高度认同,对企业战略目标高度理解,为企业付出劳动时高度自觉。平日管理也非常严格,下级绝对服从上级,晋升比较困难。

第三节　用人单位的用人观

高校毕业生就业招聘工作已"显山露水",用人单位需要哪一种人才？不同类型的用人单位由于单位性质、组织形式、组织活动的方式和目标不同,对工作人员的要求是有一定区别的,对于即将成为新员工的大学毕业生来说,主要体现在对他们的思想道德品质、知识结构、综合素质和能力方面要求的侧重点的不同。某高校就业部门面向部分用人单位在招聘毕业生时,进行过一项调研,结果发现, 一个用人单位的成功既来自灵感的创造,又来自严格的管理。对于应聘的应届毕业生来说,不管是哪种类型的用人单位一般要求他们具备如下几项条件:

一、文化认同

目前越来越多的用人单位在笔试阶段引入性格测验或心理测验这一单元,对于毕业生性格和心理素质的重视,归根到底,都是企业衡量毕业生是否认同企业文化、能否顺利融入公司文化的标尺。不同国家和地区的企业文化也不同,美商绩效第一,鼓励表现;日商看长不看短,忠诚最重要;德商不求快,求正确;法商尊重差异,沟通是艺术;英商能力至上,优雅地竞争;台商重视踏实的台湾牛精神。不同企业所期待的员工,不仅要能力出众,更要认同企业文化。

二、创新思想

用人单位需要那种具有创新能力的人。用人单位招聘人员在面试中常常会问:"在以前的工作中,你有没有做成功过一件其他同事从来没做过或者根本没想过的事情？或者你是否对一些新鲜的事物感兴趣？"李开复博士在给中国高校学生的一封信中也曾这样描述;"仅仅勤奋好学,在今天已经远远不够了。因为最好的企业需要的人才都是那些既掌握了丰富的知识,又具备独立思考和解决问题的能力,善于自学和自修,并可以将学到的知识灵活运用于生活和工作实践,时时不忘创新,以创新推动实践,以创新引导实践。只有这样,我们才能不断研发出卓越的产品。"

三、应变能力

用人单位需要那种具有高度灵活应变能力的人。这就要求员工在工作中听得认真,写得明白,看得仔细,说得清楚。反映在面试中,最大的可能性就是考官给出一个模拟的场景,让你做出一些判断和决策,以考查应聘者的灵活应变能力。西门子(中国)有限公司人力资源部招聘顾问邹加认为:考官有时也会故意用一些很诡异的问题来刁难应聘者,这个时候,最重要的就是保持一颗平常心,不要慌乱,停顿5到10秒整理一下思路,然后大胆地说出自己的观点。其实,答案是其次的,考官主要考查的还是应聘者的应变能力和逻辑思维能力。

四、道德素质

用人单位除注重大学毕业生的专业技能之外,更注重大学毕业生的道德素质即人品。许多企业认为:员工的品质等于产品的"品质"。柳传志曾撰文指出:大学生首先要学会做人,做人是做事的基础,人都做不了,还能做什么。试想,一个对集体不负责任、对他人漠不关心、唯我独尊的人在以后的工作岗位上能做到脚踏实地、认真负责,而不是朝三暮四、见异思迁吗?显然不能。有德无才要误事,有才无德要坏事,德才兼备方成事。

优良的品德主要体现在:有敬业精神,脚踏实地、敢于拼搏、吃苦耐劳的精神;自律,有集体责任感、社会责任感;讲诚信,遵守社会道德行为准则;有团队意识。尤其有敬业精神是优秀的企业、特别是世界500强企业非常注重的,因此敬业精神是不可或缺的。有了敬业精神,其他素质就相对容易培养了。

五、专业技能

具备较高的综合素质,又有一技之长的毕业生是企业理想的员工。据有关调查,不少高校提及用人单位最看重的,是个人实际能力(专业技能)。专业技能是大学生的核心竞争力。

六、学习能力和发展潜力

一些公司喜欢找随时愿意学习新事物的人,常常不刻意追求是否是党员和学生干部,最主要的是看毕业生的能力和潜力。从公司发展的角度考虑,有潜力的人才更具有创造性,发展的机会更大。学习能力强、适应能力强的大学毕业生,往往会得到用人单位的青睐。

第四节 用人单位常用的招聘方法和程序

不同性质的单位招聘毕业生的程序不尽相同,但总的来说,包括以下步骤:发布招聘简章、组织报名、筛选简历、资格审查、笔试、面试、体检、考察政审、公示、办理入职手续。

一、国家机关行政、事业单位招聘应届毕业生方法和程序

(一) 发布招聘广告

单位根据自身用人计划和编制情况,并根据公务员法、公务员录用和事业单位录用的有关规定,制定招考简章并通过网络向社会发布。

(二) 组织报名

通过网上报名、现场报名等方式组织报名。毕业生可以按照以下程序进行: 提交报告申请,填写相关个人资料,查询资格审查结果,查询报名序号等。

(三) 报名确认

通过资格审查的报名人员要进行现场确认。一般采用在网上确认或现场确认的方式,报名人员必须在规定的时间完成报名和缴费。农村特困人员和城市低保人员,可按照相关政策申请减免考务费用。

(四) 组织笔试

笔试科目一般包括公共科目和专业科目。具体考试内容一般每年都有《考试大纲》。

(五) 组织面试

在结束笔试后,会按照相应比例对通过笔试的考生组织面试和专业科目考试。

（六）体检和考察

面试结束后，会按照综合成绩从高到低确定进入体检和考察的人选。

（七）公示拟录用人员名单

招录机关按照规定的程序和标准从考试成绩、考察情况和体检结果合格的人员中综合考虑、择优确定，并在专题网站上公示。公示期一般为一周。

二、学校组织的招聘会的招聘方法和程序

（一）用人单位联系学校招生就业处，提供所要招聘人才的招聘简章。按用人单位的要求，学校招生就业处将用人单位招聘信息在学校招生就业网站（就业信息栏）上公布。

（二）学校招生就业处同时将用人单位招聘信息通过学校 OA 办公系统、辅导员（班主任）QQ 群、分管就业工作领导微信群告之二级学院，由二级学院将招聘信息转发给应届毕业生。毕业生根据自身条件选择应聘。

（三）学校招生就业处协助用人单位组织召开现场招聘宣讲会、招聘的笔试、面试等工作。

（四）用人单位与毕业生见面洽谈，双向选择。

（五）双方满意则签订有效的就业协议书或劳动合同书。

附　高校毕业生就业主要网站

国家一级就业信息网

1. 中国公共招聘网 www. cjob. gov. cn
2. 新职业教育部大学生就业网 www. ncss. org. cn
3. 中国国家人才网 www. newjobs. com. cn
4. 中国人力资源网 www. hr. com. cn
5. 中国就业网 www. chinajob. gov. cn
6. 中国人事考试网 www. cpta. com. cn
7. 中国中小企业信息网 www. sme. gov. cn

8. 中国青年创业国际计划 www.ybc.org.cn

各地就业信息网

1. 北京市人力资源和社会保障局 www.bjrbj.gov.cn
2. 北京高校毕业生就业信息网 www.hjbys.net.cn
3. 北京人才网 www.beijingrencai.net
4. 天津市人力资源和社会保障局 www.tj.lss.gov.cn
5. 天津市大学生就业创业信息网 www.tjbys.com
6. 猎聘网 www.liepin.com
7. 河北省人力资源社会保障厅 www.he.lss.gov.cn
8. 河北就业网 www.he.lm.gov.cn
9. 河北省大中专毕业生就业创业服务信息网 www.hbxsw.org
10. 山西省人力资源和社会保障厅 www.sx.hrss.gov.cn
11. 山西人才网 www.sjrc.com.cn
12. 山西毕业生网 www.sxbys.com.en
13. 内蒙古自治区人力资源和社会保障网 www.nm12333.cn
14. 内蒙古高校毕业生就业信息网 www.nmbys.com
15. 辽宁省就业网 www.jyw.gov.cn
16. 辽宁人事考试网 www.lnrsks.com
17. 辽宁省高校毕业生就业信息网 www.lnjy.com.cn
18. 吉林省人力资源和社会保障厅 hrss.jl.gov.cn
19. 吉林人才网 www.jlrc.com.cn
20. 吉林省高校毕业生就业信息网 www.jilinjobs.com
21. 黑龙江省人力资源和社会保障厅 www.hl.lss.gov.cn
22. 上海市人力资源和社会保障局 www.12333sh.gov.cn
23. 上海人才服务网 www.shrc.com.cn
24. 上海学生就业创业服务网 www.firstjob.com.cn
25. 江苏人力资源和社会保障网 www.jshrss.gov.cn
26. 江苏公共就业服务网 lm.jshrss.gov.cn

27. 江苏毕业生就业网 www. jsbys. com. cn

28. 浙江省人力资源和社会保障厅 www. zjhrss. gov. cn

29. 浙江人事考试网 www. zjks. com

30. 浙江省人力资源网 www. zjhr. com

31. 浙江省大学生网上就业市场 www. ejobmart. cn

32. 安徽省人力资源和社会保障厅 www. ah. hrss. gov. cn

33. 安徽人才网 www. ahhr. com. cn

34. 安徽大中专毕业生就业信息网 www. ahbys. com

35. 福建省人力资源和社会保障厅 www. fjrs. gov. cn

36. 福建省毕业生就业公共网 www. fjbys. gov. cn

37. 江西省人力资源和社会保障厅 hrss. jiangxi. gov. cn

38. 江西人才人事网 www. jxrcw. com

39. 江西省人事考试网 www. jxpta. com

40. 江西省就业创业服务平台 www. jxjob. net

41. 山东省人力资源和社会保障厅 www. sdhrss. gov. cn

42. 山东人事考试信息网 www. rsks. sdhrss. gov. cn

43. 山东高校毕业生就业信息网 www. sdbys. cn

44. 河南省人事考试网 www. hnrsks. com

45. 河南省毕业生就业信息网 www. hnbys. gov. cn

46. 湖北省人力资源和社会保障厅 www. hb12333. com

47. 湖北人才网 www. jobhb. com

48. 湖北毕业生就业信息网 job. e21. edu. cn/

49. 湖南省人力资源和社会保障厅 rst. hunan. gov. cn

50. 湖南人才网 www. hnrcsc. com

51. 湖南省毕业生就业网 www. hunbys. com

52. 广东人才网 www. gdrc. com

53. 广东省大学生就业网 http: //www. gdjob520. com/

54. 广西人才网 www. gxrc. com

55. 广西西南人才市场 www. gxxnrc. com

56. 广西毕业生就业网 www. gxbys. com

57. 海南省人力资源和社会保障厅 hi. lss. gov. cn

58. 海南人才招聘网 www. hnrczpw. com

59. 重庆市人力资源和社会保障局 www. cqhrss. gov. cn

60. 重庆大学生就业网 www. cqxsjy. com

61. 重庆人才公共信息网 www. cqrc. net

62. 重庆高校毕业生就业信息网 www. cqbys. com

63. 四川省人才网 www. scrc168. com

64. 贵州省人力资源社会保障网 gz. hrss. gov. cn

65. 贵州人才信息网 www. gzrc. gov. cn/

66. 云南省人力资源和社会保障网 www. ynhrss. gov. cn

67. 云南人才网 www. ynhr. com

68. 陕西省人力资源和社会保障厅 www. shaanxihrss. gov. cn

69. 陕西人才公共服务网 www. snhr. gov. cn

70. 甘肃省人力资源和社会保障厅 www. rst. gansu. gov. cn

71. 西北人才网 www. xbrc. com. cn

72. 甘肃省促进就业网 www. gscjjy. cn

73. 青海省人力资源和社会保障厅 www. qhhrss. gov. cn

74. 青海人才市场网 www. qhrcsc. com

75. 青海毕业生就业信息网 www. qhbys. com

76. 宁夏人力资源和社会保障网 www. nxhrss. gov. cn

77. 宁夏毕业生网 http://shop1728311. yellowurl. cn/

78. 新疆生产建设兵团和社会保障局 www. rsj. xjbt. gov. cn

79. 新疆兵团人事人才网 www. xbrs. gov. cn

80. 新疆维吾尔族自治区人力资源和社会保障厅 www. xjrs. gov. cn

第三章　求职礼仪与技巧

第一节　求职礼仪

从校园到职场,每个大学生都要经历无法回避的求职过程,而这一过程像是通向未来的一段航程。作为毕业生的你,对于如何完成这一旅程,心里往往充满困惑和不安。要想让自己赢得招聘单位的青睐,获得求职的成功,必须通过精心的准备和不懈的努力,掌握求职技巧,抓住每一次机会,以最快的速度、最好的方法驶向自己理想的未来栖身之地。其实,你就是自己职业航船的指挥者,要驶向什么港湾,全仰仗于你个人。

【案例】

某公司招聘文秘人员,由于待遇优厚,应聘者很多。新闻学专业毕业的小黄同学前往面试,她的背景材料可能是最棒的:大学四年,在各类刊物上发表了2万字的作品,内容有小说、散文、评论等,还有在两家公司兼职的经历,英语表达也极为流利,书法也堪称一流。小黄性格活跃,五官端正,身材高挑、匀称。面试时,招聘者拿着她的材料等她进来。小黄穿着迷你裙,露出藕段似的大腿,上身是露脐装,涂着鲜红的唇膏,轻盈地走到一位考官面前,不请自坐,随后跷起了二郎腿,笑眯眯地等着问话。结果,三位招聘者互相交换了一下眼色,主考官说:"黄小姐,请回去等通知吧。"她喜形于色:"好!"挎起小包飞跑出门。

点评:小黄此次面试之所以会失败,是她犯了几个大忌:第一,衣着。面试的时候应该穿正装,最好是带有职业性质的服装或套装;第二,面容。面试的时候化妆是对对方的尊重,但是一般以淡妆为主,嘴唇涂有一定颜色的唇彩,让人觉得自己精神就行,不需要太艳丽的颜色;第三,坐姿。坐下的时候,如果你穿的是裙子可以选择两脚并拢往左边或右边斜着,这样即美观又落落大方;如果你穿的是裤子而且又要跷腿,那么跷腿时把脚尖压下去,用脚尖对着别人是对别人的不尊重;第四,走路。走路不应该过急或过慢,尤其是面试有了一定结果的时候更不应该选择跑,这样会给对方造成不好的印象,还有可能撞到其他人;第五,笑。在礼仪中我们讲究的笑是露出八颗牙齿,这样既能表达善意又不觉得做作。

【案例】

小俞是旅游管理专业的毕业生,学习成绩很好,性格开朗,爱运动,但有一个平时穿戴比较随便、不太爱卫生的坏习惯。毕业时去应聘某五星级酒店的客户经理,虽然只有3个岗位空缺,而应聘者却多达百余人,但他还是觉得自己稳操胜券。因为他有类似的实践经验,在学校做过校学生会的实践工作。

面试时,主考官与他谈了很多,从客户关系到增值服务区域,从饭店管理到旅游业和饭店的关系。"我们双方交流得很好,他们对我的知识和经历也很满意。我想,这是一次成功的求职。"面试后,他不无得意地说。

谁知,当他第二天兴冲冲赶到酒店后,竟发现自己"榜上无名"。他越想越不服气,忍不住找到面试他的考官。那位考官毫不客气地说道,"你看,你还穿着上次面试时的衣服——T恤、牛仔裤和脏球鞋!你的着装太让我失望了,我们不可能把一份关乎酒店形象的工作,交给一个看上去这么随随便便的年轻人。"

点评: 在小俞的面试经历中,我们不难看出,许多人力资源部门在招聘员工时,对应聘者职业形象的关注程度的比重都很大。因为他们认为,那些职业形象不合格、职业气质差的员工不可能在同事和客户面前获得高度认可,极有可能令工作效果打折扣。

一、礼仪的含义

中国是世界闻名的礼仪之邦,"礼仪"是中国传统文化的外在表现。

礼仪,就是待人接物时,言谈举止和着装以最恰当的方式来表达对他人的尊重。是人类为维系社会正常生活而要求人们共同遵守的最起码的道德规范,它是人们在长期共同生活和相互交往中逐渐形成,并且以风俗、习惯和传统等方式固定下来的。对一个人来说,礼仪是一个人的思想道德水平、文化修养、交际能力的外在表现。对一个社会来说,礼仪是一个国家社会文明程度、道德风尚和生活习惯的反映。

礼仪具有两个特点:第一,礼仪表现为一系列行为规范。规范就是规矩、章法、条条框框,是待人接物的标准化做法,是不需要讨论的。如进门前要先敲门,若不敲门就直接闯进去是失礼的。没有人非逼着你这样做,但是只有这样才算合适和正确。违反礼仪规范,别人虽然不能对你进行制裁,但会对你产生反感、厌恶。第二,礼仪表现为一系列细节。教养体现于细节,细节展示素质。大学生需要从细节入手,在日常生活中去亲身实践,在实践中去体验、反思,以养成良好的习惯。

求职礼仪,就是求职者在求职过程中与招聘单位接待者接触时应具有的礼貌行为和仪表形态的规范。求职礼仪是公共礼仪的一种,它一般是通过求职者的应聘资料语言、仪态举止、仪表、着装打扮等方面体现其内在素质。求职应着正装,给招聘者一种你重视这个职业、尊重这个职业的感觉。说话要严谨,不可夸夸其谈,待人稳重,拒绝非主流。

大学生一毕业,就面临着找工作这一问题。而作为一名大学生理应具备一些求职礼仪,这对找工作的作用是立竿见影的。礼仪教育,有利于促进大学生的社会化,提高社会心理承受力;利于对大学生进行思想道德教育,提高思想道德素质;利于对大学生进行人文知识教育,提高大学生的人文修养。

二、礼仪的作用

大学生的礼仪礼貌也是举足轻重的。在人才招聘会上,言谈儒雅、服饰得体、仪表端庄、神态大方、礼仪到位的大学生更能受到用人单位的青睐。讲究礼仪,遵从礼仪规范,可以有效地展现一个人的教养、风度与魅力,更好地体现一个人对他人和社会的认知水平和尊重程度,从而使个人的学识、修养和价值得到社会的认可和尊重。适度、恰当的礼仪不仅能给对方以可亲可敬、可合作、可交往的信任和欲望,而且会使合作过程和谐、成功。任何一个社会组织,小到一家店铺,大到一个国家,要想广交朋友,广聚信息,想增进相关公众对它的理解、信任、合作与支持,想塑造自身的良好形象,全面实现自己的目的,同样也一刻离不开礼仪。礼仪不仅是社会生活和交往的需要,还可以美化人生,培养人们的社会性,孟德斯鸠曾说:"我们有礼貌是因为自尊。""礼貌使有礼貌的人喜悦,也使那些受人礼貌招待的人喜悦。"生活中有许多口角、摩擦、矛盾、争斗,都是起因于对小节的不注意。而文雅、宽厚能使人加深友情,增加好感。注重言语礼仪,可以有一个和睦、友好的人际环境,注重行为的礼仪,可以有一个宁静、洁净的生活环境,可以促进人际关系的和谐,也可以美化人生,美化社会,因此礼仪习惯的培养是精神文明建设的一项重要内容。一个知书不达礼,知识水准和道德水准严重不协调的学生,不可能成为一名优秀人才。

三、礼仪的分类

不同的领域,不同的对象,礼仪有不同的讲究,根据应用范围一般分为五大板块:

1. 政务礼仪。它是国家机关工作人员、国家公务员在执行国家公务、为政府服务时所讲究的礼仪。如,人事部规定《国家公务员行为规范》。

2. 商务礼仪。是公司企业从业人员在商务交往中所讲究的礼仪。

3. 服务礼仪。是服务行业从业人员——酒店、餐厅、旅行社、银行、保险公司、医院,工作中所讲的礼仪。

4. 社交礼仪。就是人们在工作之余的公众场合,迎来送往、私人交往中所讲的礼仪。

5. 国际礼仪(涉外礼仪)。是我们中国人和外国人打交道时所讲的礼仪。

四、求职面试的重要礼仪

(一) 仪容礼仪

时尚、前卫的发型虽然会显示求职者的个性,但在求职面试时,对于面试官来说就没有吸引力了。求职面试时,男生的发型最好干净利落、整洁自然。如果不是面试艺术类、广告类工作,男生最好不要留长发和剃光头。要整理好发型,刮干净胡子,给人干净、整洁的印象。头发不要用过多摩丝、啫喱水,以免油光可鉴。男生应养成每天修面的好习惯,不蓄胡须,鼻毛不外现,口无异味。

女生,淡妆和合适的发型是有必要的。化妆可以使自己增添信心,合适的发型可以增添自己在考场中的魅力,同时也充分展示对自己和他人的尊重。女生可以盘起长发,给人以端庄大方的感觉。不夸张的、细心打理好的卷发也是一个好的选择,可以增添活泼成熟的感觉。妆容的总体要求是端正庄重、整洁干净、简约朴实、得体自然。面试时,应保持手部清洁,不蓄长指甲,不涂过于鲜亮的指甲油,不使用香水。佩戴耳环、手链、胸花等首饰要精而美,款式不要过于繁琐、不能发出声音,数量不宜超过两件。

(二)服饰礼仪

男生服饰:求职面试时,一般穿正装,但也不是只能穿西服。服装要根据自己的求职定位和自身条件来选择,颜色以灰、黑、蓝、白为主,切不可太过花哨,面料要选择不易起皱的。平整、整洁、剪裁合体的衣服会显得求职者更加精神和自信。

许多男生平时都喜欢穿 T 恤衫配牛仔裤或运动装,但在求职面试时,这种装扮会给人以不庄重、稚气的感觉。男生的最佳面试服装是西装,也可以选择其他简单稳重的造型,应以能够体现自身优势、增强自身沉稳、内敛的气质为主要目的。在选择西装的时候,应避免穿过于老旧的西服,要选择剪裁良好、款式经典的西服套装。在去除袖口商标的同时要注意西装的第三个扣子不需要扣上。西裤长度为裤管盖住皮鞋;衬衫放在西裤里面,领带要选择与西服颜色相搭配的,最好是保守一些的。钥匙、手机、钱包之类不要装在西服上衣、裤子口袋里。衬衫的颜色应以白色或浅色为主,经典白色衬衫永不过时,深色西装搭配白色衬衫,给人以潇洒的感觉;而蓝色衬衫是 IT 行业男士的最佳选择,能体现出沉稳的气质。同时,不能西服搭配运动鞋。把鞋子擦干净上好鞋油。避免穿白色袜子。

相对于男生来说,女生的服装比较灵活,每位女生应准备一至两套较正规的套服,以备去不同单位面试之需。专业化的套装搭配中跟的皮鞋会让人看起来精明、干练、成熟,剪裁得体的西装套裙,色彩相宜的衬衫和半截裙使人显得稳重、自信、大方,会给面试人员留下比较职业的印象。服装颜色以淡雅或同色系的搭配为宜,穿着应有职业女性的气息。T 恤衫、迷你裙、牛仔裤、紧身裤、宽松服、高跟拖鞋等使人显得活泼、有朝气,但会给面试官留下太随便的印象。切忌穿超短裙或黑色网袜入场,裙子的长度要在膝盖以下。整体的服装搭配要遵循简单原则,一般着装颜色不超过三色。

(三) 举止礼仪

无声语言是重要的公关手段,主要包括手势语、目光语、身势语、面部语、服饰语等,是通过仪表、姿态、神情、动作来传递信息的手段,它们在交谈中往往起着有声语言无法比拟的效果,是职业形象的更高境界。形体语言对面试成败非常关键,有时一个眼神或者手势都会影响到面试官对应聘者的整体评分。比如面部表情的适当微笑,就显现出一个人的乐观、豁达、自信;服饰的大方得体、不俗不妖,能反映出大学生风华正茂,有知识、有修养、青春活泼,它可以在考官眼中形成一道绚丽的风景,增强你的求职竞争能力。

如钟坐姿显精神。进入面试室后,在没有听到"请坐"之前,绝对不可以坐下,等考官告诉你"请坐"时才可坐下,坐下时应道声"谢谢"。坐姿也有讲究,"站如松,坐如钟",面试时也应该如此,良好的坐姿是给面试官留下好印象的关键要素之一。坐椅子时最好坐满三分之二,上身挺直,这样显得精神抖擞;保持轻松自如的姿势,身体要略向前倾。不要弓着腰,也不要把腰挺得很直,这样反倒会给人留下死板的印象,应该很自然地将腰伸直,并拢双膝,把手自然的放在上面。有两种坐姿不可取:一是紧贴着椅背坐,显得太放松;二是只坐在椅边,显得太紧张。这两种坐法,都不利于面试的进行。要表现出精力和热忱,松懈的姿势会让人感到你疲惫不堪或漫不经心。切忌跷二郎腿并不停抖动,两臂不要交叉在胸前,更不能把手放在邻座椅背上,或加些玩笔、摸头、伸舌头等小动作,容易给别人一种轻浮傲慢、有失庄重的印象。

微笑的表情有亲和力。微笑是自信的第一步,也能消除紧张。面试时要面带微笑,亲切和蔼、谦虚虔诚、有问必答。面带微笑会增进与面试官的沟通,会百分之百地提高你的外部形象,改善你与面试官的关系。带着赏心悦目的面部表情的应聘者,他们的成功率远会高于那些目不斜视、笑不露齿的人。应聘者不要板着面孔,苦着一张脸,否则不能给人以最佳的印象,不利于争取工作机会。听对方说话时,可以不时点下头,表示自己听明白了,或正在注意听。当然也不宜笑得太僵硬,一切都要顺其自然。表情呆板、大大咧咧、扭扭捏捏、矫揉造作,都会破坏自然的美。

适度恰当的手势。说话时做些手势,加大对某个问题的形容和力度,是很自然的,可手势太多也会分散人的注意力,因此只在需要时适度配合表达。尤其是在讲英文的时候,很多人习惯两个手不停地上下晃,或者单手比划。这一点一定要注意避免。如果是去外企应聘,还应了解中外手势的不同。例如注意不要用手比划一二三,这样往往会给人滔滔不绝的印象,令人生厌。而且中西方比划一二三的方式也迥然不同,用错了反而造成误解。交谈很投机时,可适当地配合一些手势讲解,但不要频繁耸肩,手舞足蹈。有些求职者由于紧张,双手不知道该放哪儿,而有些人过于兴奋,在侃侃而谈时舞动双手,这些都不可取。不要有太多小动作,这是不成熟的表现,更切忌抓耳挠腮、用手捂嘴说话,这样显得紧张,不专心交谈。很多人还有一个习惯,为表示亲切而拍对方的肩膀,这对面试官很失礼。

(四) 语言礼仪

1. 注意称呼。称呼指的是人们在日常交往应酬之中,所采用的彼此之间的称谓语。在人际交往中,选择正确、适当的称呼,反映着自身的教养、对对方尊敬的程度,甚至还体现着双方关系发展所达到的程度,因此不能随便乱用。面试时,可以根据不同单位选择不同称呼。比如到学校,可以称呼相关人员为"老师";如果是企业,可以在姓氏后面加职务。要注意称呼恰当、得体,避免造成对方的不满。

2. 礼貌用语。使用礼貌用语在面试中也是重要的加分项目。通常我们生活中经常用的礼貌用语有"您好""早上好""非常感谢"。面试时多用敬语,可以体现一个人的修养。

(五) 求职面试礼仪的五个注意

1. 时间观念。守时是职业道德的一个基本要求,提前 10—15 分钟到达面试地点效果最佳,可熟悉一下环境,稳定一下心神。提前半小时以上到达会被视为没有时间观念,但在面试时迟到或是匆匆忙忙赶到却是致命的。如果你面试迟到,那么不管你有什么理由,都会被视为缺乏自我管理和约束能力,即缺乏职业能力,给面试者留下非常不好的印象。不管什么理由,迟到会影响自身的形象,这是一个尊重自己和他人的问题。而且大公司的面试往往一次要安排很多人,迟到了几分钟,就很可能永远与这家公司失之交臂了,因为这是面试的第一道题,你的分值就被扣掉,后面你也会因状态不佳而搞砸。

　　如果路程较远，宁可早到 30 分钟，甚至一个小时。城市很大，路上堵车的情形很普遍，对于不熟悉的地方也难免迷路。但早到后不宜提早进入办公室，最好不要提前 10 分钟以上出现在面谈地点，否则聘用者很可能因为手头的事情没处理完而觉得很不方便。外企的老板往往是说几点就是几点，一般绝不提前。当然，如果事先通知了许多人来面试，早到者可提早面试或是在空闲的会议室等候，那就另当别论。如果面试地点比较远，地理位置也比较复杂，不妨先跑一趟，熟悉交通线路、地形、甚至事先搞清洗手间的位置，这样你就知道面试的具体地点，同时也了解路上所需的时间。

　　但招聘人员是允许迟到的，这一点一定要清楚，对招聘人员迟到千万不要太介意，也不要太介意面试人员的礼仪、素养。如果他们有不妥之处，你应尽量表现得大度开朗一些，这样往往能使坏事变好事。否则，招聘人员一迟到，你的不满情绪就流于言表，面露愠色，招聘人员对你的第一印象就会大打折扣。因为面试也是一种人际磨合能力的考查，你的表现得体、周到，自然是有百利而无一害的。

　　2. 进入面试单位的第一形象。到了办公区，最好径直走到面试单位，而不要四处张望，甚至被保安盯上；走进公司之前，口香糖和香烟都收起来，因为大多数的面试官都无法忍受你在公司嚼口香糖或吸烟；手机不要开或开静音，避免面试时造成尴尬局面，同时也分散你的精力，影响你的成绩。一进面试单位，若有前台，则开门见山说明来意，经指导到指定区域落座；若无前台，则找工作人员求助，这时要注意用语文明，开始的"你好"和被指导后的"谢谢"是必说的，这代表你的教养。一些小企业没有等候室，就在面试办公室的门外等候，当办公室门打开时应有礼貌地说声"打扰了"，然后向室内考官表明自己是来面试的，绝不可贸然闯入；假如有工作人员告诉你面试地点及时间，应当表示感谢；不要询问单位情况或向其索要材料，且无权对单位予以品评；不要驻足观看其他工作人员的工作，或在落座后对工作人员所讨论的事情或接听的电话发表意见或评论，以免给人肤浅嘴快的印象。

　　3. 等待面试时的表现不容忽视。到达面试地点后应在等候室耐心等候，并保持安静及正确的坐姿。如果此时有的单位为使参加面试者能尽可能多地了解单位的情况，准备了公司的介绍材料，是应该仔细阅读的。也可自带一些试题重温。而不要来回走动显示浮躁不安,也不要与别的应聘者聊天,因为这可能是你未来的同事。而且你的谈话对周围的影响是你难以把握的,也许会导致你应聘的失败。更要坚决避免的是,在接待室巧遇朋友或熟人,就旁若无人地大声说话或笑闹,吃口香糖、抽香烟、接手机。

4. 与面试官的第一个照面。

(1) 把握进屋时机。如果没有人通知,即使前面一个人已经面试结束,也应该在门外耐心等待,不要擅自走进面试房间。自己的名字被喊到,就有力地答一声"是";然后再 敲门进入,敲两三下是较为标准的。敲门时千万不可敲得太用劲,以里面听得见的力度为准。听到里面说"请进"后,要回答"打扰了"再进入房间。开门关门尽量要轻,进门后不要用后手随手将门关上,应转过身去正对着门,用手轻轻将门合上。回过身来将上半身前倾 30 度左右,向面试官鞠躬行礼,面带微笑称呼一声"你好",彬彬有礼而大方得体,不要过分殷勤、拘谨或过分谦让。

(2) 专业化的握手。面试时,握手是最重要的一种身体语言。专业化的握手能创造出平等、彼此信任的和谐氛围。你的自信也会使人感到你能够胜任而且愿意做任何工作。这是创造好的第一印象的最佳途径。怎样握手? 握多长时间? 这些都非常关键。因为这是你与面试官的初次见面,这种手与手的礼貌接触是建立第一印象的重要开始,不少企业把握手作为考察一个应聘者是否专业、自信的依据。所以,在面试官的手朝你伸过来之后就握住它,要保证你的整个手臂呈 L 型(90 度),有力地摇两下,然后把手自然地放下。握手应该坚实有力,有"感染力"。双眼要直视对方,自信地说出你的名字,即使你是位女士,也要表示出坚定的态度,但不要太使劲,更不要使劲摇晃;不要用两只手,用这种方式握手不够专业。而且手应当是干燥、温暖的。如果他/她伸出手,却握到一只软弱无力、湿乎乎的手, 这肯定不是好的开端。如果你刚刚赶到面试现场,用凉水冲冲手,使自己保持冷静。如果手心发凉,就用热水捂一下。

握手时长时间地拖住面试官的手,偶尔用力或快速捏一下手掌。这些动作说明你过于紧张,而面试时太紧张表示你无法胜任这项工作;轻触式握手显出你很害怕而且缺乏信心,你在面试官面前应表现出你是个能干的、善于与人相处的职业者;远距离在对方还没伸手之前,就伸长手臂去够面试官的手,表示你太紧张和害怕,面试者会认为你不喜欢或者不信任他们。

(3) 无声胜有声的形体语言。加州大学洛杉矶分校的一项研究表明:个人给他人留下的印象,7%取决于用辞,38%取决于音质,55%取决于非语言交流。非语言交流的重要性可想而知。在面试中,恰当使用非语言交流的技巧,将为你带来事半功倍的效果。

面试一开始就要留心自己的身体语言,特别是自己的眼神,对面试官应全神贯注,目光始终聚焦在面试人员身上,在不言之中,展现出自信及对对方的尊重。眼睛是心灵的窗户,恰当的眼神能体现出智慧、自信以及对公司的向往和热情。注意眼神的交流,这不仅是相互尊重的表示,也可以更好地获取一些信息,与面试官的动作达成默契。正确的眼神表达应该是:礼貌地正视对方,注视的部位最好是考官的鼻眼三角区(社交区);目光平和而有神,专注而不呆板;如果有几个面试官在场,说话的时候要适当用目光扫视一下其他人,以示尊重;回答问题前,可以把视线投在对方背面墙上,花两三秒钟做思考,思考时间不宜过长,开口回答问题时,应该把视线收回来。

5. 怎样让面试官重视你。个人自我介绍是面试实战非常关键的一步,因为众所周知的"前因效应"的影响,这2—3分钟见面时的自我介绍,将是你之前所有工作成绩与为人处世的总结,也是你接下来面试的基调,考官将基于你的材料与介绍进行提问。这将在很大程度上决定你在各位考官心里的形象,形象良好,才能让面试官重视你。

(1) 气质高雅与风度潇洒。面试时,招聘单位对你的第一印象最重要。你要仪态大方得体,举止温文尔雅,要想树立起自己的良好形象,这就肯定要借助各种公关手段和方法。各种公关手段主要有言词语言公关、态势语言公关和素养公关。这些公关手段又包括数种方法,如幽默法、委婉法等。只有在了解有关公关的常规知识之后,才能顺利地、成功地树立起自己良好的形象。如果你能使一个人对你有好感,那么也就可能使你周围更多的人都对你有好感。往往是风度翩翩者稳操胜券,仪态平平者屈居人后。

在人际交往中,人们常常用"气质很好"这句概括性的话来评价对某个人的总体印象。然而,到底是什么因素决定了一个人的气质? 其实言谈举止就能反映内在气质。从心理学的角度来看,一个人的言谈举止反映的是他(她)的内在修养,比如,一个人的个性、价值取向、气质、所学专业……不同类型的人,会表现出不一样的行为习惯,而不同公司、不同部门,也就在面试中通过对大学生言谈举止的观察,来了解他们的内在修养、内在气质,并以此来确定其是否是自己需要的人选。面试能否成功,是在应聘者不经意间被决定的,而且和应聘者的言谈举止有很大关系。

如果说气质源于陶冶,那么风度则可以借助于技术因素,或者说有时是可以操作的。风度总是伴随着礼仪,一个有风度的人,必定深知礼仪的重要,既彬彬有礼,又落落大方,顺乎自然,合乎人情,外表、内涵和肢体语言的真挚融合为一,这便是现代人的潇洒风度。每个人都有自己的形象风格,展现自我风采的另外一个重要因素便是自信,体现出一种独特的自然魅力,自我风采便无人能挡。

(2) 语言就是力量。语言艺术是一门综合艺术,包含着丰富的内涵。一个语言艺术造诣较深的人需要多方面的素质,如具有较高理论水平,广博的知识,扎扎实实的语言功底。如果说外部形象是面试的第一张名片,那么语言就是第二张名片,它客观反映了一个人的文化素质和内涵修养。谦虚、诚恳、自然、亲和、自信的谈话态度会让你在任何场合都受到欢迎,动人的公关语言、艺术性的口才将帮助你获得成功。面试时要在现有的语言水平上,尽可能地发挥口才作用。争取做到对所提出的问题对答如流,恰到好处,妙语连珠,耐人寻味,又不夸夸其谈,夸大其词。自我介绍是很好的表现机会,应把握以下几个要点:第一,要突出个人的优点和特长,并要有相当的可信度。例如,具有实际管理经验的应聘者要突出自己在管理方面的优势,最好是通过自己做过什么项目这样的方式来叙述,语言要概括、简洁、有力,不要拖泥带水,轻重不分。重复的语言虽然有强调的作用,但也可能使考官产生厌烦情绪,因此重申的内容,应该是浓缩的精华,要突出你与众不同的个性和特长,给考官留下几许难忘的记忆;第二,要展示个性,为了使个人形象鲜明,可以适当引用别人的言论,如老师、朋友等的评论来支持自己的描述;第三,坚持以事实说话,少用虚词、感叹词之类;第四,要符合常规,介绍的内容和层次应合理、有序地展开。要注意语言逻辑,介绍时应层次分明、重点突出,使自己的优势很自然地逐步显露;第五,尽量不要用简称、方言、土语和口头语,以免对方难以听懂。当不能回答某一问题时,应如实告诉对方,含糊其辞和胡吹乱侃会导致失败。

第二节　求职材料撰写技巧

对即将面临就业的每个毕业生而言,当务之急的事情恐怕就是制作一份个人求职材料。因为在双向选择过程中,大部分用人单位安排面试的依据是反映毕业生情况的求职材料,通过这些求职材料来判断和评价毕业生的学习成绩、工作潜力。怎样让用人单位认识自己、了解自己、选择自己,从而实现自身就业愿望,就必须利用各种途径和方法正确地宣传自己和展示自己,因此,求职材料准备的充分与否,对于求职者能否成功就业是关键的第一环。

求职材料主要由求职信、个人简历、毕业生推荐表、成绩单和其他相关材料组成。毕业生的求职材料应多侧面、多角度准确全面地反映自己的专业水平、组织能力、领导能力和综合素质。通过准备的书面求职材料,用人单位可从中了解到毕业生的身份、能力、综合素质等基本情况,以判断和评价毕业生的学习成绩、工作潜力,从而确定能否给毕业生提供面试的机会。

一、求职信

自荐信是向用人单位的一种书面自我介绍,与推销相似,目的都是要引起顾客(雇主)兴趣,达到成功推销之效果。在未曾正式与雇主接触之前,这封信就是你们之间的媒体,雇主只有透过它,来对你作出评估,所以求职信的好与坏,直接影响着你获取面试的机会。在正式动笔之前,必须先认识求职信的目的及其重要性,才能撰写出一封漂亮又兼具说服力的求职信。

【案例】　　　　　　　　　致米兰大公书

[意大利] 达·芬奇

黄继忠　译

显贵的大公阁下,我对那些冒充作战器械发明家的人所进行的实验作了观察和思考,发现他们发明的东西与常使用的并无两样,故此斗胆求见阁下,以便面陈机密,但对他人不抱任何成见。

① 我能建造轻便、坚固、搬运便利的桥梁。可用来追逐和击败敌军；也能建造坚固的桥梁，用以抵御敌军的炮火和进攻，这种桥梁装卸非常方便，我也能焚毁、破坏敌军的桥梁。

② 在围攻城池之际，我能从战壕中切断水源，还能制造浮桥、云桥和其他类似装备。

③ 若地势太高，或坚不可摧，因而无法用炮火轰击的，只要它的地基不是用石头筑的，我能摧毁它的每一个碉堡。

④ 我能造一种既轻便又易搬运的大炮，可用来投小石块，犹似下冰雹一般，其中喷出的烟雾会使敌军惊慌失措，因而遭受沉重损失，并造成巨大的混乱。

⑤ 我能在任何指定地点挖掘地道，无论是直的或弯的，不出半点声响，必要时可以在战壕和河流下面挖。

⑥ 我能制造装有大炮的铁甲车，可用来冲破敌军最密集的队伍，从而打开一条步兵进攻敌军的安全通道。

⑦ 在必要情况下，我能建造既美观又实用的大炮、迫击炮和其他轻便军械，不同于通常所用者。

⑧ 不能使用大炮时，我能代之以弹弓、投石机、陷阱和其他效果显著的器械，不同于通常所用者——总之，必要时我能提供不胜枚举的进攻和预防器械。

⑨ 倘若在海上作战，我能建造多种极适宜于进攻和防御的器械，也能制造可以抵御最重型火炮炮火的兵船以及各种火药和武器。

⑩ 在太平年代，我能营造公共建筑和民用房屋，还能疏导水源，自信技术决不次于他人，而且保君满意。

此外，我还善于用大理石、黄铜或陶土雕塑；在绘画方面，我也决不逊色于当今任何一位画家。我还愿意应承雕塑铜马的任务，它将为您已故的父亲和声名显赫的斯福乐尔扎家族增添不朽的光彩和永恒的荣誉。

如果有人认为上述任何一项办不到或不切实际的话，我愿随时在阁下花园里或您指定的其他任何地点实地实验。谨此无限谦恭之忱，向阁下候安。

达·芬奇

××年××月××日

点评：就是凭着这封求职信，达·芬奇求职成功，得以录用，其后便供职于此,并得到充分发展自己各方面才能的条件和机会,以至于名垂青史。这封求职信成功之处在于一是开篇要有明确的求职意向;二是有针对性的宣传自己的优势;三是适当抒情;四是扬长避短;五是语句简练通畅,用语得体。

(一) 求职信的主要内容

求职信是简短的介绍信,它属于书信范畴,所以其基本格式应当符合书信的一般要求。主要包括称呼、引言、正文、结尾、署名、日期、附录七个部分。

1. 称呼

求职信的称呼往往比一般书信的称呼正规一些,在实际书写时要区别对待。如果写给国家机关、事业单位的人事处领导,用"尊敬的××处长(科长等)"称呼;如果求职三资企业,则用"尊敬的××董事长(总经理)先生";如果是写给其他类企业厂长的,则可以称之为"尊敬的××厂长(或经理)";如果写给学校校长或人事部门的求职信,则称之为"尊敬的××校长(老师等)"。如果不知道翻阅求职信的具体对象是谁,就不要写姓名,以免其他人看到,造成不适感,可以统称"尊敬的领导"。

2. 引言

一般情况,引言部分需要开宗明义,自报家门,直截了当地说明求职意图,应力求简洁,使求职信的主旨明确、醒目。引言的作用有两点:一是吸引用人单位看完材料,二是引导对方进入你所设计的主题而不感到突然。切忌客套问候,离题乏味,让对方产生厌恶情绪。写出求职信的理由和目的,说明你为什么选择该公司。甚至以通过暗示你与公司雇员有亲属关系来表达你对公司的兴趣或者你一直通过新闻了解该公司或者这个行业。例"我写此信应聘贵公司招聘的某某职位。我很高兴地在招聘网站得知你们的招聘广告,我学习某某专业,我一直期望能有机会加盟贵公司"。

3. 正文

一般说来,这部分先简述个人基本情况,写明求职的理由及目标,要合乎情理、合乎实际,做到充足、可信。接着要重点突出自己的主要成绩、特长、优势适合所应聘的岗位,可以多提一些有代表性的工作经历,使之具有吸引力和新鲜感,要表明自己诚恳的求职态度和敬业精神,并附带说明对未来的设想等。主体部分是求职信的重点,要简洁而有针对性地概述自己的简历。要突出自己的特点,使对方觉得你的各方面情况与招聘条件相一致,与有关职位要求、特点相吻合。

常见的求职信一般采用信函的形式,正文除了用一般信笺的礼貌用语之外,主要包括以下内容:

(1) 个人基本情况,包括姓名、政治面貌、学历学位、毕业学校、专业、特长、优缺点。这部分要针对用人单位岗位需求着重来写;

(2) 说明应聘岗位和能胜任本岗位工作的各种能力,这部分内容一定要有说服力,说明你为何适合这个职位,有哪些独特的个人能力。不要单纯写自己的长处和技能,而是要着重说明这些长处和技能能给该公司带来什么益处;

(3) 明确向用人企业提出申请职位;

(4) 说明如被录用,能为用人单位作出什么贡献;

(5) 写明自己的详细联系方式。

在写求职信之前,同学们应该做好以下几件事情:

(1) 尽可能多地对这个招聘单位进行了解;

(2) 了解你应聘的企业需要什么样的人才;

(3) 了解你能为招聘单位提供所需的独到优势;

(4) 了解你应聘的企业为其招聘的人提供的工作条件和薪资;

(5) 了解你所应聘的企业提供的工作条件和薪资与就业市场同类职位薪资行情的差距。

4. 结尾

一般应写明希望对方给予答复,并盼望能有机会参加面试及简短的表示敬意、祝愿之类的祝词。如"祝贵公司兴旺发达""工作顺利"等,也可以用"此致敬礼"之类的通用词。

5. 署名

应注意与信首的"称呼"相一致,一般都在署名前加上一些"您值得信赖的××""您忠实的××"之类的词语,也可以写成"您的学生××",还可什么都不写,直接签上自己的姓名。

6. 日期

一般写在署名右下方,最好用阿拉伯数字写,并写上年、月、日。

7. 附件

求职信一般都要求同时寄一些有效证件,如外语等级证书、计算机等级证书、获奖证书的复印件以及简历、近期照片等。最好有附件目录,这样既方便招聘单位审核,同时也给对方留下一个"有条不紊、很负责任、办事周到"的好印象。

(二) 求职信的撰写技巧

成功的求职信应该表明自己乐意同将来的同事合作,并愿意为事业而奉献自己的聪明才智。要写好一封令人满意的求职信,必须注意以下几点:

1. 字迹工整,文字通顺

如果你能写一手漂亮的字,那么不妨手写求职信,这比打印下来的求职信更容易让人记住。在同等求职条件下,获得成功的几率更大些。

简历中所用的语言要明了,文字、语法及标点符号要正确,行文要规范,写完后,多通读几遍,不要出现语法错误,避免给对方留下不良印象。

2. 实事求是,恰如其分

写求职信务必抱着实事求是的态度,应做到正确介绍自己。对自己的能力、水平、特长应有恰如其分的评价,不可弄虚作假如虚构自己的学习成绩,也不能夸大自己的工作能力和特长,更不能虚构没有的荣誉。真实是求职信的基本要求,但毕业生要做的不是向招聘单位袒露自己的缺点,而是要证明自己的实力,在有限的篇幅里扬长避短,使招聘单位对求职者的才干和能力留下深刻的印象。

3. 开门见山,简明扼要

用简练的语言把你的求职想法以及个人特点表达出来,切忌堆砌词藻。因为求职信的读者大多是单位负责人,他们不会把很多时间浪费在阅读冗长的文章上。求职信不是你显示文学才华的地方,最好用平实、稳重的语气来写。卖弄文采、堆砌华丽时髦的词藻,结果会弄巧成拙,使人反感。因此,写作求职信要开门见山,简明扼要,切忌套话连篇,浮词满纸。求职信不在于长,而在于精,精在内容集中、明确,语言凝练明快,篇幅短小精悍上。

4. 充满自信,突出重点

求职信要突出那些能引起对方兴趣、有助于获得工作的内容,主要包括专业知识、工作经验、自身特长和个性特点等。有一点要特别注意,即在介绍专业知识和学历时,切忌过分强调自己的学习成绩,这样只能给人以幼稚和书生气十足的感觉。用人单位最重视的是经验和实际能力,所以应略写知识和学历,而重点突出工作经验和能力。

5. 富有个性,不落俗套

书写一封求职信,正如精心策划一则广告,应不拘泥于通俗写法,立意新颖,以独特的语言及多元化的思考方式,给对方造成强烈的印象,引人注意,并挑起兴趣。一封求职信,无论内容多么完备,如果吸引不了对方的注意,则一切枉然,对方如果对你的陈述不感兴趣,则前功尽弃。

6. 自我推销,谦虚有度

写求职信就是推销自己,就要强调你自己的成就,强调你对所选单位的价值,这就少不了自我介绍一番,但是一定要讲究技巧。比如,你信中要表达"有能力开创企业的新局面",让人听起来就很刺耳。应用点技巧来表达,可以说:"我可以用所学的知识,建立一套新的管理系统,以提高企业的生产率","可以为企业搞一些形象设计"等等。

对于中国人来讲,谦虚是一种美德。一个谦虚的人,可以使对方产生好感。但对于求职者来说,过分的谦虚,同样会使人觉得你什么也不行。谦虚不是自我否定,是实事求是、恰如其分地表现自己。所以,写求职信应遵循"适度推销"的原则。但也要视具体情况而定,由于文化上的差异,对外资企业可多一些"自吹",对国内企业应多一些谦虚。

7. 少用简称,慎重使用"我"字句

平时你与人交谈时,可能习惯简称自己的学校或所学的学科专业,但在求职信上最好不要用简称,因为用人单位的领导不一定都了解你的学校或专业,简写往往容易使他们因不明白而产生误解。在求职信中慎用"我觉得""我看""我想""我认为"等词语,避免给用人单位留下你自高自大,思想不成熟的感觉。

8. 建立联系,争取面试

在求职信中不要提薪水的具体数目。求职信所要达到的目标是建立联系,争取面试的机会。此时谈钱为时尚早,以后会有更适当的场合,更何况薪水的数目并不是择业的主要因素。如果同时有两个职位,其中低薪的那个职位更有利于今后发展,就应当毫不犹豫地选择它。在求职信的最后,要特意提醒聘人单位留意你附加的简历,并请求给你回音,以争取能够建立下一步的联系,得到面试的机会。

9. 以情动人,以诚感人

写求职信也要有感情色彩,语言有情,会更有助于交流思想,传递信息,感动对方。那么写求职信怎样做到以"情"动人呢? 关键在于摸透对方的心理,然后根据你与对方的关系采取相应的对策。如果求职单位在你的家乡,你可以充分表达为建设家乡而贡献自己聪明才智的志向;如果求职单位在贫困地区,你就要充分表达为改变贫困地区的现状而奋斗的决心;如果是教学单位,你就要充分表达献身教育事业的理想……总之,你要设法引起对方的共鸣,或者得到对方的赞许。这样对方会自动地伸出友谊之手,给你以热情的帮助。

写求职信在注重以情动人的同时,还要以诚感人,以诚取信。只有诚于中才能形于外。"诚"指"诚恳""诚实""诚意""诚信"。就是态度诚恳、诚实,言出肺腑,内容实事求是,言而可信,优点要突出,缺点不隐瞒,恭敬而不拍马,自信而不自大。只有"诚"才能取信于人,令人喜欢。

求职信样稿:　　　　　　　　　　　　　求　职　信

尊敬的领导:

我非常诚挚地递上我的个人求职自荐信,希望能有机会在贵公司体现我的人生价值。

我是上饶师范学院××学院××专业应届本科毕业生。经过四年的专业学习和大学生活的磨练,进校时天真、幼稚的我现已变得沉着和冷静。为了立足社会,为了自己的事业成功,四年中我不断努力学习,不论是基础课,还是专业课,都取得了较好的成绩。大学期间获得××年度院单项奖学金,英语达到国家四级水平,计算机通过国家一级测试,在全国普通话测试中获二级甲等。同时在课余,我还注意不断扩大知识面,辅修了教师职业技能××课程,熟练掌握了从师的基本技能。利用课余时间自学了计算机的基本操作,熟悉 windows 操作系统,熟练掌握 office 办公软件,能熟练运用 Authorware、Powerpoint 等软件制作课件,进行多媒体教学。

学习固然重要,但能力培养也必不可少。四年来,为提高自己的授课能力,积累教育经验,从大二开始,我在学好各门专业课的同时,还利用课余时间积极参加家教实践活动,为多名××课"跛腿"的高、初中和小学学生进行补习,使他们的该科成绩都有较大程度的提高,我的工作也得到了学生家长的肯定和好评。为进一步积累系统的课程教育经验,我到××中学进行了长达两个月的初中教育实习工作,在两个月的实习期间,我积极向有经验的老师请教,注意学习他们的教学艺术,提高自身的业务水平和授课表达技巧,力争使自己的教学风格做到知识性和趣味性并举。通过教学实践,我已具备成为一名优秀教师的基本素质:过硬的工作作风,扎实的教学基本功,较强的自学和适应能力,良好的沟通和协调能力。使我对未来的教育工作充满了信心和期望。

十多年的寒窗苦读,现在的我已豪情满怀、信心十足。事业上的成功需要知识、毅力、汗水、机会的完美结合。同样,一个单位的荣誉需要她的员工的无私奉献。我恳请贵单位给我一个机会,让我有幸成为你们中的一员,我将以百倍的热情和勤奋踏实的工作来回报您的知遇之恩。

期盼能得到您的回音!感谢您在百忙之中抽暇审批这份自荐材料。

此致

敬礼!

求职人:×××

××年××月××日

二、个人简历

一份优秀的简历会成为大学毕业生成功求职就业的助推器。

(一) 个人简历的主要内容

个人简历的主要内容包括自然状况、教育程度、外语水平、电脑技能、工作经历、证明文件等几个部分。自然状况主要包括姓名、性别、年龄、地址、联系方式等。教育程度主要包括毕业学校、所学专业、学历层次、入学和毕业年份,以及做过的课程设计和课题等;外语水平主要包括受过的外语教育,掌握外语语种和熟练程度等;电脑技能主要包括学习过的电脑课程,取得的电脑考试等级和电脑技能的熟练程度等。应届毕业生的工作经历是指在学校中从事的社会工作、组织课外活动以及勤工俭学、毕业实习等,比如担任学生会工作、编辑校内刊物、主持广播台节目、当过家庭教师、从事社会调查等经历,并注明从中获得的奖励、表彰和成果等;证明文件中要将外语和电脑等级证书以及奖状等证件名称、发证单位一一列出来,使招聘单位一目了然。

除了上述内容,还应有自我评价。如对在校期间的政治表现的评价、学习态度与学习成绩的评价、工作能力与工作作风的评价等;在个人爱好上,文艺、体育、书法、绘画等方面有无特长;求职价值取向、适合从事什么工作等求职愿望。

(二) 个人简历的撰写技巧

个人简历要用少量的文字表达丰富的内容,要注意用词的恰当和表意的准确。

用人单位负责招聘的人员一般不会花太长时间阅读简历,所以要把最吸引他的内容放在醒目位置,在最短的时间内抓住他的眼球。要整理好大学期间的经历,写出一张最有说服力的简历,删除无用的东西。还可以使用各种字体格式和边框,如斜体、大写、下划线等形式,来突出你的优点和特长。

简历中,错别字的出现会给人留下素质不够高的印象。反复阅读简历,避免出现语法错误或拼写错误。注意细节的表述,以免产生不必要的误会。招聘者一般都有很多事务要处理,所以千万不要指望他们有足够的耐心读完一份冗长的简历。对于那些时间有限的人来说,厚厚的简历只会使他们心生厌烦。简历一般以一页为宜,如果要强调相关的工作经历,最好不要超过两页。一份好的简历,必须做到以下几点。

1. 突出特色,个性鲜明

简历要富有个性才能吸引人。写作过程要用自己的语言风格来表述,不能照抄他人简历,给人留下毫无新意、呆板的印象。简历封面忌讳直接套用网络模板,为避免雷同,可以考虑与自己所学专业联系,设计个简单、有特色的封面。例如,有位学前教育的毕业生用简笔画画了一组幼儿园小朋友日常活动场景,简笔画的下面注明了姓名、专业、联系方式等个人基本信息。简洁而富有特色的简历封面吸引了用人单位的目光,顺利地获得了面试机会。

2. 实事求是,切忌浮夸

个人简历不能写空话,在写自己受过何种培训、业绩如何、是否受过嘉奖或处分时,切不可浮夸或隐瞒,要实事求是,言之有据。措辞不要含糊其辞。如果能量化自己的成绩,用人单位就能够对你有个非常客观的看法。充分介绍自己与夸张编造是有区别的。用人单位一般都能识破这种骗局,即使一时被迷惑,求职者也很难躲过面试这一关。

3. 知己知彼,换位思考

从用人单位的角度出发,思考编写简历的指导思想。设想如果你是老板或人力资源部部长,你会挑选什么样的员工,从而有所侧重。

4. 充分准备,随机应变

简历要量身定做。应聘单位不同,职位不同,简历的重点也不同。

总之,由于每个人生活、工作经历不同,个人简历的内容也会有很大的变化,各有取舍,目的就是要更多地表露自己的优势,少暴露自己的缺点,更大程度地吸引用人单位决策者的注意,获得一份满意的工作。

三、其他求职材料的撰写

(一) 毕业生推荐表

毕业生推荐表是学校招生与就业处发给毕业生,用以反映学生各方面情况的书面材料,是学校通过正规途径向用人单位推荐学生的书面材料。毕业生推荐表涉及面广,内容丰富。用人单位在接收毕业生书面材料时,一般都把学校统一制作的推荐表作为考察毕业生的主要依据。毕业生在寻找工作时,通常使用推荐表复印件。当用人单位确定要接收毕业生,正式签约时才用推荐表原件。

推荐表的权威性、可靠性以及复印后的重复使用性,要求毕业生在填推荐表时,应本着诚实客观、认真负责的态度填写,既不贬低自己,也不过分夸张。毕业生推荐表是反映毕业生综合情况并附有学校书面意见的推荐表。一般来讲,毕业生推荐表的内容应该包括:毕业生基本信息、毕业签定等内容。毕业生完成个人基本情况的填写后,学院将组织班主任或辅导员对每个毕业生做出全面鉴定,然后再到学院学生科和学校就业管理与服务办公室进行审核盖章。

(二) 成绩单

毕业生的成绩单由学校教务部门统一打印盖章,有固定的格式要求。成绩单构成了个人求职材料的重要组成部分,很多单位都会根据学生所应聘的岗位有针对性地查看成绩单中的专业课成绩和学分绩点,一般来说学分绩点越高则求职材料越有优势。

(三) 辅助材料

辅助材料指针对求职岗位可以显示个人综合素质的其他材料,一般包括在校期间各式证书例如获奖证书、英语、计算机、普通话等各种技能等级证书和已发表的文章、论文和取得的成果等。

上述材料在择业前一定要准备好,尤其参加招聘会时要带足资料,以免失去机会。

应届毕业生简历参考　　　　个 人 简 历

基本信息

姓名:××	民族:汉
籍贯:××××	出生年月:××年××月
身体状况:健康	政治面貌:中共党员
学校:上饶师范学院	专业:汉语言文学
学历:本科	学位:文学学士
手机:××××××××××	e-mail:×××

教育经历

2010 年 9 月—2013 年 7 月　　××中学

2013 年 9 月—2017 年 7 月　　上饶师范学院

主修课程:现代汉语、古代汉语、中国古代文学史、中国现当代文学史、外国文学史、大学英语、大学文科数学、文学理论、美学、语言学概论、基础写作、公文写作、教育学、心理学、当代文学与当代文化、中国文化概论、西方文论、实用美学、人文经典讲座、秘书学、社交礼仪、涉外公关礼仪、普通话语音教学、档案管理、公共关系学。

社会工作及实践:入校至今,担任文学与新闻传播学院 13(1)班班长。2015.9—2016.7,担任学院学生会主席。2016.7—2016.11,在××实习。

基本综合能力:掌握了汉语言文学的基本知识,如基础写作、应用写作、秘书学、文书与档案管理、现代汉语、古代汉语、中国古代文学史、中国当代文学史、外国文学、文学理论、逻辑学等。具备较强的写作能力,能熟练写作各种公文。熟悉计算机硬件、软件操作。熟练运用 office 等应用办公软件、cad 绘图软件及多媒体知识。具备基本的英语听、说、读、写能力(CET-4),口语流利。擅长篮球、足球、象棋等各种文体活动。考取驾驶执照。

个人性格概述:性格乐观、沉稳、谨慎;工作富有激情、敢于拼搏奉献、责任心强;思维敏捷、逻辑清晰、适应环境能力强;闯劲不足、工作不够细致等缺点同样存在,尚需在工作中努力克服。

个人实践能力概述:通过实习,丰富了专业知识,也锻炼了处理问题的能力。通过在学校担任班长、年级学生会主席的职务以及组织班级、年级的各种集体活动,使自己具备了较强的团队协调组织能力。

本人坚信一个好的单位定能促使一个人的成长及发展,我热爱工作,希望在实践中锻炼自己,在学习中完善自己。也许我的学历并不闪亮,但我相信经过磨练,我能把自己变得更强。

第三节　求职面试与笔试技巧

【案例】

小魏大学时就听人说就业不容易,所以毕业前就写了几封求职信,投了很多简历,可都石沉大海,没有结果。后来好容易盼来两家面试机会,可是,都因没有做过面试辅导,面试出了问题。自己感觉明明不错,可就是没通过。于是找到学校上就业指导课的教师进行咨询,才知道这里面有很多学问,于是在做了职业生涯规划之后又加了面试辅导,从头到尾对面试前、面试过程、面试之后的所有要求、做法和技巧做了全方位辅导,又针对专业和职位进行了场景训练。再次面试时心中有了底,心态也非常好,信心十足、面带微笑、语气和缓、应对自如,顺利通过面试。小魏高兴极了,因为她终于用专业求职者的姿态,在众多竞争者中脱颖而出,进入了一家理想的单位,在同学中最先找到了适合自己的工作。

点评:面试,就是当面考试,谁懂得礼仪,谁就拿到加试分,谁就容易拿到高

分,谁就最先通过,谁就最先拿到第一桶金。你在整个发简历、面试过程中就要
全套专业,这样才能击败对手,求职成功。

一、求职面试技巧

面试是一种经过组织者精心设计,在特定场景下,以考官与考生的面对面
交谈与观察为主要手段,由表及里测评考生的知识、能力、经验等有关素质的一
种考试活动。面试是用人单位挑选职工的一种重要方法。面试给用人单位和
求职者提供了进行双向交流的机会,能使招聘单位和应招者之间相互了解,从
而双方都可更准确做出聘用与否、受聘与否的决定。

(一) 面试的种类

面试的种类有很多,根据面试的结构化(标准化)程度来分,可以分为结构
化面试、半结构化面试和非结构化面试等三种;根据面试对象的多少可分为单
独面试和小组面试;根据面试目的的不同,可以将面试区分为压力性面试和非
压力性面试;根据面试内容设计的重点不同,可将面试分为行为性、情境性和综
合性等三类面试;依据面试的功能,可以将面试分为鉴别性面试、评价性面试和
预测性面试;依据面试结果的使用方式,可以将面试区分为目标参照性面试和
常规参照性面试;根据面试的进程来分,可以将面试分为一次性面试和分阶段
面试。应届毕业生常遇到的有以下几种:

1. 模式化面试。由主考官根据预先准备好的问题和有关细节,逐一发问。
其目的是为了获得有关应试者全面、真实的材料,观察应试者的仪表、谈吐和行
为等是否与岗位要求相匹配。

2. 问题式面试。由主考官对应试者提出一个问题或一项计划,请应试者予
以解决。其目的是为了观察应试者在特殊情况下的表现,以判断其解决问题的
能力。

3. 非引导式面试(无目的式面试)。即主考官海阔天空地与应试者交谈,让
应试者自由地发表议论,尽量活跃气氛,在闲聊中观察应试者的能力、知识、谈
吐和风度。

4. 压力式面试。由主考官有意识地对应试者施加压力,针对某一问题做一
连串的发问,不仅详细,而且追根问底,直至无法回答。甚至有意识刺激应试

者,看应试者在突如其来的压力下能否作出恰当的反应,以观察其机智程度和应变能力。

5. 综合式面试。由主考官通过多种方式综合考察应试者多方面的才能。如用外语同应试者会话以考察其外语水平,让应试者抄写一段文字以考察其书法,让应试者讲一段课文以考察其演讲能力等,也许还会要求应试者现场操作等。

在实际面试过程中,主考官可能只采取一种面试方式,也可能同时采用几种面试方式。

(二) 面试的语言技巧

【案例】

某学院 8 名学生来到上饶商会总部应聘,面试官要求这 8 名学生先后上台用三句话来做自我介绍。仅仅通过这一轮面试,面试官就确定了录取小曾。小曾被录取的原因有两条:一是他在最短的时间里介绍了自己;二是他用这珍贵的三句话,针对应聘岗位的需要展示了自己的优势。

点评:面试单位要求用三句话介绍自己,很多同学准备了 5 分钟的内容,一听只要三句话,就慌了神,不知道该讲什么了,而小曾的自我介绍简洁明了,又说出了自己具有胜任应聘岗位的优势,所以就录取了小曾。

对求职应试者来说,掌握语言表达的技巧无疑是重要的。那么,面试中怎样恰当地运用谈话的技巧呢?

1. 口齿清晰,语言流利,文雅大方。交谈时要注意发音准确,吐字清晰。还要注意控制说话的速度,以免磕磕绊绊,影响语言的流畅。为了增添语言的魅力,应注意修辞美妙,忌用口头禅,更不能有不文明的语言。

2. 语气平和,语调恰当,音量适中。面试时要注意语言、语调、语气的正确运用。打招呼时宜用上语调,加重语气并带拖音,以引起对方的注意。自我介绍时,最好多用平缓的陈述语气,不宜使用感叹语气或祈使句。声音过大令人厌烦,声音过小则难以听清。音量的大小要根据面试现场情况而定。两人面谈且距离较近时声音不宜过大,群体面试而且场地开阔时声音不宜过小,以每个用人单位都能听清你的讲话为原则。

3. 语言要含蓄、机智、幽默。说话时除了表达清晰以外,适当的时候可以插进幽默的语言,使谈话增加轻松愉快的气氛,也会展示自己的优越气质和从容风度。尤其是当遇到难以回答的问题时,机智幽默的语言会显示自己的聪明智慧,有助于化险为夷,并给人以良好的印象。

4. 注意听者的反应。求职面试不同于演讲,而是更接近于一般的交谈。交谈中,应随时注意听者的反应。比如,考官中有人心不在焉,可能表示他对你这段话没有兴趣,你得设法转移话题;如考官中有人侧耳倾听,可能说明由于自己音量过小使对方难于听清;如考官中有人皱眉、摆头,可能表示你言语有不当之处。根据对方的这些反应,就要适时地调整自己的语言、语调、语气、音量、修辞,包括陈述内容。这样才能取得良好的面试效果。

(三) 面试回答问题的技巧

【案例】

应答的时候思考后再回答。小谢是体育专业的应届毕业生,平时大大咧咧,说话嗓门大,语速也快,就是这样的性格让他在应聘面试时吃了大亏。考官提出:"公司出了一个新产品,要你在一年之内打开赣东北的销售市场,你行吗?"小谢不假思索就说行。考官马上追问:"怎么个行法?"小谢支支吾吾,半天说不出所以然来。小谢这种乱表态的草率行为,颇令考官反感,将其排斥在公司大门之外是可想而知的。

点评:当面试官问及一个重要问题,尤其是有关工作业绩方面的,譬如要求你描述一下做过的一个项目、承担过的一项任务,在回答之前,应适当停顿5秒钟,留出一段思考的时间。这样做,除了可以组织一下要表达的内容,重要的是告诉对方你正在认真回忆过去的经历;若是你在回答这些问题时根本不用思考,且倒背如流,面试官第一感觉可能是你事先经过了精心准备,继而会对你所说内容的真实性打个问号。

面试回答问题是必不可少的环节,一般应掌握以下技巧:

1. 控制语速,大方得体

在面试过程中,要控制说话的速度,注意语气、语调,显示出大方得体、不卑不亢的优雅气质。即使听到一些明显带有刁难性的问题,也应尽量平静地陈述。音量也不宜太大,以让对方能听清楚为度。

2. 把握要点,言简意赅,条理清楚,有理有据

一般情况下回答问题要结论在先,议论在后,先将自己的中心意思表达清晰,然后再做叙述和论证。冗长乏味的长篇大论只能令人生厌。交谈中要善于察言观色,对方感兴趣的话题要抓住时机展示自己,不感兴趣的地方不要滔滔不绝说个不停。

3. 讲清原委,避免抽象

用人单位提问总是想了解一些应试者的具体情况,切不可简单地仅以"是"和"否"作答。应针对所提问题的不同,有的需要解释原因,有的需要说明程度。不讲原委,过于抽象的回答,往往不会给面试官留下深刻印象。

4. 抓住问题的重点,切忌答非所问

面试中,如果没有听清或不明白用人单位提出的问题,可试着根据自己的理解将问题复述一遍,并先谈自己对这一问题的理解,请教对方以确认内容。不要答非所问、含糊其辞,明白对方的真正意图再沉着应答。不能匆匆作答,会给人留下不好的印象,更不要在对方的话还没讲完时就抢先回答。

5. 有个人见解,有个人特色

用人单位有时接待应试者若干名,相同的问题问若干遍,类似的回答也要听若干遍。因此,用人单位会有乏味、枯燥之感。只有具有独到的个人见解和个人特色的回答,才会引起对方的兴趣和注意。

【案例】

音乐舞蹈学院音乐学专业毕业生小张来到某私立学校求职。面试官要求所有面试的同学在黑板写上自己的个人基本信息,再做自我介绍。所有参加面试的人都只是按部就班做了。而小张在简单自我介绍后,她即兴唱了几句歌,当即给用人单位留下了深刻的印象,最终被用人单位录取。

点评:面试时按部就班或许不容易出错,但是类似雷同的信息,给面试官留下的印象并不会深刻,而小张即兴唱歌的直观展示,必然会吸引面试官的注意。同时,她的自我简介没有简单地停留在语言的表述上,而是现场展示了个人的实力,这也正是用人单位所需要的,所以她会求职成功。

6. 知之为知之,不知为不知

面试遇到自己不知、不懂、不会的问题时,回避闪烁,默不作声,牵强附会,不懂装懂的做法均不足取,诚恳坦率地承认自己的不足之处,反倒会赢得主试者的信任和好感。

7. 回答难题要避重就轻,转移话题,含蓄低调

在面试过程中要仔细地聆听、观察、判断面试官喜欢提什么样的问题。有的人喜欢听工作经历中的实例,有的人希望知道应试者的工作能力,有的喜欢听简单的自我介绍,有的喜欢听详细的阐述。当遇到难以回答的问题,要避重就轻,转移话题,含蓄低调,把问题引导到自己熟悉或擅长的方面。

(四) 面试中常见到的问题

1. "请介绍一下你自己。"

这个问题看似简单,但回答时,不能从出生到毕业平铺直叙。因为用人单位主要是想通过你对这个问题的回答来判断你的概括能力和表达能力。因此,你必须以精练的语言,简明扼要地介绍自己在校期间学习并掌握的知识和技能,取得的成绩,还有勤工俭学、社会实践,主要表现以及自己突出的特长、爱好等基本概貌。

2. "你在学校学了哪些课程?"

回答这个问题不能面面俱到,把在校期间所学的几十门课程背一遍。而应该把学习的主要课程,如主要的专业基础课、专业课、选修课等,特别是与应聘的工作有关的课程讲出来,并稍做介绍。

3. "你了解我们单位吗?"

这个问题主要是想考察你对单位关注的原因和程度,有的甚至在暗示你单位的福利待遇不高,或工作很辛苦、很忙,以试探你是否有思想准备。对这个问题的回答应该坦率,不要胡编乱造,并要表明自己看重的是工作和今后的发展,而不是福利待遇、工作条件等。

4. "你有什么优点和不足?"

提出这个问题,大多想进一步了解你的情况,以便录用后更好地安排工作,同时也看看你对你自己是否有正确的评价。知人为聪,自知为明。回答这个问题时,要实事求是地介绍自己的长处和不足,包括你的道德品质、为人处事、学

业成绩、生活习惯等方面。多数单位不会因你讲了不足而影响录用,除非有严重的思想品德问题。介绍完后可补充一句:"由于自己还不很成熟,自我评价可能不完全准确,如有可能,请领导通过学校再了解。"

5."为什么想到我单位工作?"

回答这个问题要多从工作条件、工作性质如何有利于发挥自己的才能,有利于为单位、为社会多做贡献的角度来回答,一定要以事业和发展为主题。不能讲因工资高、福利好才来的,否则会给对方以眼光短浅的印象,只顾眼前利益、择业动机不纯的感觉。

6."你有什么特长和爱好?"

对这个问题要如实回答,有什么特长就讲什么特长,有什么爱好就讲什么爱好,不要无中生有,也不要过分谦虚。因为爱好广泛、多才多艺的人,才是备受用人单位青睐的人。

7."你选择工作主要考虑哪些因素?"

对这个问题应集中回答应聘的单位是具有较好发展前景的单位,应聘的工作应有利于发挥自己的才能,有利于施展所长,有利于单位和个人的发展等。也可以讲讲对哪些工作感兴趣。对一些与个人利益有关的问题最好少谈,即使谈及,也不要重复强调。

8."你是否打算继续学习?"

有的单位希望你将来继续学习深造,有的单位则希望你安心工作。因此,回答这个问题时,可以表明你有进一步深造的愿望,但必须表示将以工作为重,如需要可以在工作中学习,不一定非要脱产深造。

9."你还有什么要说的?"

这实际上是告诉你面试将要结束,对方目的已经达到,现在给你一个自由发挥的机会来阐述或提出你没有提及而有意义的事情,你应把握住机会,通过提问或表态来强化对方对你的印象,但你的发言不要离题,更不能长篇大论,回答完这个问题就应该主动说声"谢谢"。

所有这些问题你都要认真加以准备,回答尽量简洁、明确,充分运用你的说服力,并表现自己的潜在能力。值得注意的是,毕业生在组织推荐材料、做自我宣传或参加面试时,必须使考官明白如下问题:你都有什么样的经验? 这些经验的背景如何？其理由或根据又是什么？

（五）结构化面试技巧

当前我国人事考试面试是以结构化面试为主，下面主要介绍结构化面试的技巧和方法。

1. 结构化面试常见的五种题型

（1）求职动机类

举例：你为什么要报考这个岗位？

（2）综合分析类

举例：国家全面放开二胎政策，你怎么看？

（3）人际关系类

举例：你在单位得到领导的重视，而你的同事却疏远你，你怎么办？

（4）计划组织类

举例：请你组织一次大学生就业的调查活动，你怎么组织？

（5）应变类

举例：如果这次面试没有录取，你怎么办？

2. 结构化面试的考核要素

结构化面试主要是考核面试者的 8 种能力：求职动机能力、综合分析能力、人际关系能力、计划组织能力、应变应急能力、语言表达能力、情绪控制能力、仪表仪态能力。

3. 结构化面试技巧

（1）自我认知与职位匹配类。

自我认知与职位匹配类的题型，主要有三种类型：

第一是直接提问类。例如，"请你介绍一下你自己。""请问你有哪些优缺点？""请问你为什么要报考公务员？"对于直接提问类题目，要注意自己的答案一定要与公务员的职位要求相匹配。要重点挖掘自己的优点，这些优点反映在自己的学习经历、工作经历、个性特点上，而要强调自己所具有的这些特点恰恰就是应聘的这一职位所需要的。

第二是间接提问类。通过间接的提问来考察考生与职位之间的匹配性。比如"请问你的座右铭是什么？""请问你最崇拜的人是谁？""请问你最喜欢的著作是什么?"等等。要注意一定要挖掘自己所回答的内容符合所报职位的要求。

第三是压力型。通过给考生施加压力的提问来考察应试者的应变能力。比如"你的专业似乎和我们的要求有一定距离,请你谈谈你的看法"等等。对这类的题要淡定,既要承认自己离理想状态还存在差距,又要尽量说服考官自己对于职位所具有的优势。

(2) 综合分析类。

综合分析类试题是难度最大的一类题型,也是在面试中所占比例最大的一类题型。其中所占比例最大的就是社会现象类的综合分析题。对于综合分析类的问题,首先要确定题目类型,判断题目中的现象是积极类的、消极类的还是辩证类的、名言寓言类的;其次是掌握社会热点,考试者需要全面掌握我国政治、经济、文化、特别是社会民生领域的热点问题;再次,运用理论分析问题。综合分析题的回答需要借助于一定的理论来支撑自己的观点,主要包括政治理论、哲学理论和管理学理论。另外,答题时逻辑顺序一定要清晰。

社会消极类问题主要的答题方法:首先是提出问题,提炼问题的实质;接着分析问题,全面分析产生问题的原因;最后是解决问题,有针对性地提出解决问题的方法。

全面辩证类问题主要的答题方法:首先是辩证地看待问题,做到全面性;接着要明确地提出自己的观点,是支持还是反对;最后是扬长避短,展望未来。

名言寓言类问题主要的答题方法:首先是揭示名言寓言型的深层含义;接着是结合社会现实举例展开分析;最后结合自身谈体会和打算。

举例:

为发展当地旅游业,县委书记带头进行"极限跳伞",有人支持有人反对,你怎么看?(2016 年江西面试真题——辩证类)

参考答案:

(首先导入)邓小平在南方谈话中曾说过:"不管白猫黑猫,抓到老鼠的就是好猫。"由此可见,发展的目标应该是明确的,但促进发展的方式应该多样化,应该具有创新意识。

(接着全面辩证分析)题目当中某地的县委书记为促进当地发展旅游业,带头进行"极限跳伞",一方面起到了很好的宣传作用,很大程度上带动了地方旅游的发展。这种敢为人先、不拘一格的做法,我觉得非常值得广大党员干部学习。

另一方面,可能也会有人质疑这位书记的做法,认为他的这种做法不太严肃,太出风头,甚至"不务正业"。

(表面自己的观点)但是,我并不这样认为。我觉得,政府的职能中,非常重要的一点,就是发展地方经济,而县委书记作为地方政府的一把手,对促进地方经济的发展更是责无旁贷。只要是通过正规合法的渠道来发展地方经济,做法都应该得到社会的理解和肯定。而事实也证明,这位书记的做法是起到作用的。旅游业的发展,非常需要知名度和美誉度,这位书记在不花费任何宣传成本的情况下,让他所在的旅游景区"一跳成名",吸引了广大媒体和群众的目光,对地方旅游发展起到了极好的宣传造势作用。

(最后扬长避短展望未来)因此,我觉得,我们地方政府尤其是基层政府,在着力于发展地方经济的同时,也应该打破原有的思维定式,转变政府职能,运用更富于创新力、更符合时代潮流的方式来开展地方事务管理,为地方经济保驾护航。

(3) 人际沟通类。

对于人际沟通类的题型,一个总体的思路就是遇到困难和挫折,多在自己身上找问题,不从别人那里挑毛病。人际沟通类的考题按照题目中所设定的场景,考察考生处理与如下几类人群打交道的能力:

① 与自己上级之间的关系。关于处理与自己上级之间的关系,一个主要的思路是要服从领导,尊重领导的权威。

② 与自己同事之间的关系。处理与同事之间的关系,一个主要思路是要热心帮助同事,遇到矛盾要从大局出发,多忍让,不激化矛盾。

③ 与自己亲人之间的关系。处理与亲人之间的关系,一个主要思路是要尽力做到事业家庭两不误,原则性与灵活性相统一。

④ 与自己朋友之间的关系。处理与朋友之间的关系,要注意原则性是第一位的,对于交友要谨慎。

⑤ 与自己服务对象之间的关系。对于处理与自己服务对象之间的关系,注意要热情有耐心,全心全意为群众服务。

（4）计划组织类。

对于计划组织类的题型，总体的答题思路有三个：

① 要有始有终。这个思路是指在答这类题时，要注意按照事情发展的时间顺序和逻辑顺序，按照准备、组织、协调、控制、总结的步骤依次进行计划和安排。

② 要注意对人的安排是核心。在进行准备时，不仅要确定活动的形式和流程，还要将人、财、物、地、时等活动要素考虑到位。在此须牢牢把握，一定要把对人的安排放在首位，把相关的人都安排好了，事情也就计划好了一大半。

③ 要把自己放在活动情境中去考虑。组织管理类的问题包含的类型很多，有微观、中观、宏观之分，都是在相同时间内答出，这就要求考生对答题的详略和侧重要有所区别。而且，计划的内容也有很多类型，不能一概而论，必须放在特定情境中，具体来分析。

（5）应急应变类。

应急应变类试题可以说是面试各大题型中最灵活的一类，要求考生立刻解决题中设定情境下的突发事件和棘手状况，着重考查两点：一是应变能力，二是处理实际问题的本事。

在回答这类试题时，一般要注意三点：

① 要注意心理的稳定性，迅速分析情况，积极思考相应对策，提出恰当的措施。

② 要注意身份定位，身临其境，将自己置身于题中设定的情境中。这类试题经常会设定身份，那么考生的答题立场就必须以新的身份为出发点，进入一个处理突发事件的模拟过程。

③ 要扩宽思维，多提对策。一个突发事情往往不止一个解决办法，考生应针对不同假设情况做出相应对策，并权衡利弊选择实施，最终将事件顺利解决。

以上就是回答结构化面试题的一些思路。当然，只知道这些思路还是远远不够的，必须通过反复的模拟练习才能取得明显的进步。

二、求职笔试技巧

和面试相比，笔试是一种相对初级的甄选方式。有的招聘单位将笔试作为面试之前的第一轮甄选，主要目的是为了选出那些符合单位文化，具有单位所希望的思维方式和个性特征的人。还有的单位则将笔试作为面试的一种辅助手段,侧重于考察那些在面试中考察不出来的素质,如应聘者的文字功底、书面表达能力等。对于一些技术性很强的职位,笔试则可能是主要的甄选方式。

笔试一般包括以下几个方面的内容:一是知识面的考核,主要是一些通用性的基础知识和担任某一职务所要求具备的业务知识。二是智力测试,主要测试毕业生的记忆力、分析观察能力、综合归纳能力、思维反应能力以及对于新知识的学习能力。三是技能测验,主要是针对受聘者处理问题的速度与质量的测试,检验其对知识和智力运用的程度和能力。四是性格测试,主要是通过一些精心设计的心理测验试题或一些开放式的问题来考察求职者的个性特征。

笔试并不是每个招聘单位的招聘流程中都会涉及的环节。原因在于一方面,大多数笔试作为简历筛选之后的第一轮,参加的人数比较多,成本比较高;另一方面,就一些对于专业的技术性要求不高的职位来说,对于应聘者的写作能力和分析问题的能力的考察也可以通过其他途径来实现。比如,有的公司的申请表上有很多主观性的问题,这实际上就是在考察你分析问题和解决问题的能力,同时也考察了你的表达能力。

(一) 笔试的常见类型

1. 专业考试。这种考试主要是为了检验求职者文化知识水平和相关的实践能力。一个合格的大学毕业生经过大学三年或四年的深造,各门功课都取得了一定的成绩,所以一般都可免于笔试,只要看看成绩单就可大致了解其知识能力基本情况。但也有一些特殊的用人单位,需要通过笔试的方式对求职的大学毕业生进行文化专业知识运用能力的考核。值得注意的是,这种考试方式已被愈来愈多的热门就业单位所采用。

2. 心理测试。心理测试是用事先编制好的标准化量化表或问卷要求应试者完成,根据完成的数量和质量来判定其心理水平或个性差异的方法。

3. 命题写作。这种考试目的在于考察文字表达能力以及分析问题和逻辑思维的能力。比如限时写出一份会议通知、请示报告或某项工作的总结,也可能提出一个论点,请予以论证或批驳等。

4. 国家公务员录用考试。用人单位采用笔试方式时,可能只进行单一的专业考试,也可能同时进行专业考试、命题作文、心理测试。

(二) 笔试的答题技巧

笔试成绩的高低,不仅与自己的实际水平和考前复习有关,还与自己的答题技巧有关。要提高答题技巧,就要有良好的考试心理状态,要了解考试的特点,了解各类考试题目的特点和解答各类题目的方法,以充分反映自己掌握的知识,充分发挥自己的真实水平。

考试的心理要做到适度紧张和适度放松相结合。没有一点紧张情绪,抱无所谓或松散的心情,就考不出最佳成绩。过于紧张,情绪慌乱,更考不出最佳成绩。只有适度紧张,情绪稳定,认真审题,努力回忆学过的知识,先易后难,迅速答题,才能考出最佳成绩。有了良好的考试心理状态,还要掌握下列方法和技巧:

1. 先易后难,先简后繁

笔试题型多,内容多,又要限时答好,必须合理安排答题时间。拿到考卷,先要看清注意事项、答题要求,然后从头到尾大略看一下试题,了解题目类型、份量轻重、难易程度,根据先易后难、先简后繁的原则确定答题步骤。

2. 精心审题,字迹清楚

在具体答题时,必须认真审题,切实弄清题目要求,逐字逐句分析题意,按要求进行回答。书写时,力求做到字迹清楚,卷面整洁,格式、标点正确,不写错别字。

3. 积极思考,回忆联想

有些试题的设计,从理论和实践两方面检查考生的基础知识和技能,并以综合运用为主,检验考生的实际水平和学习灵活性。因此,有的试题是具有一定难度的。考试时要积极思考,努力回忆学过的知识,并进行联想,将已学过的有关内容相互联系起来比较分析,积极思考,找出正确答案。

4. 掌握题型,答题精细

要了解各科考题的特点,熟悉每种题型的答题方法,防止出现不必要的差错。常用的题型有填充题、问答题、选择题、判断题、再生题、应用题、作文题等。

(1) 填充题是一般试卷中不可缺少的基本题型,用以检查考生对这些知识所掌握的情况。答题必须看清题目要求,是填词还是填句,填词语还是填符号,是填写一个词、短语或句子,还是填写几个。

(2) 问答题要求考生对试题提出的问题做出回答,较多的是要求用简单的语句回答简单的问题。答题时要对准中心,抓住重点,开门见山,简明扼要。落笔前先理顺思路,按要求顺序回答。

(3) 选择题是对试题从已给的几个备选答案中,选择一个唯一正确、恰当的答案。要答好这种题型,可用经验法,凭所掌握的知识作选择;可用假设法,假设某选择答案正确,代入验证,以获取正确答案;可用排斥法,将题目中的选择项,采取逐一排除的方法,最后确定正确的答案;也可用计算法,通过计算来确定正确答案。

(4) 判断题要求对所给的命题作出明确的是或非的回答。一般判断题只有一个误点,最多两个,较多出现在基本知识中易混淆、易误解的常识性知识部分,必须把解题集中在这些部分上。

(5) 再生题是指听写、默写、记录等一类用以检验考生对某些知识的掌握和应用能力的问题。答题时要明确这类题目的内容是所学课程的重点和精华,解答的基础在于平时对字、词、句、段、篇的理解和记忆。下笔前,应迅速在脑中默念一遍,写完后必须读一遍,检查是否有漏字、错字。

(6) 应用题要求考生运用所学的知识解决实际问题。应根据题目的要求,选择适当的方法,予以解决。解题时先找出关键词,理解题意,再认真仔细地做,确保正确无误。

(7) 作文题要求在规定的时间和空间内写好。审题要果断正确,迅速地扣住作文题目的关键词,确定写作中心。写作提纲应简略,不要太费时间,只要能反映文章的基本思路、段落层次即可。行文时要正确计时,合理分配时间,对需要修改加工的词句,可先跳过去,留待最后解决。写好后注意检查,理顺句叙,检查标点符号及是否有错别字等。

(三) 四种笔试的介绍与答题技巧

1. 行政职业能力测验

(1) 行政职业能力测验内容

行政职业能力测验是一种工作能力测试,考查应试者从事公务员工作所必须具备的一般潜能,是国家公务员考试公共科目笔试的一门。主要包括常识判断、言语理解与表达、数量关系、判断推理、资料分析五种类型的试题。

① 常识判断。主要测查报考者应知应会的基本知识以及运用这些知识分

析判断的基本能力,重点测查对国情社情的了解程度、综合管理基本素质等,涉及政治、经济、法律、历史、文化、地理、环境、自然、科技等方面。

②言语理解与表达。主要测查报考者运用语言文字进行思考和交流、迅速准确地理解和把握文字材料内涵的能力,包括根据材料查找主要信息及重要细节;正确理解阅读材料中指定词语、语句的含义;概括归纳阅读材料的中心、主旨;判断新组成的语句与阅读材料原意是否一致;根据上下文内容合理推断阅读材料中的隐含信息;判断作者的态度、意图、倾向、目的;准确、得体地遣词用字等。常见的题型有:阅读理解、逻辑填空、语句表达等。

③数量关系。主要测查报考者理解、把握事物间量化关系和解决数量关系问题的能力,主要涉及数据关系的分析、推理、判断、运算等。常见的题型有:数字推理、数学运算等。

④判断推理主要测查报考者对各种事物关系的分析推理能力,涉及对图形、语词概念、事物关系和文字材料的理解、比较、组合、演绎和归纳等。常见的题型有:图形推理、定义判断、类比推理、逻辑判断等。

⑤资料分析。主要测查报考者对各种形式的文字、图表等资料的综合理解与分析加工能力,这部分内容通常由统计性的图表、数字及文字材料构成。

2. 行政职业能力测验技巧

(1) 真题演练,摸清家底

通过真题"知己知彼"。熟悉行政职业能力测试考查的内容、范围、题型、重难点以及趋势,弄清自己的强项和弱项。

(2) 合理计划,有序推进

通过计划"稳扎稳打"。第一阶段,根据教材系统学习,掌握基础知识;第二阶段,加强习题练习,总结适合自己思维方式的解题方法;第三阶段,有针对性地进行专项训练,突破自己的弱项。

(3) 情景模拟,全面冲刺

通过模拟"实战提速"。严格按照考试时间完成模拟题,以适应考试节奏。在模拟过程中,可以尝试多种答题顺序,以确定最适合自身的战术方案。

(4) 决断明快,该弃则弃

行测考试题型多、题量大、时间紧。数量关系与资料分析模块中有些题目特别花费时间,如果读完题一时没有思路,或者虽有思路但要较多时间计算,那么除非时间充裕,否则应果断选择放弃。

3. 申论

申论主要考查应考人员对给定材料的分析、概括、提炼、加工,测查应考人员的阅读理解能力、综合分析能力、提出问题和解决问题能力、文字表达能力等,申论考试要求考生根据指定的材料进行分析,提出见解,并加以论证。申论的题型分类很多,常见的主要有概括题、分析题、对策题、公文写作及大作文。每种题型都有不同的答题方法,掌握了这种答题方式,在申论考试中才能做到事半功倍。

(1) 概括题

① 单一式概括:单一式概括在省考出题频率很高,这样的题型,只要求考生概括材料中的某一个要素(表现、原因、影响、对策),对于这样的题型,考生只需摘抄重述材料,问啥答啥。

② 综合式概括:单一式概括在省考中出题频率较低,这样的题型要求考生把四大要素全部作答出来。其实综合式概括就是单一式概括的整合。对于这类题型考生要理清要素的逻辑关系,分门别类,精简语言,清晰作答。

(2) 分析题

① 词句分析:这类题型一种是让考生解释材料中出现的某个名词;另一种是在材料中截取某段语句让你谈谈对其理解。这样的题型考生在作答的时候,要采取拆分的方法,将词句中的关键词或关键句提炼出来,再到材料中去搜索该关键词或关键句的四大要素,最后对答案进行整合。这类题型在答题的时候要注意重点是分析,涉及对策,但是对策提及一两句话即可。

② 要素分析:要素分析主要是对表现、原因、影响的分析。这类题型的答题思路和单一式概括的答题思路是相同的,但是与单一式概括的答题方法是不同的,答这类题的时候除了从材料中寻找答案之外,某些题中还要结合自身的经验来作答。

③ 观点/现象分析:这类题主要是对于材料中涉及的观点、现象进行分析。

单一观点/现象分析,在这类题型中如果题干中出现了与题目密切相关的专有名词时,首先对这个名词进行解释,再分析其利弊,最后根据弊端提对策。

双观点分析：如果在题干中出现了两种矛盾的观点 A、B。首先考生要概括说明 A、B 观点分别是什么；再分别分析 A、B 观点的利弊，最后提对策时要 A、B 观点相结合。

(3) 对策题

提出对策题是考试中出题频率较高的题型，这类题在作答的时候一般情况下要首先把问题概括出来，然后再提出对策。

需要注意的是，在作答的时候，将问题用概括性的语言写出即可，主要部分要详细的作答，不要"喧宾夺主"。

(4) 公文题

公文写作题的出题几率非常大，所以考生一定要高度重视。在作答公文写作题的时候要注意两方面的内容，一是格式，二是内容。

① 格式：不管是法定公文或非法定公文的格式一般都是固定的，分为：标题、称谓、正文、落款(发文机关和行文日期)。

② 内容：申论考试中的公文内容，一般情况下都为提出问题、分析问题、解决问题的过程。在此基础上，根据材料中创设的情境及给定身份，加上与其相符的语言。

综上所述，申论虽然是主观性较强的科目，但是每种类型的题目还是有一定的答题技巧和方法的，熟练地掌握这些题型的方法和技巧，能够在考试中提高做题的效率及准确度，达到事半功倍的效果。

4. 公共基础知识

公共基础知识属于综合性考试内容，考试大纲要求的内容涵盖了政治、经济、法律、管理、科技、历史、文学与公文写作以及时事政治等诸多方面，是公务员、村干部、事业单位、军转干等考试中常考、必考的知识，是全国大部分地区的事业单位考试必考科目。很多人在复习公共基础知识的时候会感到头痛，因为其内容庞杂，范围太广。那么公共基础知识应该如何复习呢？建议大家在复习公共基础知识时做到以下几点。

(1) 吃透考试大纲

对于考生而言，掌握相关知识十分重要，公共基础知识中的马哲、毛泽东思想、邓小平理论等等都是曾经学过的知识，因此这些理论知识的学习事实上也是一个温习的过程。主考部门颁布的考试大纲是命题和考试的依据,也是考生进行复习准备的参照系,一般来说每年的考试大纲变化不会太大,所以考生可以先以上一次考试的大纲为依据尽早备考。等新大纲出来之后,做新旧对比,按照大纲进行知识点梳理,这样才能有的放矢地备考。

(2) 研究历年真题

历年真题中的很多重要知识点会反复考查,也可以作为分析和把握试题难度的材料,熟悉掌握历年真题,将真题中的每个知识点都研究透彻,将会对考试有很大帮助。公共基础知识考试题量大,考试时间短,如果不经常加以练习,思路往往没有那么灵活,很多考生就会来不及完成考试。因此考试需要准备一些质量较高的辅导资料和练习题,适当安排时间做题。

(3) 多做题多总结

考试要想拿高分,解题就要实现又好又快,这是一个逐渐累积经验的过程,多做题多总结是必不可少的。大量做题可以提高做作业的效率,对知识点进行巩固,拓宽思维,熟能生巧。有目的有计划有指导有反思地进行大量练习,通过对知识点和题目类型的不断冲刷,达到巩固知识点,提高做题速度。通过做真题或者模拟题,查找自己的薄弱环节。总结适合自己的解题方法。在标准时间内答题,并查找自己对知识的掌握程度,针对自己的薄弱环节进行专项训练。

(4) 注重日常积累

公共基础知识涵盖了政治、经济、法律、管理、科技、历史等等一系列内容,可见其越来越重视考查考生的知识储备,所以考生平时应该多注意日常积累,多看新闻,多看报纸,关注国内外大事,尤其是重大事件,也可多注意新闻媒体时事评论,这些不光对公共基础知识大有裨益,而且对行政能力职业测验,面试等等,都很有帮助。复习的时候需要根据自己的时间合理制定复习计划,切忌三天打渔,两天晒网。既要充分利用时间,也要劳逸结合。复习计划中可适当地安排自我测试,确立复习重点,保证备考内容的全面性。

(5) 保持良好心态

复习备考是非常耗费时间和精力的,很多考生在备考过程中都会面对很大的压力,时刻都会受到周围环境的刺激与干扰,特别是接近考试时,情绪波动幅度和频率会更大。这时候应该怎么办呢? 首先,应该放松心情,调整好心态,把压力变成动力,放松思想;其次,要反思一下自己的学习情况,复习计划是否安排合理,是一味题海战术还是时间太过宽松,并及时调整;第三,不要把考试看的太重,把它当成是展现自己的一次机会,减轻心理负担。考前准备好所需物品,可以提前到考场熟悉考试环境,稳定情绪,坦然面对考试。

第四章　常规就业指导

第一节　公务员、事业单位的招考

一、公务员招考

按照我国公务员法的规定：公务员是指依法履行公职、纳入国家行政编制、由国家财政负担工资福利的工作人员。

（一）公务员考试的分类

我国每年都会举行数十次大大小小的公务员考试，从纵向来划分，可以分为中央、国家机关公务员考试和地方公务员考试两种；横向来分又可分为各个系统的公务员考试，例如公安系统公务员考试、司法系统公务员考试、海关系统公务员考试等。一般系统单独招考的情况比较少，都是由人事部门统一招考各系统的公务员，所以，公务员考试中最主要的就是中央和各省人事部门组织进行的统一招考。

中央、国家机关公务员录用考试是指中央、国家机关以及中央国家行政机关派驻机构、垂直管理系统所属机构录用机关工作人员和国家公务员的考试。

地方公务员考试是指地方各级党政机关，为招录机关工作人员和国家公务员而组织进行的各级地方性考试。

各项考试单独进行，不存在从属关系，大学生根据自己要报考的政府机关部门选择要参加的考试，也可同时报考，相互之间不受影响。

那么国家公务员考试和地方公务员考试在哪些方面存在不同呢？

1. 考试时间不同。国家公务员考试报名时间一般在每年的11月中下旬，考试时间固定在每年11月的第四个星期日或12月第一个星期日。地方公务员考试时间差异很大,每年报考时间会有一些变动,一些省份一年有春秋两季考试。

2. 报考职位和要求不同。国家公务员的职位比地方公务员更多,它的职位列表要点击人力资源和社会保障部网站逐个查询。

3. 面试比例和形式不同。相对于很多地方公务员 1:3 的面试比例,国家公务员面试比例多为 1:5。江西省公务员的面试方式是结构化面试。国家公务员的面试方式更多样,一个职位可能有三种面试方式,除了结构化面试外,还有一分钟即兴演讲法、无领导小组讨论法、情景模拟法等。

(二) 报考公务员的条件

根据《国家公务员暂行条例》和《国家公务员录用暂行规定》第十四条的规定,报考公务员的有关人员必须具备中华人民共和国国籍,享有公民的政治权利;符合拥护中国共产党的领导,热爱社会主义等政治条件;年龄要求 18 周岁以上,35 周岁以下;当然报考者还要达到招考部门规定的体检要求。但是下列人员不得报考公务员:第一,曾受过刑事处罚、劳动教养或行政开除处分的;第二,曾因贪污盗窃、行贿受贿、泄露国家机密等原因受到党纪、政纪处分的;第三,正在接受审查或受过处分未解除的;第四,参加与"四项基本原则"相悖的组织或活动,存在严重问题的。

(三) 公务员考试科目

中央的公务员考试包括笔试(公共科目、专业科目)和面试。公共科目笔试按 A、B 类职位分别进行。A 类职位笔试公共科目为《行政职业能力测验》(A)和《申论》;B 类职位笔试公共科目为《行政职业能力测验》(B),专业科目笔试和面试时间由招考部门自行通知。

各个地方的考试科目都是地方自定的,一般都分笔试和面试。笔试科目各有不同,北京考的是《行政职业能力倾向测验》和《公共基础知识》;河南、上海、广东等地考《行政职业能力倾向测验》和《申论》。

公务员考试笔试的内容庞杂,但一般深度较浅,注重考察知识面,而且要求快速作答。以《行政职业能力测验》来说,它的考试内容包括常识判断(涵盖政治、经济、法律、管理、人文、科技等)、言语理解与表达、数量关系、判断推理和资料分析等五个部分。这就要求考生们在日常生活学习中广泛涉猎各个学科,努力扩大自己的知识面。

(四) 公务员报考流程

公务员考试被称为"第一考",报考人员多,流程比较复杂,考试战线拉得比较长。大体来说报考公务员要经过以下阶段:

职位表查询—网上报名—报名确认—网上打印准考证—参加考试—成绩查询—参加面试—体检与考察—公示拟录名单

(五) 公务员报考的注意事项

1. 网报。网上报名时要注意四个方面。第一,要如实填写相关信息。虽然在网报的过程中不会进行资格审查,但在面试资格审查的环节中填写的资料会被要求开具证明,在面试过关后还有公示的过程。第二,要根据职位要求,选择与自己相符合的职位报考。这些要求包括国籍、身体条件、专业、学历等。有的职位对政治面貌、工作经验、英语水平以及计算机水平等都有要求。第三,要选择中间的时间段报名。可以每天关注岗位报考人数的统计信息,根据查询的岗位报名人数选报岗位。注意不要在最后一两天网报,因为报名信息和照片都有个审核过程,提前报名可以避免报名系统拥堵造成信息传递不成功。第四,上传照片采用合乎规格的证件照。这不仅是系统的要求还因为这张照片会决定招考方对你的第一印象。

2. 关注职位调剂信息。对面试人数不足的岗位,会在网上进行公开调剂。调剂期间,凡笔试达到合格线,但第一批未入围面试的人员,如符合调剂职位的资格条件,均可在网上重新报名参加调剂。

3. 按时参加资格审查。资格审查时须提供本人毕业证、报名表、准考证、身份证、职位要求相关证件等。因为同学们是应届毕业生,资格审查时还未取得毕业证,所以要提供所在学校开具的报名推荐表(表格在报名网站下载)。

4. 体检。体检时应在医师指导下检查所有相关项目,千万别漏项,以免影响录取。体检后如对体检结果有异议,可提出要求复检。复检要求应在接到体检结论通知之日起七日内提出。复检只进行一次,结果以复检结论为准。建议在体检前二天内保持正常饮食,勿饮酒,避免剧烈运动。公务员体检,最重要的一个要求是肝功能正常,建议打算考公务员的朋友一定要提前查一下自己的肝功能。

二、事业单位招考

事业单位是指为党政机关和国家经济、社会生活各个领域服务,为国家创造或改造生产,增进社会福利,满足人民文化、教育、科学、卫生等方面的需要,不以为国家积累资金为直接目的的单位。

事业单位"逢进必考"。事业单位招考有很多,自主招聘的单位考试也有很多,绝大部分招聘信息会在网上公布。以江西省为例,在江西人事考试网(http://www.jxpta.com)、江西省人力资源和社会保障厅(http://hrss.jiangxi.gov.cn)等网站上都有比较全面的事业单位招考信息。

一般规模大的事业单位招聘采取网络报名的方法,考试也是由考试中心命题和组织报名、考试,成绩单交用人单位;而规模小、招聘人数少的采取现场报名,有些专业性较强的事业单位则自行命题组织考试,因此报考时要仔细阅读招考公告。

自行组织考试的招聘,可能需要提交比较详细的简历。在报名通过以后,应根据报考要求做相应准备,在准备时应该仔细阅读招考公告,了解笔试和面试的基本程序,或者向对方人事部门询问考试流程和注意事项。

各省中小学教师招考也属于事业单位招聘。从 2009 年开始,全国各地中小学新任教师全部由省级教育行政部门统一组织公开招聘考试,按规定程序择优聘用,不得再以其他方式和途径自行聘用教师。

第二节　基层就业项目服务

一、国家基层就业项目

近年来,中央各有关部门主要组织实施了 5 个引导高校毕业生到基层就业的专门项目,包括:团中央、教育部、财政部、人力资源和社会保障部等四部门从 2003 年起组织实施的"大学生志愿服务西部计划";中组部、人力资源和社会保障部、教育部等八部门从 2006 年开始组织实施的"三支一扶"(支教、支农、支医和扶贫)计划;教育部、财政部、人力资源和社会保障部、中央编办等四部门从

2006 年开始组织实施的"农村义务教育阶段学校教师特设岗位计划";中组部、教育部、财政部、人力资源和社会保障部等部门从 2008 年起组织实施的"选聘高校毕业生到村任职工作";农业部、人社部、教育部等部门从 2013 年起组织实施的"农业技术推广服务特设岗位计划"。

按照《国务院关于进一步做好新形势下就业创业工作的意见》(国发[2015]23 号)、《国务院办公厅关于做好 2014 年全国普通高等学校毕业生就业创业工作的通知》(国发[2014]22 号)、《国务院办公厅关于做好 2013 年全国普通高等学校毕业生就业工作的通知》(国办发[2013]35 号)和《国务院关于进一步做好普通高等学校毕业生就业工作的通知》(国发[2011]16 号)等文件的规定,国家鼓励毕业生到基层就业的优惠政策有:

(1) 完善工资待遇进一步向基层倾斜的办法,健全高校毕业生到基层工作的服务保障机制,鼓励毕业生到乡镇特别是困难乡镇机关事业单位工作。

(2) 对高校毕业生到中西部地区、艰苦边远地区和老工业基地县以下基层单位就业、履行一定服务期限的,按规定给予学费补偿和国家助学贷款代偿(本专科学生每人每年最高不超过 8 000 元、研究生每人每年最高不超过 12 000 元)。

(3) 结合政府购买服务工作的推进,在基层特别是街道(乡镇)、社区(村)购买一批公共管理和社会服务岗位,优先用于吸纳高校毕业生就业。

(4) 落实完善见习补贴政策,对见习期满留用率达到 50% 以上的见习单位,适当提高见习补贴标准。

(5) 将求职补贴调整为求职创业补贴,对象范围扩展到已获得国家助学贷款的毕业年度高校毕业生。

(6) 各地区要结合城镇化进程和公共服务均等化要求,充分挖掘教育、劳动就业、社会保障、医疗卫生、住房保障、社会工作、文化体育及残疾人服务、农技推广等基层公共管理和服务领域的就业潜力,吸纳高校毕业生就业。要结合推进农业科技创新、健全农业社会化服务体系等,引导更多高校毕业生投身现代农业。

(7) 高校毕业生在中西部地区和艰苦边远地区县以下基层单位从事专业技术工作,申报相应职称时,可不参加职称外语考试或放宽外语成绩要求。充分挖掘社会组织吸纳高校毕业生就业潜力,对到省会及省会以下城市的社会团体、基金会、民办非企业单位就业的高校毕业生,所在地的公共就业人才服务机构要协助办理落户手续,在专业技术职称评定方面享受与国有企事业单位同类人员同等待遇。

(8) 对到农村基层和城市社区从事社会管理和公共服务工作的高校毕业生,符合公益性岗位就业条件并在公益性岗位就业的,按照国家现行促进就业政策的规定,给予社会保险补贴和公益性岗位补贴。

(9) 对到农村基层和城市社区其他社会管理和公共服务岗位就业的,给予薪酬或生活补贴,同时按规定参加有关社会保险。

(10) 自 2012 年起,省级以上机关录用公务员,除部分特殊职位外,均应从具有 2 年以上基层工作经历的人员中录用。市(地)级以下机关特别是县乡机关招录公务员,应采取有效措施积极吸引优秀应届高校毕业生报考,录用计划应主要用于招收应届高校毕业生。

(11) 对具有基层工作经历的高校毕业生,在研究生招录和事业单位选聘时实行优先。

(一) 大学生志愿服务西部计划

大学生志愿服务西部计划由共青团中央牵头,教育部、财政部、人力资源社会保障部共同组织实施。从 2003 年开始,每年招募 1.8 万名普通高等学校应届毕业生,到西部贫困县的乡镇从事为期 1—3 年的教育、卫生、农技、扶贫以及青年中心建设和管理等方面的志愿服务工作。西部计划按照公开招募、自愿报名、组织选拔、集中派遣的方式,每年招募一定数量的普通高等院校应届毕业生,以志愿服务的方式到西部贫困县的乡镇从事为期 1—3 年的教育、卫生、农技、扶贫以及基层社会管理和基层青年中心建设与管理等方面的工作。

1. 选拔资格

(1) 具有志愿精神;

(2) 学分总绩点(或学业成绩)排名在本院系同年级学生总数前 70％之内;

(3) 通过毕业体检和西部计划体检;

(4) 获得毕业证书并具有真实有效居民身份证;

(5) 大专以上学历优先;

(6) 优秀学生干部和有志愿服务经历者优先;

(7) 西部急需的农、林、水、医、师、金融、法学类专业者优先；

(8) 入学前户籍所在地在西部地区者优先；

(9) 已录取为研究生的应届高校毕业生和在读研究生优先；

(10) 参加基层青年工作专项行动的志愿者应累计1个月以上的基层工作、志愿服务经历或者曾获校级以上表彰奖励、担任过各级团学生组织主要负责人；

(11) 鼓励已被录取为研究生的应届高校毕业生和在读研究生报名参加西部计划。

2. 服务保障

根据《关于实施大学生志愿服务西部计划的通知》(中青联发[2003] 26号),《关于做好2004年大学生志愿服务西部计划工作的通知》(中青联发[2004]16号),中办、国办《关于引导和鼓励高校毕业生面向基层就业的意见》(中办发[2005]118号)和国务院办公厅《关于加强普通高等学校毕业生就业工作的通知》(国办发[2009]3号)有关精神,2009年大学生志愿服务西部计划志愿者除享受国家规定的高校毕业生就业优惠政策外,给予以下政策支持:

(1) 经费保障。志愿者服务期间中央和地方财政共同承担。中央财政按照西部地区每人每年2.5万元、中部地区每人1.8万元的标准,给予西部计划志愿者工作生活补贴以及参加社会保险等费用补助,通过一般性转移支付体制结算方式拨付省级财政部门;地方财政负担组织实施西部计划必要的工作经费、培训费以及生活补贴和社会保险补贴等不足部分。西部计划志愿者工作生活补贴标准参照本地乡镇机关从高校毕业生中新录用公务员、事业单位从高校毕业生中新聘用工作人员试用期满后的工资收入水平确定。

(2) 为加强志愿者管理,志愿者服务期间,户口、档案保留在学校;服务期满后志愿者通过双向选择落实工作单位,学校再发放报到证。

(3) 志愿者服务期至少满1年且考核合格的,可以应届高校毕业生身份报考公务员。报考中央机关和东、中部地区公务员的,同等条件下,优先录取;报考西部地区公务员的,笔试总分加5分。志愿者服务期未满1年的,可以社会在职人员身份报考公务员,但不享受相关优惠政策。

(4) 志愿者服务期满2年考核合格的,3年内报考研究生,初试总分加10

分;同等条件下,优先录取。

(5) 西部计划志愿者在服务期间,志愿者保险由全国项目办统保,保费为每人 200 元,险种为大学生志愿服务西部计划志愿者综合保障险。

3. 服务年限

西部计划志愿者服务期具有一定的灵活性,首次签约期为 1 年或 3 年。签约 1 年的志愿者在服务期满后可以于下一年度 3 月向服务县项目办提出延期服务申请。

根据《关于统筹实施引导高校毕业生到农村基层服务项目工作的通知》(人社部发[2009]42 号)和《关于开展从大学生"村官"等服务基层项目人员中考试录用公务员工作的通知》等文件精神,参加西部计划到基层服务,服务期满考核合格的计算基层工作经验,服务满 2 年且考核合格的可享受参加相关公务员定向考录等相关优惠政策。各地要根据公务员考试需具备 2 年及以上基层工作经历的新规定,在保持"服务期 1 到 3 年"选择空间的基础上,推动更多的志愿者选择 2 年以上服务期。

按照国家有关规定,自 2009 年开始,对参加西部计划并到西部地区县以下农村基层单位履行 3 年服务期限的毕业生实施相应的学费和助学贷款代偿。首次签约 1 年而后延长至 3 年服务期的,不享受学费和助学贷款代偿政策。具体由符合条件的新入选志愿者向本人毕业高校学生管理资助中心等相关机构申请办理。

有意了解更多信息者,可登录大学生志愿服务西部计划 xibu. youth. cn 进行查询。

(二)"三支一扶"计划

"三支一扶"计划由人力资源与社会保障部牵头,中组部、教育部、财政部、农业部、卫生部、国务院扶贫办、共青团中央共同组织实施,从 2006 年开始招募,每年招募 2 万名高校毕业生。其中江西省每年"三支一扶"招募 2 200 名左右高校毕业生。

1. 实施时间:每年毕业生离校后。

2. 招聘数量:江西省每年计划招募 2 200 名左右高校毕业生。

3. 招聘对象:从当年往前推三年全日制普通高校毕业生;江西生源要求大

专及以上学历、非江西生源要求本科及以上学历。

4. 服务期限及岗位："三支一扶"大学生在农村基层志愿服务期为 2 周年；服务岗位为乡村中小学、乡镇涉农站所、乡镇卫生院、扶贫开发重点乡的贫困村。

5. 服务期间生活待遇与经费保障。

(1) 从 2013 年 9 月起，"三支一扶"大学生服务期间的工作生活补贴调整为每人每月 1 500 元，由省和县(市、区)财政按 1∶1 的比例分别承担。

(2) "三支一扶"计划列入基层公共服务岗位，给予公益性岗位补贴和社会保险补贴。

(3) 服务期间，按照国家有关规定参加城镇职工基本医疗保险和工伤保险，服务期限视同养老保险缴费年限。单位承担的城镇职工基本医疗保险缴费部分，由县(市、区)"三支一扶"工作办公室或"三支一扶"大学生服务单位缴纳，并按规定享受社会保险补贴；个人缴纳部分由县(市、区)"三支一扶"办公室在个人工作生活补贴中代扣代缴。工伤保险费用由县(市、区)"三支一扶"工作办公室或"三支一扶"大学生服务单位缴纳。具体手续由县(市、区)"三支一扶"办公室和财政，会同社保、就业部门办理。

6. 服务期满后的政策。

(1) 愿意留基层原服务单位就业的，由县(市、区)人力资源和社会保障部门会同有关部门办理接收安置手续。服务期满后安置在基层事业单位的"三支一扶"大学生，安置后最少应在接收单位服务满 2 年，方可调入其他事业单位，通过公开招聘考取其他事业单位的除外。

(2) 全省公务员每年拿出考录计划的 10%—15%，面向"三支一扶"大学生等服务基层项目人员定向考录；每年从各级事业单位公开招聘工作人员中拿出 10%—15%的比例，面向"三支一扶"大学生等服务基层项目人员定向招聘。

(3) 自主创业的，除国家限制的行业外，自工商行政管理部门登记注册之日起，3 年内免交登记类、管理类和证照类的各项行政事业性收费；可享受小额贷款担保和贴息等有关政策；已办理就业登记并参加社会保险的，可按灵活就业人员待遇享受社会保险补贴。

(4) 自主择业的，各级公共就业与人力资源服务机构免费为其提供政策咨询、职业指导和职业介绍服务,组织他们参加职业资格培训、职业技能鉴定或就业见习,按规定给予职业培训补贴。

(5) 三年内报考硕士研究生的(包括全国所有研究生招生单位),初试总分加10分,同等条件下优先录取;对已被录取为研究生的应届高校毕业生参加"三支一扶"的,学校为其保留学籍。高职(高专)毕业生,可免试入读成人高等学历教育专科起点本科。

(6) "三支一扶"大学生的服务期限计算工龄;服务期间符合评定专业技术职务资格的,可评定专业技术资格;在今后晋升中高级专业技术职称时,其在基层的服务年限可计算专业技术任职年限,同等条件下优先评定。

(7) 服务期满考核合格回生源地就业的"三支一扶"大学生,凭"高校毕业生·三支一扶"服务证书同等享受生源地相关优惠政策。服务期未满离开"三支一扶"服务岗位的,不享受"三支一扶"相关优惠政策。

(三) 农村义务教育阶段学校教师特设岗位计划

"特岗计划"是中央实施的对西部地区农村义务教育的一项特殊政策,通过公开招聘高校毕业生到西部地区"两基"攻坚县以下农村学校任教,引导和鼓励高校毕业生从事农村义务教育工作,创新农村学校教师的补充机制,逐步解决农村学校师资总量不足和结构不合理等问题,提高农村教师队伍的整体素质,促进城乡教育均衡发展。

(一) 招聘对象

1. 通过教师资格审查、符合认定条件的高等师范院校和其他全日制普通高校应届本科以上毕业生、应届师范类专业专科毕业生。

2. 取得教师资格证,具有一定教育教学实践经验、年龄在30周岁以下的全日制普通高校往届本科毕业生和硕士毕业生。

(二) 招聘条件

1. 拥护党的各项方针、政策,热爱教育事业,有强烈的事业心和责任感,品行端正,遵纪守法,志愿服务农村基层教育,在校或工作(待业)期间表现良好,未受过任何处分。

2. 具备教师资格。应聘初中教师具备本科及以上学历,应聘小学教师具备应届师范类大专及以上学历,所学专业与报考的岗位学科一致或相近。

3. 身体条件符合《江西省申报认定教师资格人员体检办法》规定要求。

(三) 特岗教师待遇、保障

1. 特岗教师实行合同管理,由设岗县教育部门与教师签订 3 年聘任协议,纳入所在学校在职在编教师统一管理范围,享受当地公办教师工资、津贴、职称评聘、评优评先等各项政策同等待遇。

2. 3 年聘期结束后,对考核合格,自愿留在本地学校的特岗教师,经审核,办理事业单位人员聘用手续,工资发放纳入当地财政负担范围。

3. 特岗教师工资享受国家规定的待遇,且不实行试用期。

4. 设岗县(市)统一为特岗教师办理人身意外伤害保险和各项社会保险。

5. 设岗县(市)为特岗教师提供周转宿舍及其他必要的生活条件。

6. 符合相应条件要求的特岗教师,可按规定推荐免试攻读农村教育硕士。

7. 有从教经历的志愿者和参加过半年以上实习支教的师范院校毕业生在同等条件下优先聘用。符合条件的本县生源毕业生,回原籍所在县农村学校任教,同等条件下优先聘用。

更多信息可登录中国特岗计划教师网 http://www.tgjsw.com/ 进行查询。

(四) 选聘高校毕业生到村任职工作

为加强农村基层组织建设,培养有知识、有文化的新农村建设带头人;培养具有坚定理想信念和奉献精神,对人民群众有深厚感情的党政干部后备人才,形成来自基层和生产一线的党政干部培养链;引导高校毕业生转变就业观念,面向基层就业创业,到经济社会发展最需要的地方施展才华,为建设社会主义新农村、实现全面建设小康社会宏伟目标提供人才支持和组织保证,决定在全国范围内开展选聘高校毕业生到村任职工作。

1. 待遇保障和培养政策

选聘到村任职的高校毕业生为村级组织特设岗位人员,系非公务员、非事业编制身份,日常管理及服务工作主要由乡镇党委、政府负责。党组织关系转至所在村。选聘的高校毕业生在村工作期限一般为 2 年。

选聘到村任职的高校毕业生,享受以下政策待遇:

(1) 在村任职期间,工作、生活补贴及有关保险费用共计每人每年 2.3 万元,一次性安置费按每人 2 000 元发放。

(2) 每年拿出全省公务员考录计划的 10%—15%,面向聘用期满、考核合格的大学生村官等服务基层项目人员定向考录。在县、乡公务员岗位表现突出的,可以调入市以上机关工作。

(3) 每年从省、市、县(市、区)各级事业单位招聘的工作人员中拿出 10%—15%的比例,定向从聘用期满、考核合格的大学生村官中招聘。任满 2 个聘期、考核称职以上、聘用期间担任过村"两委"副职及以上职务,并自愿留在乡镇、街道工作的,由市、县(市、区)组织、人力资源和社会保障部门会同有关部门办理所在乡镇、街道基层事业单位接收安置手续。

(4) 定期从聘用期满、考核合格的大学生村官中公开选拔县(市、区)、乡镇(街道)副科级领导干部。

(5) 定期从聘用期满、考核合格的大学生村官中选拔选调生。对选调生重点加以培养管理,严格考核,其中优秀的纳入后备干部队伍,工作满 2 年后经组织考核优秀,可享受副科级待遇。

(6) 定期从聘用期满、考核合格的大学生村官(主要是女大学生村官)中招聘社区工作人员。招聘为社区工作人员的大学生村官,继续作为大学生村官管理、培养、选拔、使用。

(7) 对聘用期满、考核合格的大学生村官,报考硕士研究生初试总分加 10分,同等条件下优先录取。

(8) 被党政机关和企事业单位正式录用(聘用)后,在村任职工作时间可计算工龄。在职考生(含已实行人事、择业代理或在劳动部门办理了用工手续的)可连续计算工龄。

(9) 聘用期满、考核合格的大学生村官,经本人提出续聘申请、乡镇党委初审、县(市、区)委组织部审定后,可签订续聘合同,续聘次数为 1 次,期限为 2年。不再续聘的,自主择业,有关部门应积极协助推荐就业。自主创业的,除国家限制的行业外,自工商行政管理部门登记注册之日起 3 年内免交登记类、管理类和证照类的各项行政事业性收费;可享受小额贷款担保或贴息等有关政策。

聘用期满、考核不合格的高校毕业生,不享受以上(2)—(9)项待遇和保障政策,不再继续聘任,另行自谋职业。

2. 选聘对象资格和条件

选聘对象资格为 30 岁以下、应届和往届毕业的全日制普通高校本科及以上学历、中共党员(含预备党员)或在大学期间担任过学生干部的优秀高校毕业生。其中,硕士研究生及以上学历人员、"985"高校(不含独立二级学院)毕业生报名参加选聘的,不参加笔试,直接进入面试。到村任职的高校毕业生应具备以下基本条件:

(1) 思想政治素质好,作风踏实,吃苦耐劳,组织纪律观念强;

(2) 学习成绩良好,具备一定的组织协调能力;

(3) 自愿到农村基层工作;

(4) 身体健康。

由省(市、区)有关部门选聘的"三支一扶"人员、"志愿服务西部计划"人员和特岗教师,符合选聘资格和条件、服务期满、考核合格的,经个人自愿申请,工作单位推荐,县(市、区)委组织部审核,报设区市委组织部审定后可直接列为体检对象。

3. 选聘去向和任职

对选聘到村任职的高校毕业生,由各设区市委组织部派遣至县(市、区),由各县(市、区)委组织部落实到具体的任职村。

选聘的高校毕业生是中共正式党员的,一般安排担任村党组织书记助理职务;是中共预备党员或非中共党员的,一般安排担任村委会主任助理职务。

温馨提示: 更多大学生"村官"的信息,可以登录以下网站查询。

大学生村官网 http://www.54cunguan.cn/

大学生村官之家 http://cunguan.youth.cn/

二、基层灵活就业

我们把毕业生在非公有制组织和中小企业就业的形式统称为基层灵活就业,它包含在民营经济组织和民办教育机构就业。民营企业作为我国经济发展的一支重要力量,在吸纳毕业生就业方面发挥着相当重要的作用,为高校毕业生施展才华提供了广阔的发展舞台。

民营企业为毕业生提供了大量的就业机会。国家工商总局发布了"十二五"期间我国企业发展情况报告,截至 2015 年 12 月底,全国实有企业 2 185.82 万户(含分支机构),较 2010 年底共增长了 92.3%,年均增速 14.0%,比"十一五"高出 6.9 个百分点。同时,据统计显示,私营企业由 2010 年底的 845.52 万户增长到 2015 年底的 1 908.23 万户,私营企业已成为中国最大的企业群体,在全国实有企业总量中占比由 74.4% 提高到 87.3%。同时,民营企业(含个体户)所提供的就业岗位数量占全国城乡总就业人口的比率逐年提高。近年来,随着国内民办教育事业的逐渐壮大,民办教育机构在教师待遇、福利保障、职业稳定性等方面与公立学校之间的差距正在逐步缩小,这促使不少毕业生求职者将视线转移至数量众多、职位"命中率"较高的民办教育机构。

据麦可思 2015 年中国大学生就业报告的调查结果显示,大学生就业于民企的比率上升。2014 届大学毕业生就业最多的用人单位类型是民营企业/个体,有 50% 本科院校毕业生就业于其中,且比 2013 届毕业生高 5 个百分点。高校毕业生进入非公有制单位就业,已经成为主流。

第三节　应征入伍

一、应征入伍有关政策规定

(一) 征兵对象以男性为主

应届大学生参军入伍的征集对象包括:根据国家有关规定批准设立、实施高等学历教育的全日制公办普通高等学校、民办普通高等学校和独立院校,按照国家招生规定录取的全日制普通本科、专科(含高职)、研究生、第二学士学位的应(往)届毕业生、在校生和已经被普通高校录取但尚未报到的学生。征集的大学生以男性为主,女性大学生征集根据军队需要确定。

(二) 大学生入伍可获 5 大政策照顾

1. 应届毕业生优先报名应征、体检、政审,合格的农业户口应届毕业生预征对象未全部批准入伍前,不得批准往届毕业生和初中学历青年入伍。

2. 在选取士官、考军校、安排到技术岗位等方面优先,符合规定的可直接选拔为基层干部。

3. 由中央财政实施相应的学费补偿和国家助学贷款代偿。

4. 退役后,享受政法招录优先、考研初试总分加 10 分等优待政策,立二等功及以上的,免试读硕士研究生。

5. 退役后,由入学前户籍所在地按照国家有关安置政策接收安置。

此外,在校大学生入伍还享受义务兵家庭优待金、部队补贴、学费补偿及一次性退役多补助等经济补偿。

二、应征入伍报考条件

(一)国家鼓励高校应届毕业生应征入伍服义务兵役

这里的"高校毕业生"是指中央部门和地方所属全日制公办普通高等学校、民办普通高等学校和独立学院的全日制普通本专科生(含高职)、研究生、第二学士学位应届毕业生(不包括往届毕业生及成人高等教育、高等教育自学考试类学生、各类非学历教育的学生)。

(二)应征入伍要满足哪些基本身体条件

应征入伍者要身心健康、体魄强健。其中,有几项基本条件:

1. 年龄:男性普通高等学校在校生当年 12 月 31 日以前年满 18 至 22 周岁,毕业生可放宽到 24 周岁;女性普通高等学校在校生年满 18 至 22 周岁。

2. 身高:男性 160 cm 以上,女性 158 cm 以上。

3. 体重:男性不超过标准体重的 30%,不低于标准体重的 15%,女性不超过标准体重的 20%,不低于标准体重的 15%。

4. 视力:大学专科以上文化程度的青年入伍,右眼裸眼视力放宽至 4.6,左眼裸眼视力放宽至 4.5。

5. 内科:乙型肝炎表面抗原呈阴性,等等。

(三)高校毕业生应征入伍服义务兵役要经过的程序

1. 参加兵役登记和预征报名:高校所在地县级兵役机关会同有关部门到学校开展兵役登记,进行征兵普查工作,高校毕业生本人可向所在高校有关部门报名。

2. 在高校参加预征:5 月至 6 月份,高校所在地县级兵役机关会同教育、公安、卫生等部门,到高校组织身体初检和政治初审,符合基本征集条件的确定为预征对象,并填写《应届高校毕业生预征对象登记表》。身体初检时对视力、肝功等项目进行重点检查。

3. 到户籍所在地报名应征:10 至 11 月份,确定为预征对象的高校毕业生,冬季征兵开始前持《应届高校毕业生预征对象登记表》到入学前户籍所在地县(市、区)征兵办公室报名应征。通过体格检查、政治审查并符合其他征集条件的,由县(市、区)人民政府征兵办公室优先批准入伍。

第四节　继续深造

一、研究生报考

考研是继高考之后大学生在人生道路上的又一次重大抉择。在就业压力之下,每年考研人数不断飙升,读研路上出现千军万马过独木桥的壮观景象。自己究竟适不适合读研? 哪些专业和方向适合毕业后立即考研? 选择考研院校和专业时应该注意哪些问题? 这些都是考研的关键问题。在此提醒毕业生们,考研不是一个随意就能做出的决定,务必结合自己所学专业特点和就业情况做通盘考虑。研究生分两个层次:硕士研究生、博士研究生,对于本科学生而言,提到"研究生"通常指硕士研究生。如果你准备在毕业的时候参加研究生考试,要做好以下准备:

(一) 了解研究生考试的内容

研究生考试的内容可以分为两大部分:公共课和专业课。专业课由报考院校负责出题(也有相关专业由全国统考),公共课主要包括政治、英语、数学三大部分,由教育部统一命题,全国统考。

1. 政治。每年考试内容变动较大,考研的同学要及时了解新大纲,以 2010 年为例,考试的学科范围包括马克思主义基本原理概论、毛泽东思想和中国特色社会主义理论体系概论、中国近现代史纲要、思想道德修养与法律基础、形势与政策以及当代世界经济与政治等。

2. 英语(非英语专业)。现在英语考试分为英语(一)和英语(二),其中英语(一)考试内容包括英语知识运用、阅读理解和写作三部分,供报考学术型研究生考试使用,部分对英语水平要求较高的专业学位类别也使用英语(一);英语(二)考试内容包括英语知识运用、阅读理解、英译汉和写作四部分内容,供19个专业学位类别中的部分专业类别使用。

3. 数学。数学考试分为数学一、数学二、数学三。其中工学门类使用数学一和数学二,经济学和管理学门类使用数学三,具体适用专业请同学们参看当年的考试大纲。

(二) 做好考研准备

1. 准备时间：一般而言,考研的准备时间不宜太长,进入大三准备即可,但是如果跨专业考研的话,准备时间要适当提前。

2. 准备内容：

(1) 明确考研目的。

(2) 搜集考研信息。

(3) 选择报考专业和院校。

① 选择专业应考虑的因素。选择专业应该全面分析,不宜以报考人数来判断专业的冷热程度和竞争激烈程度。第一,建议选择自己喜欢的专业。第二,建议选择与大学阶段所学专业相关的专业。由于大学四年打下了良好基础,对本专业的基本情况和发展前景有一定的了解,也掌握了基本的专业基础知识,将来从事进一步的研究,上手也会更快一些。第三,要清醒地认识自己的实力。只有既认清形势,又认识自身实力,才能做出理性的选择,使自己成功的概率最大化。第四,要把握社会宏观走势,判断社会各行业需求;了解行业特点,分析需求总量。有些行业伸缩性很大,向其他行业渗透较容易,因此很难"饱和"。最后,要了解招生学校的专业情况。一些招生学校的所谓热门专业,其实根本就不具备起码的师资、经费和办学经验,如果仅看热门专业就报考很可能让自己的职业规划落空。

② 选择学校应考虑的因素。在选择学校时,有能力的话可考虑实力较强、名气较大、学术氛围和学习环境都不错、社会认可度比较高、发展潜力较大的学校。第一,须与自身的考研实力相符。报考名牌大学就意味着竞争更加激烈、残酷,最好选择既有挑战性又力所能及的学校。第二,符合自己的考研目的。考生的心态分为两种:一是必须考上好学校好专业;二是只要能考上就行。无论哪种

情况,建议毕业生依据自己的喜好和未来的发展需要,注意权衡选择,尽量提高成功的概率。第三,权衡竞争态势。看招生学校历年录取分数线,是高于还是低于全国统一最低分数线;看所要报考的专业院系录取的平均分和最低分;看报考人数和招生人数的录取比例,了解竞争的激烈程度。数据应该尽量往前多收集几年,这样有助于看出某种趋势。第四,了解各校历年招生录取情况。各招生学校都有一定的招生自主权,因此必须详细了解诸如录取原则、优惠政策、实际录取名额、是否公平公正等信息。通过客观分析,最后确定选择报考的学校。

(4) 制订一个合理的复习计划,持之以恒、心无旁骛地进行复习。

二、专升本报考

专升本应该是大多数专科毕业生提高自己学历的第一选择。在这里重点说说搭乘"专升本"直通车应了解的一些情况。

(一) 了解报名条件、程序和考试科目

《江西省高等学校推荐选拔优秀高职高专学生进入本科阶段学习的暂行办法》中规定:凡经统招入学的普通高职高专应届毕业生,政治思想好、身体健康、成绩优秀、取得高校英语应用能力考试和全国高校(江西考区)计算机等级考试合格证书者,经所在学校推荐,可参加选拔考试。选拔考试科目为英语和两门主要基础课。英语考试由江西省教育厅统一组织,两门主要基础课的考试由各招生学校组织。省教育厅确定全省英语最低录取分数线,学校可在全省英语最低录取分数线上划定本校的英语录取分数线;英语考试内容以教育部(高职高专英语教学基本要求)为依据,考试题型可参考往年全省高校专升本英语考试试卷。考试时间一般在6月初。

(二) 选择适合自己的学校

普高专升本不像高考那样,考试过后根据自己考试的情况再选报学校,而是在考前就要确定自己的报考学校。每人只有一次机会参加专升本考试,只能报考一所学校(国家教育部规定普通高校专升本只能报考地方性本科院校,而且只能是本省的本科院校。从2006年起,"985工程"重点高校和"211工程"重点建设高校、独立学院和民办院校原则上不举办普通专升本教育)。一旦报名结束,就没有改变的余地,所以选择一所适合自己的学校很重要。专升本可供

选择的学校不像高考那么多,毕业生需要根据自己的实际情况好好考虑,不能盲目跟风随大流,要量力而行,充分考虑自己的优势和劣势。

三、出国留学

(一) 留学的种类

在我国,根据经费来源不同,出国留学主要有以下三种类型:

1. 公费留学:指国家根据需要,按计划派遣由国家提供出国学习、生活及往返旅费的出国留学,一般分为大学生、研究生、进修人员和访问学者等公费留学。因选派部门不同,可分为国家公派和单位公派。

2. 自费公派:由个人自费按国家公派的方式加以管理,实际上也是公派的一种。近几年来,这部分人纳入单位公派的范围。在各机关、企业、事业团体里工作的各类专业骨干人员、毕业研究生、优秀文艺骨干、优秀运动员、机关工作业务骨干和具有特殊技能的人才,经过本单位的同意,通过取得各种奖学金、贷学金或者亲友的资助后,均应纳入所在单位、部门的派遣计划(在政府部门所属人才交流机构存档人员除外)。

3. 自费留学:出国学习、生活、医疗和往返一切费用由自己承担或者由国外亲友资助。根据《中国公民入境管理法》,自费留学需要具备三项基本条件:第一,申请人必须具备法律上的公民资格,并且不存在民事上的或刑事上的法律责任;第二,申请人必须具有可靠的经济来源,无论是通过什么方式,只要能够自己解决学习和生活费用即可;第三,申请人必须能够提供外国录取学校的入学许可证。这种申请不受年龄、学历和工作年限的限制。到国外学习的学校,一般应当是大学,读专科、本科或者读研究生、博士生学位以及进修。

(二) 留学的申请及签证手续

不论到什么国家、什么学校留学,必须经过获得入学许可、申领护照和办理签证三道手续。

1. 申请入学

不同国家、不同学校的入学手续会存在一些差异,但总体上都是相同的,一般经过以下步骤:

(1) 索取入学申请表格。申请人应在入学前一年或半年向学校写信,索要入学申请表格以及与学校相关的其他材料。如果学校向外国留学生提供奖学金或助学金,申请人有条件还应尽力争取申请到奖学金或助学金,在索要入学申请表格的同时也应索要奖学金或助学金表格。写信要使用学校所在国家的官方语言文字,书信格式要符合该国的传统习惯。信的内容不要太长,主要说明自己对该学校感兴趣,想到该校深造学习,自己的简单学习经历,但一定要把申请人的姓名、国籍和通讯地址写清楚,以免在邮寄中出现差错。

(2) 认真填写入学申请等表格。校方在收到索取函后,会很快给申请人寄来入学申请表等表格。申请人在收到这些表格后,要仔细阅读,逐项填写。

(3) 向学校寄送申请表等表格。要在截止申请日期之前把表格寄送到学校,如果学校收取申请费,也要同时汇寄。一般学校为了确定是否录取申请人,还要求寄送学生在校学习成绩单、个人简历、经济担保书和身体检查合格证明等文件。申请入学英语国家的大学一般需寄送托福成绩单。如果学校能够提供全额奖学金,则不需提供经济担保证明。

(4) 等待入学录取通知书。如果学校决定录取申请人,但不提供奖学金,有些国家的学校将会要求预先交付一定的学费、押金、外国学生健康保险费等,然后才发给申请人入学通知书。申请人如获高额奖学金,则不需缴付以上费用。通知书上会注明入学时间、学习年限、所读学校类型、学习和生活费用的多少、经济来源等。

2. 申领护照

护照是国家主管机关发给短期出境或定居外国的本国公民的证件,以证明该公民的国籍和身份。出国留学人员应持本人身份证到户籍所在地的公安机关领取出国出境申请表。公安机关审查申请表、入学通知书、照片和相关资料合格后,会在 20—30 天以内把护照发给申请人。

3. 办理签证

签证是各国政府的外事机构所签发的允许外国人进入本国国境的证件,主要内容有签证的时间、地点、有效期和种类。

办理程序: 首先,要持护照和入学通知书到外事部门申请留学签证,领取留学签证申请表和其他相关表格并填写好。其次,把上述表格、学习成绩单、学历证书、入学通知书、护照等文件一同递交外事部门。外事部门会根据申请人的情况做出签证决定,如果同意,发证;不同意,会通知本人并说明拒签原因。

办理签证的必备文件:

(1) 入学通知书及其复印件,正副本各一份。

(2) 护照。

(3) 签证申请表等表格包括申请人的基本情况和简历、家庭状况,申请表上需贴本人照片。

(4) 经济担保书和支持学费等费用的收据,如财产证明。

(5) 关于学生的证明材料。包括近几年的学习成绩单、毕业证、获奖证明、英语能力证明及托福考试成绩。

(6) 监护人证明。如果申请人不满 16 周岁,绝大多数国家要求家长或监护人出具监护证明。

(三) 慎重选择中介机构

随着出国留学持续升温,留学中介的服务正在走向品牌化,留学机构更加注重主动掌握留学的最新动向和政策,尤其是加强了对一些新兴留学国家的关注。目前的留学市场也存在一些亟待解决的问题,如一些国外的驻华机构擅自在华招生,许多没有"许可证"的国内机构也招揽留学中介业务,部分中介机构在办理自费留学服务过程中弄虚作假编造假材料,有的中介机构发布虚假广告等。因此,在接受出国留学中介服务时须提高警惕,谨防陷阱。

1. 如何鉴别中介机构

一般来说,合法的留学中介服务机构应具备两份重要证件,缺一不可,一是由当地工商管理部门颁发的允许其开展自费出国留学中介业务的有效营业执照;二是由教育部核发的自费出国留学中介机构资格认定书。合法的留学中介服务机构可通过教育部的"教育涉外监管信息网"(www.jsj.edu.cn)查询。

2. 谨防留学服务过程中的陷阱

在现实生活中,出国留学服务所创造的巨大市场需求和丰厚利润催生了大量中介机构,扰乱留学市场秩序的不规范行为时有发生。非法中介设陷阱,合法中介伸黑手,花样层出不穷,忽悠技巧越来越高,不断有学生和家长受骗,导致留学中介投诉案件日渐增多。在此提醒准备出国留学的同学,要提防留学服务过程中的陷阱。

第五章　求职心理管理

第一节　大学生就业心理常见问题

【案例】

　　小齐是家里的独子,从小就备受父母宠爱,也由此养成了事事依赖他人的心理。进入大四,班上的同学都积极地进行就业准备,收集就业信息,准备就业材料,四处参加招聘会,唯独他依然像往常一样,不见任何动静。班上一同学劝他:"小齐,还有几个月我们就要毕业了,同学们都忙着找工作,你也要抓紧呀,不然到时毕业就等于失业。"小齐却自信地答道:"不急,我家里正帮我联系着,再说我家亲戚还是我们当地政府官员,还怕到时没工作。"可是等到拿毕业证的那天,同学们都背着行李踌躇满志地走上新的工作岗位,而小齐走出校门却不知道去哪儿。原来小齐把全部希望都寄托在父母亲身上,可家里没能给他找到合适的工作,自己又错过了招聘的黄金时间,导致毕业时还没找到工作。

　　就业是大学生走向社会的第一步,是他们人生中的一次重要选择,也是对其综合素质尤其是心理素质的一次检验。就业心理是指毕业生在就业过程中的心理状态,是影响其正确择业和顺利就业的重要因素,也是毕业生价值观的具体体现。由于一系列的教育体制、产业结构、毕业生自身素质等方面的原因,"大学生就业难"的问题日益严峻,给广大毕业生带来了巨大的心理压力。对大学生就业心理问题进行分析研究显得日益重要,引导大学生学会面对问题,积极地自我调适,使自己顺利融入社会,才能更好地解决大学生就业。

一、大学生就业心理问题的表现

大学生在职业准备和就业过程中的心理问题是多样的、复杂的,下面从四个方面阐述大学生在职业准备和就业过程中出现的不良心理现象。

(一) 有关情绪的就业心理问题

1. 情绪波动。由于就业压力过大,有的同学情绪波动起伏过大,时而热情开朗,时而郁郁寡欢,令别人不可理解,自己也常常感到莫名其妙,这种无端的高兴或抑郁会历时数天,乃至时间更长。

2. 焦虑。应该说就业的焦虑心理在大学毕业生中较为普遍,就业时许多大学生是既希望谋求到理想的职业,又担心被用人单位拒之门外,还担心自己在择业上的失误会造成终身遗憾,并对未来的职业生活感到心中无底。因此在就业过程中存在一定焦虑是正常的。但一些大学生的焦虑过了头,成天充满了各种不必要的担心以至造成精神上的紧张不宁、忧心忡忡、烦躁不安、意志消沉,行为上反应迟钝、手忙脚乱、无所适从。

3. 急躁。有一些大学生在就业时显得过于急躁,整个就业期情绪始终处于亢奋状态,常常心急如焚、四面出击、东奔西跑,希望尽快找到合适的工作,但又缺乏对就业形势的冷静观察以及对自我求职的理性思考,做了许多吃力不讨好的事。因此常常有一些毕业生在并不完全了解用人单位的情况下就匆匆签约,一旦发现实际情况与自己想象的不一样或发现了更好的工作时,又追悔莫及,甚至毁约,给自己带来许多不必要的麻烦与心理困扰。

4. 期望与失落感。大学生大多希望到生活条件好、福利待遇高的大城市、大机关、大公司工作,而不愿到急需人才但条件艰苦的中小城市和基层小单位就职,这会导致过分地考虑择业的地域、职位的高低和单位的经济效益。高期望驱使毕业生总是向往高薪水、高职位、高起点,渴求高收入、高物质回报率,并一厢情愿地对用人单位提出种种要求,将自己就业的目标定得很高,即使找不到合适的单位也不肯降低就业期望值。比如,有一些大学生就说:"非北京、上海、深圳不去。"可是现实就业岗位大多不像大学生所想象的那么美好,因此当发现现实与理想的差距较大时,就容易出现"高不成,低不就"现象,并产生偏执、幻想、自卑、虚伪等心理问题,并可能导致择业行为的偏差。

（二）有关个性缺陷的就业心理问题

1. 受挫力差。不少大学生在求职时只想成功，一旦遭受挫折就会像泄了气的皮球，一蹶不振，陷入苦闷、焦虑、失望的情绪之中不能自拔。他们对求职中的挫折既缺乏估计也缺乏承受能力，不能很好调节自己的心态，也不会通过总结求职中的经验教训来获得下一次的成功。

2. 自负、自卑。自我评价过高产生自负心理。由于大学生对自我的评价能力的不完善和缺乏自我评价的客观反馈，导致自我评价往往不准确。他们既缺乏对自己的客观认识，也对就业市场、职业生活缺乏了解，一切都凭自己的主观想象。学习成绩好、综合素质高的大学生比较容易出现自负心理，他们往往认为自己知识丰富、各方面条件不错，理所当然地应该能够得到一个理想的职业。应当警惕这种自负心理对就业的不良影响，不要因此错失良机。

自卑，这种心理表现在对自己的评价过低，不能正确认识自己的优缺点。自卑心理通常是由于遭受挫折后不能及时调整自身的心理状态产生的。也存在因自身的家庭经济情况、与同学的就业状况对比产生自卑心理的。一些大学生由于屡屡受挫，对自身能力产生了怀疑；由于来自非重点高校，在面对竞争对手时缩手缩脚，不能充分向用人单位展示自己的才华；由于所学专业较冷门，对自己的前途持消极态度。这些自卑心理，对于大学生推销自我，会产生一定的负面影响。

3. 盲目从众与依赖。有许多同学在毕业、择业的时候，对自己的职业目标、需要、价值观以及自身特点等没有明确的认识；在就业时不能正视自己的能力、素质和择业的客观环境，不能对自己有一个客观、清醒、全面的评价。因此，他们在职业选择时往往是茫然、犹豫不决、反复无常、见异思迁、躁动不安的，不能主动、独立地获取职业消息、筛选目标、规划职业生涯，也不能解决就业中的问题，做出正确的决策。

盲目从众，是指在求职中不考虑自己的兴趣、专业等特点，盲目听从或跟随别人的意见以及盲目寻求热门职业的现象。持有这种心理的毕业生往往脱离自己的实际状况，跟在别人的后面走，如在就业市场中哪个摊位前人多他们就往哪里去，别人说什么工作好他们就寻求什么样的工作，而全然不顾自己的能力和现状，不会扬长避短。

依赖,是指在就业中不愿承担责任,缺乏独立意识,没有个人独立的决策能力,没有进取精神,只是依赖父母或老师、学校,甚至只等职业送上门而不去积极争取。一些毕业生自己不去找工作,只等着父母和亲朋好友出面四处奔波,到处找关系、托人情,甚至还怀恋过去那种统包统分的制度,希望学校解决就业问题。当别人为自己找的工作不合心意时就大发脾气,抱怨父母或学校。还有不少毕业生由家长陪着参加供需见面会,职业的好坏完全由父母决定,缺乏自主择业的能力。

4. 嫉妒。嫉妒,一种极想排除或破坏别人的优越地位的心理倾向。它常常发生在两个或多个年龄、文化、社会地位与条件相当并有竞争关系的人之间,竞争中的失败者往往会对竞争对象产生嫉妒心理。嫉妒心理是一种不良的情绪,它会使一个人变得卑下、偏狭;它会使人丧失理智和信心,陷入自伤或伤人的危险境地;它会使人放弃自我追求,而去用仇视的目光贬低他人的成功,从而成为一个庸人。

一些同学在求职中经常相互吹嘘自己的职业待遇好、收入高,导致职业期望越来越高,求职变成了自我炫耀。还有些同学看见或听说别人找到了条件优越、效益较好的单位心理上就不平衡,抱着"他能去,我为什么不能去"的态度非要找一个条件更好的单位,而不考虑自身的条件、社会需要特点、职业发展因素。

5. 偏执。在就业过程中,大学生的偏执心理主要表现为追求公平的偏执、高择业标准的偏执和对专业对口的偏执。在面对一些不良社会风气时,有的大学生不能正确对待,将自己就业的一切问题归结于就业市场不公平,给自己造成心理阴影。在就业过程中,有的大学生不能及时调整就业目标,降低就业期望值,甚至宁愿不就业也不改变,有的大学生不顾社会需要,无视专业的适应性,只要不能干本专业就不签约,这样的偏执心理必然减少大学生就业的机会。

(三) 有关就业心态的就业心理问题

1. 功利心理重。急功近利,渴望高收入和较高的社会地位,在就业时往往希望自己一蹴而就、一劳永逸,不现实地期望自己获得此类工作。而对于需要奉献、踏实工作的职业则视而不见。

2. 就业观念不合理。

(1) 只顾眼前利益,忽视职业发展。一些大学生在择业标准中只有工作条件、收入等眼前实在利益,而对自我的职业兴趣、能力、职业的发展前景等因素不作考虑,因而极易选择到并不适合自己的职业。

(2) 盲目追求高声望的职业。一些毕业生同学过分强调职业的功利价值,甚至还将职业划分为不同等级,而不考虑国家与社会的需要,不愿意到条件比较艰苦的地区和行业去工作。

(3) 传统观念根深蒂固。很多大学生仍然喜欢稳定、清闲、福利保障好的单位,希望以此就能选定理想的职业,而不愿意选择有风险、有挑战性的职业,更不敢去自己创业。

(4) 过分强调专业对口。在求职时,只要是与自己专业关系不密切的职业就不考虑,这样做只会人为地增加自己的就业难度。

(5) 职业意义认识不当。许多大学生从观念上来说,还是仅仅把工作当作一种谋生的手段,没有充分认识到职业对个人发展、社会进步的重要意义。

3. 消极、犹豫不决。一些大学生在就业问题上表现得非常消极,平时也不参加招聘会,有单位来了就看看,如果不满意就等下去,满意时也不主动争取,抱着"你不要我是你的损失"的态度,期待着有单位会主动邀请。还有些人在求职过程中因为顾此失彼,犹豫不决而导致择业失败,这些大学生不肯轻易低就,这山望着那山高,明明已经找到工作,但拖着不肯签约,总希望有更好的单位出现。

另外有些大学生自恃条件很好,认为"满腹经纶""博古通今""学富五车",可以大有作为,但在择业时却常常要么碰壁要么找到的工作不满意,于是抱怨"世上无伯乐",抱怨自己运气不好,成天闷闷不乐、怨天尤人。

4. 归因不当,心理不满。由于就业市场中确实存在一些不公平现象,以及某些专业、学校不易找工作的客观现实,一些大学生在遇到就业挫折时就容易出现各种不满心理,比如有些同学认为"学习靠自己,就业靠关系",还有些同学出现了对专业、学校的抱怨、贬低。他们把就业方面出现的难题归因于学校的教育质量,高等教育的扩招,就业制度的改革等,而不从自身寻找原因。

(四) 有关人际交往障碍的就业心理问题

1. 人际交往障碍。有些大学生缺乏基本的人际交往能力。如有的在求职过程中过于怯懦、紧张,不敢在用人单位面前表现自己,甚至连面试也不敢去,常常一开口就面红耳赤、语无伦次。还有的在求职中不会察言观色,不懂得照顾别人的感受,不懂人际交往的礼貌礼仪。

2. 怯懦害羞。怯懦的人平时寡言少语、行动拘谨,容易逆来顺受和屈从他人,遇事退缩,胆小怕事,不愿冒半点风险,遇到困难惊慌失措,受到挫折则自暴自弃、无地自容。由于缺乏主动交往和处事的主动性,常常被人视为内向;害羞的人主要是显得过于腼腆、不自然,过分注重自我形象而又担心自己言行是否能得到他人承认、理解和尊重的表现,是过分注重自尊心而又惟恐遭受羞辱、窃笑的表现。怯懦和害羞会阻碍人际交往,是大学生顺利就业的典型阻隔因素。

3. 抑郁。在择业中受到挫折后,一些毕业生会感到无能为力、失去信心,表现为失落抑郁、不思进取、情绪低落、意志消沉,他们常常会放弃一切积极的求职努力,听天由命。严重时还会对外界的环境也漠然置之,减少人际交往,对一切都无所谓,并进而导致抑郁症的发生。

二、大学生产生各种不良就业心理的原因

1. 社会环境因素

(1) 供需矛盾不断扩大,就业竞争愈加激烈

在高等教育由精英化向大众化转变的背景下,大学每年在扩招而就业岗位却没有相应增多,导致因扩招剧增的大学毕业生与就业岗位严重失调。因此,就业的供需矛盾仍在不断扩大,就业竞争仍然激烈,毕业生自然会产生越来越大的心理压力而出现各种心理问题。

(2) 平等竞争的用人机制尚未完全形成

我国的用人机制虽然正朝着规范化、科学化方向发展,但由于多种原因,现阶段大学生就业背后各种社会关系的影响是显而易见的。社会上还存在着一些不正之风,对毕业生的就业心理产生了巨大的冲击,严重干扰了就业工作的顺利进行,从而造成了一些大学生心态失衡。

(3) 大学毕业生结构性矛盾依然存在

尽管近年来国家和各个高校在化解大学毕业生结构性矛盾上做出了较大的努力,但矛盾仍然存在。如大学毕业生的知识结构、能力水平与社会需求之间仍然存在一定的矛盾;西部生源不足和东部生源过剩矛盾仍没有得到有效化

解;用人单位热衷追求重点大学毕业生的现象依然存在。这些自然会加剧大学毕业生就业形势的严峻,进而导致其就业心理问题的出现。

2. 高校环境因素

(1) 专业设置的滞后性与盲目性

高校专业的设置及课程设置是以社会需求为依据的,因而在时间上往往会显示出一定的滞后性;而一些高校的专业设置、课程设置与调整往往还带有"随风而动"的盲目性,大学生"学非所用"的现象在就业中就必然会凸显出来,遭遇就业挫折也就不足为怪。因此,没有经过深入周密的社会调查和论证而进行的专业设置和调整以及相应的招生的扩大,必然造成毕业生就业困难,进而导致毕业生就业心理问题的产生。

(2) 大学生就业指导工作不完善

很多高校的就业指导工作内容与大学生的实际需求脱节,往往偏重于思想和政策教育,在毕业生就业过程中未有效地关注、分析和解决毕业生因就业而产生的心理问题。虽然学校专门设置了心理咨询中心,但由于其无法实现与高校毕业生就业过程的紧密结合,仍然无法及时发现和疏导毕业生的就业心理问题。这样就使得高校的就业指导工作流于形式,不能在大学生就业中发挥积极的作用,不能积极地预防和解决大学生就业过程中遇到的具体问题,从而导致大学生就业心理问题不断地增加。

3. 家庭环境因素

家庭环境对孩子的成长和成熟影响非常大。主要包括父母对孩子的期望、父母的职业定位、父母教育子女的方法、父母的社会地位和社交能力、父母对各种职业的声望评价、孩子对父母的看法与态度、家中其他成员的影响、家庭环境和整体氛围等方面。这些因素对大学生的影响尤其个性方面非常之大,不健康发展就会使毕业生在职业准备和就业时产生一定的有关个性缺陷方面的心理问题,如依赖、自负、自卑等。

大学生处在心理成熟的过渡阶段,加之家庭和社会对这一群体的期望值较高,导致大学生自我定位容易出现偏差,不能正确地认识自我,个人预期较高,出现不顾实际条件盲目择业的行为。大学生心理成熟度不高,心理承受能力不强,容易产生较大的情绪波动,这些都是大学生面对就业压力自身存在的问题。

拓展阅读

　　求职对绝大部分人而言,不仅是找一份工作,更多的还要找一份好工作,但对好工作的盲目追求,给求职带来的艰难可能多于动力,挫败多于希望。好工作的问题不知道困扰了多少毕业求职的同学,它时而清晰,又时而模糊,让人好像很清楚地知道自己想要的工作是什么样的,好像又不确定那是不是自己的方向。

　　当我们认为的好工作没有出现,或者出现了我们却得不到时,有人抱着宁缺毋滥的心理选择观望等待,希望可以等到心仪的工作,运气好,等来了那份工作也如愿求职成功,运气不好,等到毕业变成失业。也有人虽然同样心灰意冷,但还是找来一份工作,谈不上珍惜,只是得过且过,用另一种方式等待,结果浪费了自己的青春年华,什么经验也没积累,能力也没提高,等到那份工作真的出现时,也不见得能抓得住。

　　对好工作的追求没有错,它提供了前进的动力,激励着我们克服求职中的困难,方向的力量不容小觑,但只有正确的方向才能带来正向的作用。很多同学还没有搞清楚什么是好工作,就在模模糊糊中确定了一份工作作为自己的好工作,自己的目标,它可能是家人朋友口中的好工作,也可能是社会普遍认为的好工作,但却不一定就是你的好工作。在求职中,尤其是在方向选择上的快速,带来的很可能是实现起来的漫长和波折,甚至是无功而返。

　　有同学说,对好工作的坚持是对人生负责,如果你对好工作的定义是经过深思熟虑确定的,当然需要坚持,"曲线救国"也是可以的,但只有把好工作的标准透彻地想明白了,才能得到真正的好工作。

　　什么样的工作才算是好工作?"钱多、事少、离家近"的工作? 大企业、名企业的工作? 还是北上广的工作? 人们从工作的待遇、单位的性质、所在的地域等等不同方面定义着好工作,但好工作的范围并没有因此而固定。随着时间的推移,好工作从国营工厂变成了外资企业,从IT高薪变成了政府部门,人们眼中的好工作时时在变化,也带来了不同求职热点的转换。

　　当外企很火的时候,大家都苦学外语,毕业时将外企作为求职的首选,随着外资经济的淡化,以及人们意识到在外资企业升迁的瓶颈,明白即使风光在外,也难以抵消其中的苦楚时,外企已不再是人们眼中顶尖的好工作了。

　　北上广成为求职热门时,很多人不顾一切地进入北上广,即使在一些名不见经传的小公司拿着微薄的薪水也觉得很满足,当生活的压力不断袭来,很多人注意到了自己再怎么努力打拼也买不起一套房的现实,回望那些在二三线城市的同学,发现他们已经过得富足安稳时,北上广也不再是好工作的代名词。

　　曾经在下海经商风行年代大家离开的政府部门、事业单位、国企因其稳定和较高的社会地位,这几年又重新回到了人们好工作的范畴,以至于出现了千里挑一、万里挑一的招聘比例,但很多人成功应聘以后,又发现薪水不高、工作平淡,自我感受并不是太好。

　　你可能不会以时代的长视角来看待好工作的变迁,但也能从中得到一些启示,去思考什么是你的好工作。一般意义上的好工作总是以一个看似公认的统一标准出现,但具体到每个人,可能所谓的好工作并不能体现出所谓的好。工作的优劣并不仅仅来自社会舆论所关注的工作本身那些客观指标,更来自每个人的主观感受,比如外企的高薪同样也意味着高压,事业单位的稳定也意味着平淡,前者是工作的客观指标,后者是个人的主观感受,适合自己最重要。

　　这也引出另一个问题,好工作并不是十全十美的,也有光环下的阴影部分,当你看到了它的好,千万不要忽略它的其他方面,我们不能简单将其定义为不好的方面,因为,那也是组成工作的一部分,无好坏之分,高薪肯定需要企业较高的运行效率,这样才能有很好的效益来支撑高薪,自然也不可避免地带来快节奏和高压力。

　　并不存在十全十美的好工作,求职者若以十全十美为标准来衡量工作的好坏,好像任何一个条件不符合就会引发宁缺毋滥的信念,到头来很可能是错失了不错的工作机会。

　　你也许会说,我就看重高薪,那就是好工作,压力大点儿也没关系,不完美也没关系。但很多情况下,你却难以得到心仪的好工作。可能因为学历不符合,可能是专业不符合,总之就是你看到那份工作就在你面前,你看到它,却咫尺天涯,连简历筛选都通不过,也可能在你应该遇见它的时候没有机缘遇到,不得不承受求之不得的痛苦。

　　再回到最初的问题,什么样的工作才是真正的好工作?也许是那些你能够获得的、不十全十美的、最合适你的工作。由此来看,工作本身无好坏之分,工作本身的指标也不是衡量的全部,只有与自己联系起来的时候才有好坏与否,合适的就好。放弃先入为主的标准,联系自己的情况再放眼看看,是不是觉得开阔了许多呢,那就去找份属于自己的好工作吧!

第二节 大学生就业心理问题的对策和自我调适

【案例】

　　小张在就业过程中,向不少单位发出了应聘信,经过面试后同时被国家机关、国营企业和外企三家单位录取,他很矛盾,不知去哪个单位好,前来心理咨询中心进行咨询。在咨询过程中,老师一方面帮助小张分析个人专业特点、兴趣、性格特点、影响择业决定的外在环境。通过一些启发性的问题和测验,让小张充分认识自己,系统地了解自己的职业取向。另一方面分析三家工作单位的信息,包括工作特征、工作环境和发展方向等,如在不同的单位中,你可以从工作中得到什么? 通过工作,你是否可以获得满足感和成就感,你的工作潜能是否能得到充分肯定和发挥? 主要考虑的是工作的满足感与挑战性、别人的认同与赏识、晋升机会与回报、个人成长与发展、增长知识和磨练技能的机会、能否实现自己的人生目标和理想以及工资及其他物质报酬等。通过这种问题解决式心理咨询,小张最终作出了选择。咨询的过程是帮助小张澄清问题和提供信息,让他自主地作出决定。

一、全面客观地评价和认识自我

　　自我评价是个体对自己的生理、心理和社会特征及行为的某一方面或整体的评价过程。自我评价往往倾向于单维度,要么高估自己,要么低估自己,但是盲目自大和自卑都会导致择业上的失利。正确的自我评价是大学生择业的基础。客观全面地分析自己的实力,作出对自己实事求是的评价非常重要。以社会需求标准来衡量自己,把个人客观性与社会客观性统一起来,注重以个人服从社会。认真分析用人单位的录用条件，看看自己具备了哪些，不能把就业理想建立在不切实际的幻想之中。大学生只有在择业过程中正确、客观地评价自己，保持健康良好的心态，做到扬长避短，才能最终获得成功。

（一）自我反省

面对择业中的各种矛盾和问题，毕业生首先要正确认识和评价自我，大学生应该全面恰当地认识和了解自己的理想、价值观、素质，个人的气质、性格、兴趣爱好、能力、知识，甚至身高、外貌等，不能以己之长比他人之短而自大，也不能以己之短比他人之长而自卑，要在实事求是地肯定自己的长处的同时，正确对待自己的不足，通过努力逐步克服缺点。应当明确自己今后的职业发展方向是什么，自己的性格气质特点是什么，自己最适合干什么工作，自己的优势和劣势是什么，等等。

（二）社会比较

毕业生要正确地认识和评价自己，就要将自己与社会上的其他人加以比较，以社会需求标准来衡量自己，把个人客观性与社会客观性统一起来，注重以个人服从社会。一是要通过与自己条件、情况类似的人比较来认识自己，避免孤立地认识和评价自己；二是要通过他人的评价和态度来认识自己，看看别人是怎样评价你的；三是要通过参加社会活动，从活动的结果分析来评价和认识自己，如参加社会实践、毕业实习等，在客观上寻找评价的参照尺度来认识自己。认真分析用人单位的录用条件，看看自己具备了哪些，不能把就业理想建立在不切实际的幻想之中。大学生只有在择业过程中正确、客观地评价自己，保持健康良好的心态，做到扬长避短，才能最终获得成功。

（三）充满自信

自信心强的人能对自己作出积极评价，坚信自己的判断而很少从众，从而获取成功的可能性较大。热血青年就是要勇于实践，在就业过程中不害怕失败。有的毕业生一旦没有被用人单位录取，就不能控制自己的情绪，觉得自己不行。从此一谈应聘心里就怕，唯恐再被用人单位拒绝，胆怯、自卑、拘谨，甚至害怕再去参加应试，这是没有自信的表现。试想，一个自己瞧不起自己、自己不相信自己的人，怎么能指望别人看中你呢？毕业生在择业时，要克服胆怯、自卑心理，不要过于计较别人的议论或看法，在择业过程中要保持平常的心态和作风,把择业看作是一个相互选择的过程,在应聘前应多掌握一些择业的知识、技巧和礼节,不断地提高自己的自信心。

在老师或同学的帮助下,可以针对可能面临的情况,创设面试情景,设置提问内容,提前多排练几次。"凡事预则立,不预则废",择业的过程也是一样,只有做到有备,方能无患。另外,应试过程中也要注意一些技巧,在回答考官提问的过程中,除了要保持回答问题的正确性、准确性之外,还要注意自己的体态、语调、眼神,要让每一位考官都觉得,你是在认真回答问题,并阐明自己的观点,而不是在空谈、说大话。

二、做好就业技能准备,增强就业竞争实力

大学生一进校门就要自觉把自己的专业与以后的就业联系起来,认真学习,刻苦钻研,建立合理的知识结构,掌握扎实的专业理论知识,培养自己的实践操作能力、科学思维能力、组织协调能力等,只有如此,才能在激烈的竞争中占据有利位置。

(一) 建立合理的知识结构

1. 注重知识和基本技能的掌握。大学生在校期间应当接受和掌握的知识和技能是综合的,一些共性的基本技能主要表现为在以后工作中所必须具备的阅读、写作、计算、听说以及计算机应用能力,而且这些技能需要终身学习,不断提升;在有的行业,还会涉及具备特殊职业所需的技术知识和技能,以及完成某项工作所必备的知识、技术和能力。

2. 提高自身适应能力和学习能力。大学生在校学习期间,重要的是要学会适应环境,增强自己的适应能力,提高自身综合素质,才能以不变应万变。学习能力、适应能力是能动的,可以不断挖掘和培养出来。

3. 提升自身的实践能力和组织协调能力。大学生应积极通过学校各项活动或社会实践活动,锤炼自身动手能力,积攒实践经验,自觉培养组织协调、管理能力。

(二) 掌握一定的求职技巧

求职是一门艺术,求职的技巧对学生能否成功择业产生一定的影响。因此,掌握求职的方法与技巧,对大学毕业生初涉职场、建立自信、求职顺利等方

面都具有重要意义。

三、有效的心理调节和控制

(一) 理性情绪法

美国临床心理学家艾里斯创立的"理性—情绪疗法"认为,情绪困扰并不一定由诱发事件直接引起,常常是由经历者对事件的非理性解释和评价引起,如果改变非理性观念,调整了对诱发事件的认识和评价,领悟到理性观念,情绪困扰就消除了。例如有的大学生在择业中受到挫折便消沉苦闷、怨天尤人,其原因在于他原本认为"择业应当是顺利和理想的",正是因为这样的心理定势,才导致了不良情绪,如果将这些想法加以纠正,不良情绪就能得到克服。大学生在择业中处于消极情绪状态时,要善于从中分析、抽取非理性的观念,综合、概括出理性的看法,并对比两种观念下个人的内心感受,使自己走出非理性的误区。

(二) 合理宣泄法

大学生择业中处于焦虑、抑郁等消极情绪状态时,不能一味地把不良心情藏在心底,而应进行适当的宣泄。比较好的办法是向知心朋友、老师倾诉,把心中的不快说出来,甚至可以大哭一场,使紧张的情绪得以缓解或消除。另外,也可以通过参加一些大运动量的户外活动,如打球、爬山等,宣泄不良情绪。宣泄情绪要注意场合、身份、气氛,宣泄要适度,没有破坏性。

(三) 自我慰藉法

自我慰藉就是自我安慰。毕业生择业中遇到困难和挫折,在经过最大努力仍无法改变状况时,要说服自己,适当让步,将不成功归因于客观条件和客观现实,同时要勇于承认并接受现实。参与竞争就难免遇到挫折,毕业生应当对择业中的挫折有充分的思想准备,敢于面对现实,把挫折看成是锻炼意志,增强能力,提高心理素质的一场考验。要及时减轻思想负担,消除不安情绪;要积极总结经验教训,冷静、理智地分析择业挫折产生的原因,找出不足之处,加以改进,将消极因素转化为积极因素;根据客观实际调整自己的心态和择业目标,使之适应社会的需要,然后为实现这个目标作出努力。绝不能一遇到挫折就灰心丧气、怨天尤人、一蹶不振。在当今的竞争社会里,没有谁能够为你安排好一切,只有靠自己的脚踏实地才能创出一片属于自己的天地。这样,就能缓解因心理矛盾而引起的悲观失望等不良情绪,重新找回自信,树立继续努力的信心,从而提高抗挫折能力。

(四)情绪转移法

在情绪低落时,可以采取缓冲的办法,把自己的精力和注意力转移到其他活动中去。例如,学习一些新知识或技能,或是参加一些自己有兴趣的活动,把不愉快的情绪抛在脑后,使自己没有时间和可能沉浸在不良情绪中,以求得心理的平衡。

(五)自我激励法

毕业生在择业面试中常常出现胆怯、信心不足等现象,可以通过积极的自我暗示、自我激励进行调节,增强自信心。例如,运用内部语言或书面语言来调节情绪,在心里默念"我会发挥得很好""我一定能成功"等语句,或者写在纸上,或者找个旷野大声地喊出。这些对走出自卑,消除怯懦有一定的作用。

(六)松弛练习法

松弛练习是一种通过练习学会在心理和躯体上放松的方法,常用的有肌肉松弛训练、意念放松训练等放松练习方法。放松练习可以帮助人减轻和消除各种不良身心反应,如焦虑、恐惧、紧张、失眠等症状。大学生在择业中遇到的心理问题,可在专业人员的指导下通过放松练习来解决。

四、自测量表

(一)学生就业心理健康测试

心理疾病假如不能及时察觉,特别容易引发各种事件。大学生面临工作压力,心理疾病最容易缠上这些人。通过以下40道题,可以透视大学生心理是否健康。

对以下40道题,假如感到"常常是",划√号;"偶尔是",划△号;"完全没有",划×号。

测试题:

1. 平时不知为啥总感到心慌意乱,坐立不安。
2. 上床后,无论如何也睡不着,即使睡着也容易惊醒。

3. 经常做噩梦,惊恐不安,凌晨醒来就感到倦怠无力、焦虑烦躁。

4. 经常早醒 1—2 小时,醒后特别难再入睡。

5. 学习的压力常使自己感到特别烦躁,讨厌学习。

6. 读书看报甚至在课堂上也不能专心一致,往往自己也搞不清在想什么。

7. 遇到不称心的事情便较长时间地沉默少言。

8. 感到特别多事情不称心,无端发火。

9. 哪怕是一件小事情,也总是特别放不开,整日思索。

10. 感到现实生活中没有啥事情能引起自个儿的乐趣,郁郁寡欢。

11. 老师讲概念,常常听不明白,有时明白得快忘得也快。

12. 遇到问题常常举棋不定,迟疑再三。

13. 经常与人争吵发火,过后又后悔不已。

14. 经常追悔自个儿做过的事,有抱歉感。

15. 一遇到测验,即使有预备也紧张焦虑。

16. 一遇挫折,便心灰意冷,损失信心。

17. 特别胆怯失败,行动前总是提心吊胆,畏首畏尾。

18. 情感脆弱,稍不顺心,就暗自流泪。

19. 自己瞧不起自己,感到别人总在嘲笑自己。

20. 喜欢跟比自己年幼或能力不如自己的人一起玩或比赛。

21. 感到没有人懂得自己,烦闷时别人特别难使自己高兴。

22. 发现别人在窃窃私语,便猜忌是在背后议论自己。

23. 对别人取得的成绩和荣誉常常表示猜忌,甚至妒忌。

24. 缺乏安全感,总感到别人要加害自己。

25. 参加春游等集体活动时,总有孤单感。

26. 胆怯见陌生人,人多时说话就脸红。

27. 在黑夜行走或独自在家有胆怯感。

28. 一旦离开父母,内心就不踏实。

29. 经常猜忌自己接触的东西不干净,重复洗手或换衣服,对卫生极端注意。

30. 担心是否锁门和可能着火,重复检查,经常躺在床上又起来确认,或刚一出门又返回检查。

31. 站在经常有人自杀的场合、陡崖边、大厦顶、阳台上,有摇摇晃晃要跳下去的感受。

32. 对他人的疾病特别敏感,经常打听,深怕自己也身患同病。

33. 对特定的事物、交通工具(电车、公共汽车等)、尖状物及白色墙壁等略微奇异的东西有胆怯偏向。

34. 经常猜忌自己发育不良。

35. 一旦与异性交往就脸红心慌或想入非非。

36. 对某个异性伙伴的每一个细微行为都特别注意。

37. 猜忌自己患了癌症等不治之症,重复看医书或去医院检查。

38. 经常无端头痛,并依靠止痛或冷静药。

39. 经常有离家出走或脱离集体的想法。

40. 感到内心痛苦无法摆脱,只能自伤或自杀。

测评方法: √得 2 分,△得 1 分,×得 0 分

1) 0—8 分。心理特别健康,请你放心。

2) 9—16 分。大致还属于健康的领域,但应有所注意,要能够找老师或同学聊聊。

3) 17—30 分。你在心理方面有了一些障碍,应采取适当的方法进行调适,或找心理辅导老师关心你。

4) 31—40 分。是黄牌警告,有可能患了某些心理疾病,应找专门的心理大夫进行检查治疗。

5) 41 分以上。有较严重的心理障碍,应及时找专门的心理大夫治疗。

(二) 学生就业心理测试

下列题目共有两组 20 题,根据你的实际情况,做出“是”或“否”的选择。

第一组:

1. 就我的性格来说,我喜欢同年龄较小而不是较大的人在一起。

2. 我想我心中的伴侣应该具有与众不同的见解和活跃的思想。

3. 对于别人求助我的事情,总乐意帮助解决。

4. 我做事情考虑较多的是速度和数量,而不是在精雕细琢上下功夫。

5. 总之,我喜欢新鲜这个概念,例如新环境、新旅游景点、新朋友等。

6. 我讨厌寂寞,希望与大家在一起。

7. 我读书的时候就喜欢语文课。

8. 我喜欢改变某些生活惯例,使自己有一些充裕的时间。

9. 我不喜欢那些零散、琐碎的事情。

10. 假如我进入招聘员的经理室,经理抬头瞅了我一眼,说声请坐,然后就埋头阅读他的文件再不理我,可我一看旁边没有座位,这时我没有站在那里等,而是悄悄搬个椅子坐下来等经理说话。

第二组:

1. 我读书的时候很喜欢数学课。

2. 看了一场电影、戏剧之后,喜欢独自思考其内容,而不喜欢与别人一起讨论。

3. 我书写整齐清楚,很少写错别字。

4. 我不喜欢读长篇小说,喜欢读议论文、小品文或散文。

5. 业余时间我爱做智力测验、智力游戏一类题目。

6. 墙上的画挂歪了,我看着不舒服,总想设法将它扶正。

7. 收录机、电视机出了故障时,我喜欢自己动手摆弄、修理。

8. 我做事情时总希望精益求精。

9. 我对一种服装的评价是看它的设计而不大关心是否流行。

10. 我能控制经济开支,很少有"月初送,月底空"的现象。

评分规则:

选择是记1分,否不记分,各题得分相加,分别计算两组得分。假设第一组得分为 A 分数,第二组得分为 B 分数。你的 A 分数_____。B 分数_____。

A>B:你的思维活跃,善于与人交往。你喜欢把自己的想法让别人去实现,或者与大家共同去实现,适宜你的职业是记者、演员、推销员、采购员、服务员、人事干部、宣传机构的工作人员等。

B>A:你具有耐心、谨慎、肯钻研的品质,是个精深的人。适宜选择编辑、律师、医生、技术人员、工程师、会计师、科学工作等职业。

A=B:你具备 AB 两类型人的长处,不仅能独立思考,也能处理好人际关系。供你选择的职业包括教师、护士、秘书、美容师、理发师、各类管理人员等等。

【案例】

　　一位离了两次婚、相貌平平的女子,在一次社交场合中,看到一位风度翩翩、富甲天下、重权在握的未婚英俊青年。这位女子下定决心要获得这位青年男子的爱情。从竞争的角度来看,这位相貌平平、离异两次的女子要获得这位心仪男子的爱情,正如我们以一个普通的大学毕业生的身份,去应聘心中理想的企业一样,可谓困难多多。当然,这位女子面对的困难一定比我们面对的要大得多,竞争也激烈得多。最后,这位女子让这个男子为她放弃了金钱、地位,与她结伴走完了一生。这个妇女就是美国的辛普森夫人,这位男子就是20世纪30年代的英国国王爱德华五世,即后来的温莎公爵。为了辛普森夫人,爱德华五世放弃了王位,流亡海外。

　　以世俗的眼光来看,辛普森夫人要成为王后或国王的夫人,其面临的竞争绝对不会比我们去应聘心中理想的工作小,她可能面临全英国想成为王后的女性的竞争。在这些女性当中,我们相信一定有很多优秀的、在方方面面都超过辛普森夫人这位相貌平平、离异两次的女子,但是她却在竞争中胜利了,实现了自己的目标。让我们用爱达公式来演绎这场爱情竞争吧。

　　在盛大的社交晚会上,美女如云,与国王素不相识的辛普森夫人希望能结识国王,但又苦于无人引见。于是,她走过国王身边,只听"哎哟"一声,她佯装跌倒在地。国王不可能不注意到她,出于绅士风度,国王扶起了辛普森夫人。

　　——引起注意,第一阶段的目标实现了。

　　国王招来御医,一看无大碍,国王离去,但跌倒在地的辛普森夫人毫无疑问已被国王记住了。

　　第二天,辛普森夫人给国王去了个电话。"国王,你好!我是昨天跌倒后得到你帮助的辛普森夫人,您还记得吗?""记得。""真的很谢谢你!像我这样的平凡女子能得到国王的帮助是一生中最大的荣幸,我所有烦恼都消失了。我相信国王一定是一个没有烦恼、快乐无比的人!""什么?没有烦恼?我的烦恼比你多得多,你很难想象!""不!我不相信国王也有烦恼。"于是,国王滔滔不绝地诉说起来。其实,国王不可能没有烦恼,但他的烦恼不会对熟人说,正如我们常常会对陌生人述说,但不会对会带来现实影响的熟人说一样。说完后,国王感到一阵轻松。

——激发兴趣,第二阶段的目标实现了。

又过了几天,辛普森夫人给国王又去了个电话。国王一听,是让人轻松愉快的辛普森夫人,于是愉快地与她交谈,不知不觉中又告诉了她不少的心事。慢慢地,与辛普森夫人通话和见面成为一件愉快的事,隔上几天没有听到辛普森夫人的声音还有些不习惯。

——引发欲望,实现第三阶段的目标。

久而久之,国王觉得他的生活已经离不开辛普森夫人了,从辛普森夫人这得到的快乐要大于做国王的快乐。快乐原则是最高原则。于是他决定要娶辛普森夫人,王室和丘吉尔的反对也没能阻止他,他选择了退位,迎娶辛普森夫人。

——实现目标,最终取得了胜利。

拨开爱情的迷雾,我们发现,这其实是科学的胜利,是方法的胜利。我们每一位求职者都可以"嫁给"心中的国王——你心仪的企业,实现心中的理想!

第三节　大学生角色转换与环境适应

【案例】

小林毕业后进入了一家服装贸易公司,被安排在针织部实习 1 个月。由于公司业务的关系,需要员工对服装布料的质地有比较深入的了解,这对于长期生活在校园里的小林来说是新鲜而又陌生的。

作为一名英语专业的优秀大学生,小林完全可以应付一般的日常用语,而难就难在那一大堆的专业术语上,像什么门襟、塔克、滚眼等,特别是面对衣服图纸旁边标注的密密麻麻的专业英语,真有点手足无措。有一次,他去查一个英语单词,查出来的意思显然与他的工作内容不符,后来实在没办法请教老员工才弄清楚,小林感受到了前所未有的挫败感。还有一次,部门领导要求小林在每一块样料上都剪一块贴在纸上。小林仔仔细细地做完后给领导看,领导却要求他重做,让他非常郁闷。原来,小林没注意剪样布不允许有布料的线头和毛边留在上面,这一看似小小的疏忽,却是日后能否做出客户要求的服装的重要一步,不然,后面的工序都可能因为这一疏忽而前功尽弃。

经过这两件事,小林发觉自己谨慎了许多,懂得了在公司环境中,你必须学会主动,很多事情需要靠自己不断摸索、不断积累,在工作中也来不得半点马虎,在学校里,别人不会因为一个小小的疏忽而责怪你,但是在工作中,你的一个小失误会造成意想不到的后果。

点评:大学生能够顺利地实现角色转换,可以促进大学生尽快地适应新的环境,缩短磨合期。因此必须了解学校和职场、大学生和职业人的差别,建立对工作环境客观合理的期待,在心理上做好进入职业角色的准备,顺利实现从学生到职业人的转变。

诗人雪莱说:"只有打下良好的基础,才能建成永远屹立的巨厦,那将光芒万丈地得到全世界人民的欣羡。"又是一年毕业时,作为毕业生,马上就要走出校园,独自承担社会的风雨,也许你踌躇满志,跃跃欲试,准备大干一番事业;也许你后悔莫及,喟叹当初学习马虎,恨不能重来一次大学生活;也许你惶恐不安,不知该如何面对目前的状况,心里正焦虑紧张;又也许你得过且过,对找工作根本无所谓,因为父母早已替你安排好一切,无须你自己操心……无论你属于哪一种情况,今后的人生路要靠自己去走,最需要的是:积极主动地适应社会和环境,努力转变观念,做好思想、心理、知识技能等方面的准备,缩短正式工作前的适应期,顺利完成从学生到职业人的社会角色转换,开启我们的锦绣前程。

一、把握自我:角色转换

大学毕业生就业走向社会是人生的重要转折。在这一转折中,面临着学生角色向职业角色的转换。大学生就业初期往往会感到自身的想法与社会现实之间存在很大差距,想要做好自我调控,顺利完成学生角色向职业角色的转换,就要努力克服职业适应、社会适应、心理适应等方面的障碍。

(一) 认清角色区别

学校与社会是两种不同的环境,大学生和职业人是两种不同的角色,对社会承担着不同的义务。大学生走向工作岗位后,应尽快地完成角色转换。

表 5-1　大学生与职业人的区别

区 别 范 畴	大 学 生	职 业 人
责任不同	学	用
社会规范不同	教育	要求严格
环境不同	安静、弹性	紧张、假期少
人际关系不同	单纯、冲突少	复杂、利益
氛围不同	公平对待	服从

【案例】

　　一个刚大学毕业的人,由于经验不足、能力欠缺,在工作中出现了失误,受到上级的严厉批评,他很不开心,也没心思工作了。有人问他:"你为什么不开心?"他说:"经理骂我了。"又问:"你是不是工作没做好?"答:"即便工作没做好,他也不应该对我这样态度恶劣。我长这么大,我爸妈都没对我大声喊过!"问:"那你希望怎么样?"答:"我希望我下次再犯错时,他的态度能好点儿!"

　　点评:这些话的潜台词是:我出错是难免的;我以后还会出错;我再出错时,要改的是经理,不是我,他应该提高管理艺术。

　　正确的态度应该是:"我今天工作出错了,上级严厉地批评我,我很不开心。但是我下次一定把事情做好,让他说不着。"要从学生转变成职业人,你必须先"给",否则你什么也"要"不到。

　　(二) 大学生主动适应社会的策略与技巧

　　大学毕业生初入社会,首先要立住脚跟,做好本职工作;不能只是埋头苦干,而要学会打开局面,融洽合群,体现自己的价值;不能只为工作而工作,应重视在工作中把握机会,实现自我发展。大学毕业生适应社会需要一个过程,应从心理、生理、岗位、人际关系四方面合理规划自己的就业适应期。

　　1. 心理适应,培养情感。当人们面临陌生的环境或者加入陌生的群体时,往往会产生一种戒备心理,这是一种自我保护的本能反应。一个青年人进入工作岗位时,如果不能极快地改变这种状态,那就不可能适应岗位角色。

【案例】

小马,男,某发电厂新员工,23周岁,未婚。其父亲为某机关职员,母亲为银行职员。本人无重大躯体疾病历史,家族无重大精神病史。父母从小对其管教较严格,使其接触社会机会较少,成长过程一帆风顺。在大学期间学习成绩优秀,一直受老师和同学们的看重。半年前毕业,应聘到某发电厂工作。刚参加工作时工作热情较高,表现积极。

一个月前因工作失误受到部门主任严厉批评,自尊心受到极大伤害,感觉领导歧视他。之后又觉得师傅和一些领导文化水平不高,自己作为大学生没有得到应有的关注和重用。又认为这家公司没有当初宣传的那样好,企业管理水平也不高,感觉前途一片黑暗,个人发展无望。

如今,小马情绪低落,有时思想难以集中,并且感觉胸闷、身体疲惫,食欲不振,工作能力减退,不爱接触同事,对未来没有信心,感觉空虚、无助。

点评:大学毕业初入职场要努力做到以下几点:首先,要有自信,要保持积极乐观的生活态度,充分体验生活。"只要你是天鹅蛋,就算生在养鸡场里也没关系!"毕业生要克服自视甚高的心理,在生活、工作中寻找快乐。其次,要有耐心,学会适应艰苦紧张的基层生活。胖子是一口一口吃出来的,树立从基层做起的观念吧!再次,要有张有弛,学会合理地宣泄自己的情绪,学会放松调节。情绪宣泄的途径很多,比如倾诉、交流、哭泣、写信、运动等等。

2. 生理适应,适应职业环境。一个人的成功既取决于个体的素质,又取决于所面临的环境。每种特定的环境都有其自身的特点,只有正确认识环境,适应环境,才能取得事业的成功。职业发展主要靠自己去摸索,去奋斗。不同的对待方式,结果会大不相同。

3. 岗位适应,准确定位角色。初入社会的毕业生要清楚自己在职场中的角色定位,首先,要弄清工作岗位对职业角色的期望;其次,要准确实现角色对自己的期望;再次,要明确自己的职业目标;最后,要注意锻炼动手能力和积累经验,在工作实践中增长才干。

【案例】

2012届应届毕业生小吴的自述:化工大学毕业后,我被一家橡胶公司聘用,试用期为 6 个月。我所在的部门是化验室,清一色的女同胞。因缺乏实践经验,我便真心诚意地向这些女师傅请教,但得到的总是讽刺。4 个月后公司改革,化验室要精简 1 人。公司采取领导与员工评议相结合的方式进行综合打分以决定取舍,结果不出我所料,我的分数最低。裁员通知下来了,我在化验室还有三天时间,本来我可以要公司把工资结清,辞职走人,但我决定在最后的三天里,仍要把我的工作做好。最后那一天下午,我做得一丝不苟,跟第一天上岗一样,把工作台洗涮得一尘不染,将自己曾经用过的烧杯和试管摆放得整整齐齐。下班的路上,一位同事告诉我,经理一直在窗外看着我干活,然而我却一点没有察觉。

第二天,劳资部门通知我过去,递给我一张调令说:"你今天到质监部报到。"

4. 人际关系适应,建立良好的人际关系。苏联作家奥斯特洛夫斯基说:"人的生活离不开友谊,但要获得真正的友谊并不容易,它需要用忠诚去播种,用热情去灌溉,用原则去培养。"建立和保持良好的人际关系的关键在于以诚相见,把握技巧。

【案例】

2005 届应届毕业生小祝的自述:我很幸运,早早找到了一份待遇不错的工作,并且从 5 月起就开始上班了。那是一家规模不大的股份制公司,年轻、肯吃苦、毕业于名校的我很快就适应了工作环境,老总和副总都在有意无意间对我表示了栽培之意。可时间不长,有老员工悄悄给我递话:"你没看出来啊? 老总和副总不合,站哪边,你看着办吧!"刚从学校出来,遇到这种事,我真不知该怎么办。一番思考后,我决定干好本职工作。

点评:面对公司内的派系斗争,新人要坚持三"不"原则——不介意、不参与、对事不对人。面对公司内的派系斗争,一个人很难保持中立,想做到两边都不得罪,最后往往两边都得罪了。其实,问题在于怎么看"得罪"二字。如果你所做的对得起职位、对得起自己,而对方又恰恰不能捅破窗户纸、拿你开刀,那来个"难得糊涂"又有何妨?

(三) 总结经验,终身学习

大学毕业生就业后,根据职业岗位的需要必须重视再学习,除了要掌握本岗位所需要的知识和技能外,还要不断地补充新知识,掌握新技能,完善自己的知识结构和智能结构,在工作实践中提高自己的综合素质。

【案例】

　　某大学机械自动化学院李某在国美电器担任渠道主管职务,李某的试用期为 6 个月。渠道主管任务就是在各个门店之间跑动,随时汇报销售情况并协同管理营业员。讲到自己的这份工作时,李某说:"这和我所学的专业是完全不对口的,所以要花更多的时间学习。不过还好,我在这里学到了很多东西。"李某当时在招聘会上看上这份工作,感觉比较有挑战性,再加上国美电器这样的大企业可以提供不低的薪水。进入国美电器后,企业为他们举办了为期两个月的培训,学习了营销、公关、售后服务等方面的知识。

　　两个月的培训之后,李某认为已经能够完全胜任主管工作了,但正式工作的第二天就遇到了一点小麻烦。"当时,为我们提供一种小家电的企业要求在门店里增加柜台面积,这是十分困难的,我们已没有空间了。在和他们交涉的过程中,还是遇到一些不愉快。"李某对这件事仍然心有余悸,"最后领导出面解决了问题,我才明白就算经过培训,具体的操作还是要在实际工作中去学习、积累。"现在李某对工作已经得心应手,他笑着说:"等试用期过了,公司就会和我签订正式劳动合同,在这样的大企业里工作,我觉得很能锻炼人。"

　　(四) 保持自我,提高竞争力

　　大学生的职业适应,就是一种对社会积极的投入和有机融合。这种投入和融合,以承认并遵守社会规范和服从现实社会有序要求为基础,但并不应该以完全牺牲自我为代价。职场新人只有及时提高认识社会和自我的能力,尽快适应职场环境,找到适合自身的职业规划,才会不断成长和成熟,避免陷入职业困境,从而建立起核心竞争力,开创工作新局面。

【案例】

　　李某毕业没多久就应聘到一家大公司的人事部门当了一名普通职员,工作任务是处理办公室日常事务。在公司里,上司在场时大家都毕恭毕敬,端茶倒水,一丝不苟;上司一离开,有些员工就放松下来,打打电话、翻翻小说和杂志等。李某却不随大流,空闲时间用于思考上司交待的事有没有办得不妥的地方,自己还欠缺哪方面的知识。然后,利用各种机会与同事交流,了解公司上下各类员工的工作内容;从普通工作人员到电梯小姐,从部门经理到总经理,他们每天都干什么,了解他们的交往、作息时间等;了解各部门哪几个人是最出色的,他们有什么特长。如果有同事辞职跳槽,除了利用工作之便仔细研究其履历外,他还想办法与其共进晚餐,在饭桌上询问跳槽的原因。

一次,他与总经理乘车去见一位合作伙伴,签一份重要的合同。当总经理去签合同时下起了小雨,车上没有雨伞,他立刻到附近商店买了一把名牌雨伞。等总经理签完合同与合作方从大楼里走出来时,大雨滂沱,李某快跑几步,将雨伞递给总经理,并打伞送合作伙伴上车。经过这件事,总经理看李某的目光不一样了。李某除了在公司内尽心尽力工作外,还广泛交友,结识了各行各业的头面人物、专业人士等。当公司需要某方面人才时,他能够毫不费力地举荐几位,这令人事部经理大为赞赏。久而久之,全公司都知道人事部有一位年轻、热心、干练、神通广大的小李,其他部门有事都找他帮忙。

李某在公司干了3年:第一年是普通职员,第二年升任人事部经理助理,第三年年末,公司总经理找他谈话,请他出任总经理办公室主任,李某客气地谢绝了。他准备辞职,自己开一家"猎头"公司。在与公司领导告别时,他笑着说:"日后要找什么专业人才,我给你想办法。"

点评:李某给我们的启示:一是做好本职工作,这里的"做好"已经不限于自己的工作范围,而是整个部门的工作都能承担起来,在业务上令部门领导满意;二是办事认真,在有限的机会里,得到公司领导赏识;三是时刻检查自己工作中的不足,善于学习,想办法改进;四是有自己的工作计划和自我发展规划,做的每一件事都要有非常明确的目的性;五是在工作中积累某方面的知识和经验后,大胆地自主创业,寻求更大的职业发展空间。

二、顺利起航,初入职场我能行

面试通过后,企业通常会要求毕业生参加实习或试用,以便进一步考察。企业要的是能够胜任工作的人,因此实习或试用期的表现对大学生求职至关重要。

(一)严格自律,遵守规章制度

在实习期间,如果学校或个人确有重要事情,应该至少提前一天向公司有关领导请假,履行正常的请假手续。实习期是单位领导对准员工进行综合考察的关键时期,因此我们要谨言慎行,千万不要出现迟到、早退等现象。

(二) 虚心勤问,熟悉工作环境

刚进入实习单位时,由于不熟悉环境而感到有些手足无措是正常的,不必急于向领导展示自己的聪明才干,正所谓"欲速则不达",有时越是急于求成,事情反而会办得越糟。所以处于试用期的大学生应好好把握公司对员工入职的培训机会,虚心学习,多向有实际工作经验的老员工请教,在提高自己技术水平的同时,促进与同事之间的良好沟通。

【案例】

黄奕在英国一所著名大学读完了传媒专业博士,毕业后,还在 BBC 这样的国际知名传媒公司工作过。一年以后,黄奕选择回国发展。因为有在英国广播公司工作的背景,所以黄奕很快就拿到了国内一家省级电视台的 offer。不过进入电视台之后,黄奕经常以之前在 BBC 工作的经历为骄傲资本,或不时以专家博士、前 BBC 工作人员的身份对同事们进行指导,俨然将自己置于一个高不可攀的位置。不仅如此,即便公司开会时,如电视台领导与其意见相左,黄奕也要面红耳赤地争个高低。

没过多久,同事们都将黄奕的口头禅"你们知不知道如果是在 BBC……""从专业博士的角度来看……"当做笑话来听。包括电视台领导在内,几乎台里的每个人都不喜欢黄奕那种自卖自夸、自以为是的样子。再加上黄奕经常将白天的时间用在了解和跟进其他同事的工作,晚上的时间用在给电视台写建议书的事情上,以致她经常耽误领导交待的本职任务,其工作状态就可想而知了。最后试用期都没结束,她就被电视台找了个借口辞退了。

点评:对于公司新人来说,像黄奕这样过于张扬的做法是绝对不可取的。作为公司的一名新人,我们应该时刻保持一颗向同事虚心学习、虚心请教的心。过度地表现自己,最后只会让公司其他人对你忍无可忍。

(三) 远离是非,做好本职工作

人群越集中的地方,各人的品行高低也就越明显,总有一些人喜欢说长道短,搬弄是非。对于刚到公司的新人来说,遇到这种情况最好保持沉默,不参与,不谈论,更不要让自己卷入是非的漩涡。

【案例】

于正出身于一个艺术之家,他的父母都从事文艺工作。从小就在这样的家庭熏陶下长大的于正处处喜欢追求完美和公平,即便是在大学里,同学们也笑称他是"正义使者"的化身。

于正刚进公司时,做的是行政部专员的工作,除了试用期那微薄的工资之外,他从没享受过其他的待遇。一次偶然的机会,于正得知与自己同时进公司的蒋娜的手机费竟然是实报实销,除此之外,公司还为她额外发放车补、餐补等津贴。这让于正的心里很不是滋味。"同时进的公司,职位级别又没什么差别,凭什么她有我没有!"更让于正感到不平的是,这个蒋娜在行政部每天基本上什么工作都不做,一上班就是上网聊天,要么就是玩游戏,从未见她干过什么正经工作。而其上司竟然对此也是睁一只眼闭一只眼。一想到这些,于正就咽不下这口气。

于是,借一次向公司高层领导汇报工作的机会,于正向领导提出了自己的意见,他觉得公司这样的态度对他不公平,希望领导能一碗水端平。不仅如此,他还将蒋娜上班玩游戏的事,也一并反映给了领导。

领导听了于正的话后,皱着眉头沉吟半晌,随后不咸不淡地说了一句:"你反映的情况我已经知道了,等我了解一下具体的情况再说。"

于正本想领导马上就会有所行动。可是一个月过去了,公司愣是一点动静都没有,自己的福利待遇也没见涨,蒋娜的种种不妥当行为也没见被制止。于正又气又恨,他觉得领导对待下属是用双重标准,他们有意偏袒蒋娜。更让他愤怒的是,可能是领导将他反映蒋娜上班时间不工作而玩游戏的事情告诉了蒋娜,在那以后的日子里,蒋娜时不时地会有意在于正面前找茬,跟他搞摩擦,甚至故意使绊子,让他出丑。

于正实在受不了这种气,于是决定以牙还牙。他不仅跟蒋娜对着干,而且有时跟领导当面争吵。时间一长,于正在部门内的人际关系变得相当糟糕。后来于正发现,他不在的时候,大家都是有说有笑的,只要他一进门,屋里立即静音,几乎没有一个同事会主动跟他交谈。

于正知道他在行政部是混不下去了,于是向领导申请调到其他部门,但是领导就是不批准。无奈,于正只好在试用期还没结束时就辞职,提前离开公司。临走前,意外的是人事部的人事专员来找于正单独谈话。这位人事专员是于正的同校学长,两人平日里的关系也还不错。当着师兄的面,于正将自己一肚子的委屈都倒了出来。人事专员听后平淡地说:"因为咱俩是好朋友,我才愿意告诉你。你觉得你干得多,拿得很少,这些公司领导早晚会看在眼里的,但是你千不该万不该去跟领导打蒋娜的小报告。蒋娜可是一个背景很深的人,她爸爸一年就能给公司带来几百万元的订单。也就是说她到公司不是来上班的,是让公司养着她。另外,你不该越级上报,这在职场上是大忌。你觉得你是在反映实际情况,但是公司领导会认为你越级报告是在故意给他们找麻烦。你想想你都能看出来的问题,部门领导难道看不出来? 你去报告上级领导,等于将你们的部门领导置于尴尬的境地。所以,你的种种做法只能是自讨没趣。本来你要是安心干好自己的工作,一切都会很顺利,你的福利待遇等你转正后自然也会给你。但是你这么一闹,在公司很难再有立足之地。"听了师兄给自己做的分析,于正出了一身冷汗,他这才意识到自己的鲁莽和愚蠢。

点评: 职场是个是非场,这里的沟沟坎坎,明明暗暗,根本不是一个职场新人能改变得了的。何况对于一名正处在试用期的员工来说,重要的是将自己的本职工作做好,做出成绩,出现任何与己无关的是非情况,要做到不参与、不传播、不评论。

(四) 把握机会,适当展现自我实力

在实习过程中,要努力让领导和同事了解你的品质和能力。很多大学生能进入大型跨国企业的捷径就是先做实习生,并在实习的过程中展现出自身很高的能力和素质。

【案例】

毕业后,王莹应聘到一家大型跨国公司做实习生。她满怀希望地准备在自己的岗位上大展拳脚,好好地干出一番事业来。可没想到,刚进公司,居然就被"冷处理"了。除了一些杂事外她就没什么可做的,曾经有过的新鲜感很快消失殆尽。同时进公司的两个小伙子和她一样,也是没有明确的工作内容,没有具体的工作可做,于是那两个小伙子竟悄悄地在上班时间玩起了电脑游戏。但是

机敏的王莹认为事情不会这么简单。她静静地坐在沙发上思考起来：其实我对这家公司还没有多深的了解，比如竖在桌子上的文件栏里的一厚叠公司资料，至今我都还没翻开过。如果连对公司最基本的了解都做不到，将来又怎么可能把工作做好呢？于是王莹重新打起精神，到桌子旁边，开始仔细地翻阅公司的材料。有时遇到看不明白的地方，她还会主动向老员工讨教。

偶然的一次，王莹发现隔壁经理办公室的百叶窗帘在簌簌翻动。后来发现那窗帘翻动的频次异常多。一种对公司本意的揣测让王莹兴奋不已。

一个月之后，公司经理将王莹他们三个实习生叫进了办公室。经理分配给他们一系列调查任务，并要求他们一个月后每人提交一份完整的调查报告。由于之前王莹翻看过公司的材料，对这项工作的流程和内容已经有了一定的掌握，因此只用了20天的时间，就完成了调查报告。随后她一头扎进了销售终端，又用了10天时间整理出了一份加强终端管理的建议书。一个月后，王莹将调查报告连同额外的建议书一同交给了经理。不到3天时间，公司就决定将王莹留下，而那两个小伙子则被退回。经理对王莹说："我们公司实行的是没有监督的监督。恭喜你！你的积极主动，帮助你通过了我们对你的考核。"

点评：处于实习试用期的员工，不仅要积极地了解企业的制度，学习企业的文化，领悟所在企业的内涵，更要懂得把握机会适当地展现自我实力，才能快速地融入企业这个集体，有更好的提高和表现。

总之，大学生在试用期间，应尊重领导、同事，为人真诚，待人礼貌，虚心请教；遵守用人单位的各项规章制度；工作上踏实肯干，任劳任怨，联系实际，学以致用，充分展现自己的专业能力和适应岗位需求的特点，以赢得用人单位的信任，获得发挥自己才干的机会。作为职场新人应该积极调整心态，在实践中总结学习，积极主动克服困难，正确看待和接受挫折。通过个人努力，在不断的学习和提升中汲取经验与教训，逐渐改进与完善，适应职业生活环境，在进步中成长。

三、成功掌舵，前程锦绣

很多职场新人总是抱怨机会没有垂青自己，甚至有人扬言"给我一根杠杆，我就能撬动整个地球"，而这根杠杆是什么？正是你的职场准备。

（一）知识准备：了解成功人士的共性

成功人士主要具有以实用为导向的职业知识，以专业为导向的职业技能，以价值为导向的职业观念，以敬业为导向的职业态度，以生存为导向的职业心理素质。你若想在成功路上减少阻力，那就借鉴一下这些成功人士的共性，从现在起脚踏实地做好进入职场的准备。

（二）目标准备：制订职场目标和计划

职场新人得到工作任务时，不妨先制订一个计划，然后与领导或同事沟通，听听他们的建议。学会每年、每月、每周甚至每天制订一个切实可行的目标，并尽最大的努力去实现。除了工作计划之外，还要制订好个人职业发展规划。

【案例】

小陈，毕业于某校企业管理专业，由于很喜欢自己的专业，他非常希望日后能够从事管理工作。但聪明的小陈知道自己缺乏工作经验，于是他调整了原本一步到位的想法，来到一家大型 IT 企业做销售。在此后一年中，公司渐渐发现了他的业务能力和管理才华，于是逐步提升他为销售部助理、经理，最终小陈走上了管理岗位，达成了自己的心愿。

点评：大学毕业生要摆正自己的位置，客观、冷静地进入求职状态，以自身的实力，积极主动地去适应社会需要，在选择社会职业的同时，也接受社会的选择，正确地迈出人生关键的一步。

（三）经验准备：抓住职场关键点

1. 学会做人、做事。俗话说："先做人，后做事。"不管你置身其中的是高级大厦还是小工厂，都需要低调做人，虽然年轻但要学会沉稳，只有这样才能立足。做好自己的事情，给周边的同事留下好的印象。

2. 融入团队。除了努力做好自己的工作外，还要注意观察周边同事们处理事件的方式及性格特点，抓住特点慢慢相处，直到成为团队中称职的一员。

3. 保持良好心态。态度决定一切，这个道理放之四海皆准。初入职场调整好心态，保持积极、乐观向上的态度，可以决定一个人的前途、事业、心理健康的状况等等。团队需要的是活力，需要的是血液，要时刻让自己葆有一颗向上的心。

（四）能力准备：培养和提升软实力

1. 勇于担当能力。勇于担当能力即职业精神表现，就是表现在职场人身上的那种高效、敬业、忠诚和遇事不参杂私心、不斤斤计较的工作精神。

2. 文化适应能力。大学毕业生要利用一切机会锻炼和提升对企业文化的适应能力。

3. 岗位抗压能力。对大学毕业生来讲岗位可能变化，甚至饭碗都有可能丢失。因此，承受职场变化的抗压能力不仅是个人发展的问题，更是一个生存能力的问题。

4. 换位思考能力。在职场中，时常会遇见沟通双方因固执己见而导致沟通过程僵化的情况。具备换位思考能力的人往往能对他人的处境感同身受，客观看待问题并表示理解。当然，这并不意味着要我们放弃自己的想法，我们应该冷静地用开放的心胸做出正确的选择。

5. 逆向思维能力。面对工作中遇到的新问题，可能一时找不到解决办法，应采用逆向思维去寻找，去思考这件事情的起源与后果，是人为的，还是客观的？是技术问题，还是管理漏洞？这样会很容易从问题中解脱出来。

6. 书面沟通能力。如发现与上司面对面的沟通效果不佳，可采用迂回的办法，如写电子邮件或用书面信函、报告的形式，可以较为全面地阐述想要表达的观点、建议和方法，让上司完整地了解你的想法和选择一个空闲的时间来"聆听"你的"唠叨"。

7. 归纳总结能力。职场中的资深人士对问题的分析、归纳、总结能力都比常人强，他们总能总结规律性的东西，并驾驭事物，从而达到事半功倍的效果。人们常说苦干不如巧干，但是如何巧干，不是人人都知道的。

8. 文字撰写能力。在移动互联时代，文字写作是一件很有讲究的事情，文字表达出来的东西是有灵性的，客户、老板看见了自然而然也能加深对你的印象。"1个总编大于10个销售"，这句话充分体现了撰写能力在未来职场的重要性。职场的文字撰写能力体现在三个方面：商务邮件、工作汇报与年终总结。

9. 信息收集能力。千古名言"知己知彼，百战不殆"体现的正是信息收集的能力。对职场人士来说，要做的就是如何更好地收集信息和利用信息，解决在工作和生活中遇到的一些问题。各类信息资料包括各种政策、报告、计划、方案、统计报表、业务流程、管理制度、考核方法等,尤其要重视竞争对手的信息。因为任何成熟的业务流程本身就是很多经验和教训的积累,遇到有用武之地时,就可以信手拈来。

10. 灵活处理能力。要记住一点,遇到问题,要灵活处理,要让领导做"选择题"而不是"问答题"。职场上资深的成功人士常常带着自己拟好的多个问题解决方案供领导选择、定夺,这就是常说的给领导出"选择题"。

11. 目标调整能力。在职场中,当个人目标在一个组织里无法实现,且又暂时不能摆脱这一困境时,他们往往会调整短期目标,并且将该目标与公司的发展目标有机地结合起来。这样,两者的观点就容易接近,或取得一致,就会有共同语言,才能干得欢快。反过来,别人也就会乐于接受他们。

12. 自我鼓励能力。遇到失败、挫折和打击,我们要学会自我安慰和解脱,还要能迅速总结经验教训,而且坚信情况会发生变化。挫折就像是上帝给予你礼物的包装盒,你在一步步地接受挫折,其实就是你在拆开那个包装盒,最后等待你的必定是礼物。相信自己是最棒的!

大学毕业生拥有上述种种软实力,就可以在未来的职场上崭露头角。机会总是给有准备的人,发展是给真正有准备的人,成功是给把准备付诸实践的人。

第四节　职业适应性测试

姓名＿＿＿＿＿＿＿　　　性别＿＿＿＿＿＿　　　年龄＿＿＿＿＿＿

测试日期＿＿＿＿＿＿　　　职务＿＿＿＿＿＿　　　单位＿＿＿＿＿＿

选择正确的职业道路是人生的一件大事。本测试能帮助你发现和确定自己的职业兴趣和能力特长,从而更好地做出就业、升学进修或职业转向的选择。

本测验共有七个部分,每部分测试都没有时间限制,但请你尽快按要求完成。

第一部分　你心目中的理想职业(专业)

对于未来的职业(或升学进修的专业),你应当早有考虑。它可能很抽象、很朦胧,也可能很具体、很清晰。不论是哪种情况,现在都请你把自己最想做的3种工作或最想读的3种专业按顺序写下来。

1. (　　)　　2. (　　)　　3. (　　)

第二部分　你所感兴趣的活动

下面列举了各种活动,喜欢在"是"栏里打"√",不喜欢在"否"栏里打"×"。这一部分测试主要想确定你的职业兴趣,而不是让你选择工作,你喜欢某种活动并不意味着你一定要从事这种活动。答题时不必考虑过去是否干过和是否擅长这种活动,只根据你的兴趣直接判断即可。请务必做完每一题目。

R: 现实型活动	是	否
1. 装配修理电器或玩具		
2. 修理自行车		
3. 用木头做东西		
4. 开汽车或摩托车		
5. 用机器做东西		
6. 参加木工技术学习班		
7. 参加制图描图学习		
8. 驾驶卡车或拖拉机		
9. 参加机械和电气学习		
10. 装配修理机器		

A: 艺术型活动	是	否
1. 素描/制图或绘画		
2. 参加话剧戏曲		
3. 设计家具布置室内		
4. 练习乐器/参加乐队		
5. 欣赏音乐或戏剧		
6. 看小说/读剧本		
7. 从事摄影创作		
8. 写诗或吟诗		
9. 进艺术(美术/音乐)培训班		
10. 练习书法		

I: 调查型活动	是	否
1. 阅读科技图书和杂志		
2. 在试验室工作		
3. 调查水果品种,培育新的水果		
4. 调查了解土和金属等物质的成分		
5. 研究自己选择的特殊的问题		
6. 解算式或数学游戏		
7. 物理课		
8. 化学课		
9. 几何课		
10. 生物课		

S: 社会型活动	是	否
1. 学校或单位组织的正式活动		
2. 参加某个社会团体或俱乐部活动		
3. 帮助别人解决困难		
4. 照顾儿童		
5. 出席晚会、联欢会、茶话会		
6. 和大家一起出去郊游		
7. 想获得关于心理方面的知识		
8. 参加讲座会或辩论会		
9. 观看或参加体育比赛和运动会		
10. 结交新朋友		

E: 企业型活动	是	否
1. 说服鼓动他人		
2. 卖东西		
3. 谈论政治		

（续表）

E：企业型活动	是	否
4. 制定计划，参加会议		
5. 以自己的意志影响别人的行为		
6. 在社会团体中担任职务		
7. 检查与评价别人的工作		
8. 结识名流		
9. 指导有某种目标的团体		
10. 参与政治活动		

C：常规型活动	是	否
1. 整理好桌面和房间		
2. 抄写文件和信件		
3. 为领导写报告或公务信函		
4. 核实个人收支情况		
5. 参加打字培训班		
6. 参加算盘、文秘等实务培训		
7. 参加商业会计培训班		
8. 参加情报处理培训班		
9. 整理信件、报告、记录等		
10. 写商业贸易信		

第三部分　你所擅长或胜任的活动

　　下面举例了各种活动，其中你能做或大概能做的事，请在"是"栏里打"√"，反之在"否"栏里打"×"，请回答全部问题。

R：现实型能力	是	否
1. 能使用电锯、电钻和锉刀等木工工具		
2. 知道万用表使用方法		

(续表)

R：现实型能力	是	否
3. 能够修理自行车或其他机械		
4. 能够使用电钻床、磨木头的机器或缝纫机		
5. 能给家具和木制品刷漆		
6. 能看建筑等设计图		
7. 能够修理简单的电气用品		
8. 能修理家具		
9. 能修收录机		
10. 能简单地修理水管		

A：艺术型能力	是	否
1. 能演奏乐器		
2. 能参加三部或四部合唱		
3. 独唱或独奏		
4. 扮演剧中角色		
5. 能创作简单的东西		
6. 会跳舞		
7. 会绘画、素描或书法		
8. 能雕刻、剪纸或泥塑		
9. 能设计海报、服装或家具		
10. 写得一手好文章		

I：调研型能力	是	否
1. 懂得真空管或晶体管的作用		
2. 能够举例三种含蛋白质多的食品		
3. 理解铀的裂变		
4. 能用计算尺、计算器、对数表		

(续表)

I：调研型能力	是	否
5. 会使用显微镜		
6. 能找到三个星座		
7. 能独立进行调查研究		
8. 能解释简单的化学式		
9. 理解人造卫星为什么不落地		
10. 经常参加学术会议		

S：社会型能力	是	否
1. 有向各种人说明解释的能力		
2. 常参加社会福利活动		
3. 能和大家一起友好相处地工作		
4. 善于与年长者相处		
5. 会邀请人招待人		
6. 能简单易懂地教育儿童		
7. 能安排会议等活动顺序		
8. 善于体察人心和帮助他人		
9. 帮助护理病人或伤员		
10. 安排社团组织的各种事务		

E：企业型能力	是	否
1. 担任过学生干部并做得不错		
2. 工作上能指导和监督他人		
3. 做事充满活力和热情		
4. 有效地用自身的做法调动他人		
5. 销售能力		
6. 曾作为俱乐部或社团的负责人		

(续表)

E: 企业型能力	是	否
7. 向领导提出建议或反映意见		
8. 有开创事业的能力		
9. 知道怎样做能成为一个优秀的领导者		
10. 健谈善辩		

C: 常规型能力	是	否
1. 会熟练地打印中文		
2. 会用外文打印机或复印机		
3. 能快速记笔记和抄写文章		
4. 善于整理保管文件和资料		
5. 善于从事事务性的工作		
6. 会用算盘		
7. 能在短时间内分类和处理大量文件		
8. 会使用计算机		
9. 能搜集数据		
10. 善于为自己或集体作财务预算表		

第四部分 你所喜欢的职业

下面举例了多种职业,请一一认真地看,如果是你有兴趣的工作,请在"是"栏里打"√"。如果是你不太喜欢、不关心的工作,请在"否"栏里打"×",请回答全部问题。

R: 现实型职业	是	否
1. 飞机机械师		
2. 野生动物专家		
3. 汽车维修工		
4. 木匠		

（续表）

R：现实型职业	是	否
5. 测量工程师		
6. 无线电报务员		
7. 园艺师		
8. 长途公共汽车司机		
9. 火车司机		
10. 电工		

S：社会型职业	是	否
1. 街道、工会或妇联干部		
2. 小学、中学教师		
3. 精神病医生		
4. 婚姻介绍所工作人员		
5. 体育教练		
6. 福利机构负责人		
7. 心理咨询员		
8. 共青团干部		
9. 导游		
10. 国家机关工作人员		

I：调研型职业	是	否
1. 气象学或天文学学者		
2. 生物学学者		
3. 医学实验室的技术人员		
4. 人类学学者		
5. 动物学学者		
6. 化学学者		

（续表）

I：调研型职业	是	否
7. 数学学者		
8. 科学杂志的编辑或作家		
9. 地质学学者		
10. 物理学学者		

E：企业型职业	是	否
1. 厂长		
2. 电视片编制人		
3. 公司经理		
4. 销售员		
5. 不动产推销员		
6. 广告部长		
7. 体育活动主办者		
8. 销售部长		
9. 个体工商业者		
10. 企业管理咨询人员		

A：艺术型职业	是	否
1. 乐队指挥		
2. 演奏家		
3. 作家		
4. 摄影家		
5. 记者		
6. 画家、书法家		
7. 歌唱家		
8. 作曲家		
9. 电影电视演员		
10. 节目主持人		

C：常规性职业	是	否
1. 会计师		
2. 银行出纳员		
3. 税收管理员		
4. 计算机操作员		
5. 簿记人员		
6. 成本核算员		
7. 文书档案管理员		
8. 打字员		
9. 法庭书记员		
10. 人口普查登记员		

第五部分　你的能力类型简评

下面这张表是你在 6 个职业能力方面的自我评分表。你可以先与同龄者比较出自己在每一方面的能力，然后经斟酌以后对自己的能力作一个评价。请在表中适当的数字上画圈。数字越大表示你的能力越强。请勿全部画同样的数字，因为人的每项能力不可能完全一样。

R型	I型	A型	S型	E型	C型
体力技能	数学技能	音乐技能	交际技能	领导技能	办公技能
7	7	7	7	7	7
6	6	6	6	6	6
5	5	5	5	5	5
4	4	4	4	4	4
3	3	3	3	3	3
2	2	2	2	2	2
1	1	1	1	1	1

第六部分　你所看重的东西——职业价值观

这一部分测验列出了人们在选择工作时通常会考虑的因素。现在请你在其中选出最重要的两项因素,以及最不重要的两项因素,并将序号填入下边相应空格内。

工作价值标准:

1. 工资高,福利好

2. 工作环境(物质方面)舒适

3. 人际关系良好

4. 工作稳定有保障

5. 能提供较好的受教机会

6. 有较高的社会地位

7. 工作不太紧张,外部压力少

8. 能充分发挥自己的能力特长

9. 社会需要与社会贡献较大

10. 能从事自己感兴趣的工作

最重要:(　　) 次重要:(　　) 最不重要:(　　) 次不重要:(　　)

第六章　求职自我营销

第一节　应届大学毕业生的自我营销

一、自我营销的概念

自我营销是一种由个人或者团体作为主体参加的活动,个人或者团体通过自我介绍履历表等形式手段,采用包括惊奇性、创意性、幽默性等策略,展示自我形象、人品以及情感,以达到个人或团体预期目的的活动。

要与自我推销相区分,自我营销发生在自我培训过程中,而非仅仅凭借销售技巧将自己推销出去。正如"营销就是让销售成为多余",自我营销的目标就是塑造出一个有核心竞争力,有独特社会需求的自己。

二、自我营销的意义

自我营销对于个人而言,有利于树立良好的个人形象,增加个人魅力及吸引力。自我营销可以帮助主体形成良好的人际关系,有利于人际交往的发展,在此基础上可以形成销售顾客网络。自我营销作为一种成功推销的策略,可以帮助主体成功展开推销活动,有利于诸如为接近做准备而开展的一系列推销过程的实施。使其在激烈的竞争环境中充分发挥自身优势。

三、应届大学毕业生自我营销分析

(一)应届大学毕业生自我营销现状

近年来,随着高考录取率的提升以及扩招政策的实施,大学教育普及率呈现上升趋势。与此同时,就业困难的问题渐渐呈现白热化。如何在激烈的求职竞争中脱颖而出,将自己的特长与优势发挥到极致,是每一位毕业生需要面对和思考的问题。

(二)应届大学毕业生自我营销过程中存在的问题

1. 自我营销观念淡薄。在校大学生自我营销意识相对薄弱,了解自我营销真实意义的学生更是少之又少。2012 年暑假,某大学教科院和管理学院的研究人员对南方某省 10 所高校的大学生的就业状况进行了一项调查研究,通过 800 份有效问卷,充分表明大学生的自我营销意识淡薄。调查中显示,73%的应届大学毕业生对于以后的就业只有模棱两可的计划和打算,其中仅仅有 22.8%的大学生有明确的人生规划,而 22.2%的大学生在面临就业压力下,没有做任何的打算和计划。同时,还存在的一个较为严重的问题是面临毕业的大学生很少对将来的职业发展方向进行详细的规划。

2. 自我营销的目标过于理想化。据《科技咨询导报》的相关数据显示,有85%的同学表示自己在两年之内要做企业主管,5 年之内要成为年薪 6 000 万元的职业经理人,甚至有 18%的同学表示,毕业 10 年后要登上《福布斯》等知名杂志的富豪排行榜,做一名享誉世界的风云人物。应届大学毕业生拥有远大的理想与抱负固然是好的,但是一味追求速成,抱有不切实际的空想,必然会在择业过程中出现眼高手低的现象,最终的结果就是欲速不达。

【案例】

2015 届毕业生小陈在学校学习优秀,兴趣广泛,具备一定的专业技术。在投出简历后一家公司对其进行面试,由于对于工资待遇和工作环境的要求过高最终没有达成协议,结果直到次年三月尚未落实工作单位。

点评:小陈的思想在毕业生中具有一定的代表性。不少毕业生都有过上述案例的经历。在竞争激烈的市场中,不要急于抬高身价,应该注重自身发展,稳中求进才能及时就业,给以后发展带来帮助。

3. 自我营销能力不足。在大学生的自我营销过程中,缺乏科学性和主动性,明显表现出被动和随意性。面对激烈的就业竞争,不敢积极主动参与,因而使自己陷于没有接受挑战就已经失败的尴尬局面中。并且,大学生在获取职业信息后,对于自身职业目标的确定比较模糊。

四、应届大学毕业生有效开展自我营销的对策

为了达到有效的自我营销目的,大学生可以将营销理论运用到个人的职业生涯规划和求职的过程当中,从自身条件开始着手,清晰认识自我,了解就业市场以及企业的需求,合理的定位、定价,通过多种渠道将自己顺利地推销给雇主。

(一) 明确就业规划,树立正确的就业观

应届大学毕业生在面对激烈的就业竞争时,需要制定符合自身发展的职业生涯规划。通过合理的职业生涯规划,大学生可以发现并准确定位自身强项与优势,在竞争中充分发挥潜质。一是要从实际出发,全面衡量自身的综合素质。在步入社会后,大学生需要找到适合自己生存与发展的空间,同时找到适合自己的社会定位也很重要。初入社会的大学生,普遍存在好高骛远的现象,这就要求其把社会职业需求和个人的职业理想很好地结合起来,找到一个合理的平衡点;二是根据个人的潜能和特长来确定职业的发展方向。即在选择职业时需要量体裁衣,明确自身的规划。大学生在选择职业时,正确判断与分析自己的潜能和特长是重要环节,努力找到符合自身发展的职业要求;三是要有明确的竞争意识。在当今竞争激烈的社会中,只有有能力的人,才会顺应时代的发展,只有有能力的人,成长的舞台才会更加宽广。因此,这就要求当代大学生在社会生活中,继续保持在学生时代所养成的能力,不断充实自己的生活,不断提高自己各方面的综合素质,树立正确的人生观、价值观和择业观。

(二) 增强自我营销意识

大学生们有必要在入学伊始就树立自我营销的观念和职业规划的意识。也只有这样,才能够在即将毕业步入社会时依据自我营销的实质,在"需求"导引下有意识、有目的地创造和实现个人价值,最终实现自我就业推销。

(三) 加强营销实践,提高自我营销能力

1. 结合实际自我分析,明确自身定位

大学生应该从实际情况出发,切实地分析社会经济环境,找到最适合自身特点的发展道路。首先,要明确自己的性格类型和天赋,在求职过程中充分的发挥自身优势与特长。其次,面对多行业发展的社会,大学生需要对自己感兴趣的职业进行了解与分析,以确定是否符合自身体质,以助于进一步自我发展

与提高。最后,大学生要对自己有一个合理的职业定位,选择适合自己的职业与岗位。

【案例】

毕业生小王学习成绩和其他方面条件都不错,在就业初期满怀信心。但由于专业冷门等原因,找过几家单位都碰了壁,结果产生了自卑感,在后来的择业过程中表现越来越差,陷入恶性循环而不能自拔,以至于找到新的用人单位,只能被动地问人家:"学某某专业的要不要",其他什么话都不敢讲,最终未能落实就业单位。

点评: 小王的失败是由于自卑心理在作怪。在择业遭受挫折后,一蹶不振,对自己评价过低,丧失了应有的自信心,择业时缺乏主动争取和利用机遇的心理准备,不敢主动、大胆地与用人单位交谈,也就不能很好地表达自己。越是躲躲闪闪、胆小、畏缩,越不容易获得用人单位的好感。这种心理严重妨碍了一部分毕业生正常的就业竞争,使得那些原本在某些方面比较出色的毕业生也陷入"不战自败"的困境。综上所述,大学毕业生在对自我认知与定价中一定要准确地评估自己的能力和价值,增强自身的心理素质,才能在就业市场中脱颖而出。

2. 运用营销组合,积极自我推销

第一,提高综合素质,肯定自我价值。大学生在进行自我营销的过程中,其产品就是大学生本身。大学生所发挥的知识技能以及应用的产品策略应从两方面来体现:一方面是自我评估。大学生要从素质、能力、兴趣和学习、工作方式以及对工作的态度等方面考虑,明确自己的定位。同时,充分考虑与自己相关联的专业、家庭情况、动手能力、思考能力等因素,尤其是在自我能力范围内以及对潜能开发有帮助的事;另一方面应届大学毕业生要有准确的市场定位。就是要在自己的潜能与市场目标亦即主客观条件之间谋求最佳匹配的平衡点。就应届大学毕业生而言,它的市场定位所参考的依据是自己的最优性格、最大兴趣、最佳才能、最有利的环境等因素。在此过程中,应特别注意的是:从客观现实出发,考虑大学生自身与社会的关系;发挥自身优势,弥补存在的不足。应届大学毕业生应对具有影响力的方面具体分析,不刻意追求完美的职业,不存在好高骛远的心态;具体情况具体分析,及时调整对策,要根据情况的变化及时调整合适的择业目标与方向,不能偏执,墨守成规。

第二,根据自我价值与环境,进行自我定价。一名应届大学毕业生,要想从薪水、发挥自身能力的平台、把握提高能力的机会这三个方面都有所收获与提升,就必须学会合理的自身定价,其中最重要的环节就是要对所处环境进行科学的调研与分析。首先,对大学生所处的环境需要认真地分析。明确所处环境对大学生的特殊要求以及有利或是不利因素,然后,收集相关的职业信息,大学生在大学期间应特别关注所学的课程或是参加的活动。最终鉴别出最适合自己的,同时也是自己力所能及的职业。

第三,分析就业环境,拓宽自我营销渠道。营销渠道是指产品从生产领域向消费者领域转移时所经过的途径或通道,它有效地将产品、服务以及使用者结合起来。同时,为了充分利用和应用最佳的自我营销渠道,不同的场合、人群中大学生都可以灵活地应用自我营销渠道。当然,大学生的自我营销渠道不应该是单调的,以及模仿别人的,而是应该选择最适合自己的营销渠道,并在实施过程中分清主次,全方面地准备。

第四,依据企业促销手段,合理实施自我促销。投递自荐材料是平面促销的最主要方式。因为自荐材料是毕业生本人亲自制作的,其内容充分表现了自身特点、特长,是真实记录大学生活与经历的书面材料。平面促销过程中最核心,传递信息最集中的部分是自荐信。

大学生"自我营销"是一个漫长的系统工程,因此必须在大学生进校初期就着手实施。除了大学生本人自觉地营销以外,高校的学生工作者都有培养大学生自我营销能力的责任。只有切实地发现大学生的特长与优势,并且引导大学生进行市场实践调查与定位,指导大学生进行符合自身要求的产品设计,拓宽大学生自我产品销售的渠道,辅导大学生"自我推销"技巧与能力等,大学生的"自我营销"才会是成功的,学校生产的"产品"才会是适销对路的。

第二节 团队合作

什么是团队? 团队,首先是一个集体,它是一个特殊的群体,是为实现共同目标而自觉合作、积极努力的一个凝聚力很强的社会群体。团队凝聚力强、合作程度高、成员贡献意识强,团队工作效率比一般群体高,在团队中人们的心情也比较愉快。

国际21世纪教育委员会于1996年向联合国教科文组织提交的《教育——财富蕴藏其中》报告中指出,为了实现人的全面发展,教育必须围绕"21世纪教育的四大支柱",即:学会求知、学会做事、学会共处和学会做人这四种基本的学习过程来重新设计和组织。其中的"学会共处"就是指培养在人际活动中的参与和合作精神,即团队精神。

团队合作是一种为达到既定目标所显现出来的自愿合作和协同努力的精神。它可以调动团队成员的所有资源和才智,并且会自动地驱除所有不和谐和不公正现象,同时会给予那些诚心、大公无私的奉献者适当的回报。如果团队合作是出于自觉自愿时,它必将会产生一股强大且持久的力量。

一、提升团队意识

(一) 认识团队

在认识团队精神前,首先要了解什么是团队。团队是指在一定的场所,由若干成员组成的一支为了完成共同目标或任务而相互协作的行动小组。小组成员具备相辅相成的技术或技能,有共同的目标,有共同的评估和做事的方法,他们共同承担并分享最终的结果和责任。

团队涉及三个要素:共同的目标,团队的成员,一起努力协作行动。

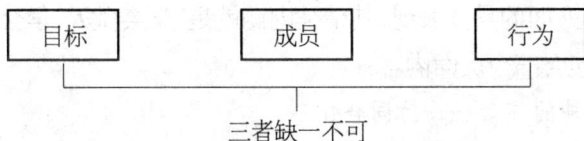

三者缺一不可

团队三要素,也正是团队与普通的"一群人"的根本区别所在:在简单组成的一群人中每个人本身是独立的,他们的目标各不相同,有着不同的活动;而一个团队的每个成员是有着共同目标的,他们互相依赖、互相支持,并且共同承担最后的结果。

拓展阅读

团 队 类 型

根据团队结构、对成员行为的要求、团队的力量、弱处、局限性等方面的不同,团队可分为三种类型:棒球型、足球型和网球双打型。

1. 棒球型团队

"在棒球队伍中,每个人都是孤立的",这是棒球队里的一句话。团队的成员都在这个队伍里行动,有绝不离开的固定位置,二垒手不会上来帮助投手,投手也不会去帮助跑垒员,但是只有各个团队成员通力合作,才能完成比赛。

2. 足球型团队

在足球队里,队员们和棒球队一样,也有固定的位置,但他们平行合作,各个位置之间可以临时互换,通过彼此的协作,完成比赛。

3. 网球双打型团队

在网球双打型团队里,成员们有着主要位置,而不是固定的。他们都被假设为要"包含"他们的队友,适应队友的长处和弱点,在比赛中根据变化的需要作出调整。

(二) 团队精神

团队精神,是指团队成员对团队感到满意与认同,自觉地以团队的利益和目标为重,在各自的工作中尽职尽责,自愿并主动与其他成员积极协作、共同努力奋斗的意愿和作风。团队精神是凝聚团队、推动团队发展的精神力量,它是所有团队成员的理想、价值观、道德标准、行为标准、工作态度的整合及其在组织纪律、作风等方面的具体表现,其精神内涵就是"学会做人、学会做事"。

团队精神包含三个层面内容:

1. 团队精神的核心——协同合作

团队精神强调的不仅仅是一般意义上的合作与齐心协力,其核心在于发挥团队的优势,利用成员个性和能力差异,在团结协作中实现优势互补,发挥积极协同效应,带来"1+1>2"的绩效。实验表明,两个人以团队的方式相互协作、优势互补,其工作绩效明显优于两个人单独行动时绩效的总和。

2. 团队精神的动力——共同目标

有效的团队必须具有一个大家共同追求的、有意义的目标。共同的目标是团队存在的先决条件,也是团队精神得以实现的动力。有了共同的目标,每个成员才会为共同目标的实现而奉献自己的才华。这时候,并非是别人叫他们这么做,而是因为他们自己真的想要这么做。

3. 团队精神的功能——实现创新和增强凝聚力

团队精神的树立,使团队中的每个成员在精神上融合为一体,让每个个体都以共同的价值观为准则来自觉地监督和调解团队中的日常活动,从本质上营造了民主、自由、开放的氛围,使主体性与个体性得以充分的发挥与展现,从而增强了团队的内聚力、向心力和能动性,为齐心协力实现团队目标创造了有利的前提条件。

【案例】

华为技术有限公司是一家总部位于中国广东深圳市的生产销售电信设备的员工持股的民营科技公司,于 1988 年成立,是电信网络解决方案供应商。华为的主要营业范围是交换、传输、无线和数据通信类电信产品,在电信领域为世界各地的客户提供网络设备、服务和解决方案。华为从一个注册资产 21 000 元,员工 14 人的小型民间企业发展到现在员工 24 000 多人,其中外籍员工 3 400 多人,年销售额约 600 亿美元的跨国公司,被业界奉为"神话"。

点评:华为通过一种精神把这样的一个巨大公司团结起来,而且使企业充满活力。华为这种团队精神就是"狼性"。华为非常崇尚"狼",认为狼是企业学习的榜样,要向狼学习"狼性",狼性永远不会过时。华为总裁任正非在他的一次题为《华为的红旗到底能打多久》的讲话中提到:发展中的企业犹如一只饥饿的野狼。狼有最显著的三大特性,一是敏锐的嗅觉,二是不屈不挠、奋不顾身、永不疲倦的进攻精神,三是群体奋斗的意识。

敏锐的嗅觉:在华为里表现的是对市场的快速反馈和对危机的特别警觉。任正非推行"不管过程,只重结果"的管理授权。为了实现企业对市场的快速扩张,公司团队不断发动了一轮又一轮的凶猛进攻,攻城略地,甚至不断占有和蚕食竞争对手的领地。任正非认为企业越是高速成长、越是发展顺利,就越容易忽视隐含在背后的管理问题。任正非在平时总是大力强调这种忧患意识,着意培养下属的危机感。

勇往直前的进攻精神:任正非尊崇商场就是战场,指挥员下达命令进攻,其下属就要立刻冲锋陷阵,勇往直前,无论如何也要拿下阵地,这种狼性文化,使华为从管理层到各个团队成员保持对市场发展和客户需要的高度敏感性,保持对市场变化的快速反应和极强的行动能力,保持强大而坚定的信念并且在运转过程中表现出高效率的团队协同作战精神。

群体奋斗:在华为体现为"忠诚,勇敢,团结,服从"。其中最为重要的是团结合作的精神。有这样的一段描述将华为的"狼性文化"所包含的对高度协作的不断追求作出了明确的阐述:"他们的营销能力很难超越。人们刚开始会觉得华为人的素质比较高,但对手们换了一批素质同样很高的人,发现还是很难战胜。最后大家明白过来,与他们过招的,远不止是前沿阵地上的几个冲锋队员,这些人的背后是一个强大的后援团队,他们有的负责技术方案设计,有的负责外围关系拓展,有的甚至已经打入了竞争对手内部。一旦前方需要,马上就会有人来增援。"

华为的企业文化还有一个特点就是:做实。企业文化在华为不单单是口号,而且是实际的行动。华为为了保证一线人员永远保持活力,对销售一线人员的激励也是大手笔。在华为,一个优秀的销售人员不单单可以得到华为的物质激励,还可以得到精神激励。当然二者在华为是有机的结合的,激励也是华为"做实"作风的体现。物质和精神上的激励保证了华为的营销团队永远活力充沛,在战场上充满了战斗力。

华为正是通过这些"狼性"特点来保持团队的高效性。"狼性"使得华为人积极发现和捕捉着市场机会,"狼性"也培养出华为人不懈进取的精神和坚定的意志,提高了华为人战斗力和团队协作能力,使华为人为了共同的目标而共同努力,去完成每一次的进攻。正是华为的这种独具特色的文化塑造了华为的核心竞争力,华为也是通过这种"狼性"文化打造出了高绩效团队。

二、团队合作能力培养

作为一个大学生,如何学会与人沟通、交流、协作是大学里的一门必修课。一项调查表明,12%的用人单位认为大学生最缺乏团队合作精神,但遗憾的是,只有2%的大学生意识到这一点。在就业形势日趋严峻的今天,培养大学生的团队合作能力显得尤其重要。

(一) 团队合作的重要性

个人的力量是有限的,没有哪个人能脱离群体而单独存在。团队合作精神是知识经济时代的内在要求,也是当今社会对人才的必然要求。大学阶段是同学们由学校进入社会的纽带,大学生团队合作精神不仅将直接关系到个人成长,并对民族的未来产生深远的影响。

1. 大学生培养团队合作精神是时代发展的要求

伴随着知识经济步伐的加快,科技发展的日新月异,呈现出各种学术、信息、文化的交叉。任何一个项目的完成单靠个人的力量是不可能实现的,它需要集体的力量和智慧。因此,团队合作精神成为当代大学生在信息社会生存与发展的必要素质,是时代发展和社会进步的必然要求。

2. 大学生培养团队合作精神是自身成长的需要

研究表明,具备团队合作精神的人具有更大的竞争力。充分理解团队合作精神的人,具有理解、辨别和感受不同情境的能力,他们在生活中更能理解他人、尊重他人,处理问题时更善于与人沟通,行动中也更乐于帮助别人。现在的大学生多为独生子女,特殊的家庭环境使部分学生以自我为中心,缺少互相帮助及协作精神。因此,在大学期间培养团队合作精神具有特殊的现实意义,也是一项紧迫的任务。

3. 大学生培养团队合作精神,能够增强个人核心竞争力

是否具有合作精神、能否融入一个团队,是企业在聘用人才时最重视的一点。许多企业在招聘时,并不仅仅依靠人事部门的选拔,通常还会让将来要与之合作的工作人员分别和应聘者面对面地交流,看这个人是否能和团队中其他人共同相处。

是否具备团队意识和协作精神,将成为未来职场竞争的重要砝码。实践证明,经过各种实践锻炼、训练有素、具备良好团队合作精神的学生,能更迅速地适应工作环境,对企业也更有吸引力。

4. 大学生培养团队精神,能够提高就业签约成功率

求职过程中,同学之间也可以形成团队,以提高签约的成功率。

(1) 同学之间合作收集就业信息,可以扩大信息来源,为每一个同学赢得更多的机会。

(2) 同学之间可以共享求职过程的成功与失败的经验,为未签约的同学在应聘时提供帮助。

（3）同学之间合作的行为也为同学在求职过程赢得单位的认可和赞赏,为每一个体增加签约成功的筹码。

（二）团队合作精神的基本内容

大学生作为祖国的栋梁、未来的建设者和接班人,更需要加强团队合作精神的培养和塑造。新时期大学生团队合作精神培养的主要内容包括以下几点:

1. 充分认识自我和他人

真正的团队合作,必须以"别人心甘情愿与我合作,我也心甘情愿与他们合作"作为基础。要达到优势互补,作为团队中的一员,首先要做到的就是对自己和其他团队成员有客观、清醒的认识。要认识到自己的不足,认识到团队其他成员的优点。只有看到其他人的优点,明白别人存在的必要性时,才会心甘情愿地与别人合作。

2. 充分的信任和尊重

信任和尊重是一种互动关系。信任和尊重他人,既是一个人的美德,也是一个人能否被他人信任和尊重的条件。在团队成长过程中,首要条件是要建立一种相互信任、相互尊重的氛围。没有信任,就无法合作,这种信任关系要靠团队成员共同去创造。

3. 责任感与奉献精神

团队合作精神落实到个人的行动上,最明显的表征就是——责任感与奉献精神。每一个团队成员都应当在自己的岗位上"尽心尽力",必须将自己融入团队,并且以团队的利益作为自己行为的导向。

迈克尔·乔丹有一句名言:"一名伟大的球星最突出的能力就是让周围的队友变得更好。"美国前总统肯尼迪也说过这样一句话:"不要问团队为你作了什么贡献,先问问自己已为团队作了什么贡献。"

4. 协调合作能力

协调合作能力是个体立身处世的一个重要能力。只有学会协调与合作,才能在复杂多变的社会中获取更多的支持,才能在团队中不遭排斥,建功立业。团队意识不是要求个体在团队中趋于平庸,而应在协调合作中寻求卓越。每个成员之间保持充分的协调与合作,会激发个体的潜能,从而增强团队的战斗力和生命力。

5. 人际沟通能力

一般而言,人际沟通是指人们之间的信息交流过程,也就是人们在共同活动中彼此交流各种观念、思想和感情的过程。这种交流主要通过言语、表情、手势、体态等来进行。人际沟通具有传递信息、交流思想、增进情感等方面的功能,这些功能是团队建设所不可缺少的。大学生加强人际沟通能力的锻炼和培养,对于保证求职面试的顺利和成功,尽快适应社会环境,尽早进入工作角色具有很大的帮助。

(三) 团队合作精神培养的方法

团队合作精神不是与生俱来的,需要靠后天的不断努力和培养。

1. 合作学习

团队合作精神归根结底就是互助精神,只有通过日常生活中经常性的互助活动才能深刻领悟"我为人人,人人为我"的集体主义内涵,从而自觉摒弃自私自利、唯我独尊的个人主义作风。

在日常的学习生活中,同学们可以采取"合作学习"的方式。合作学习是指同学们为了完成共同的任务,有明确的责任分工的互助性学习。合作学习鼓励每个同学为了集体利益和个人利益而一起工作,在完成共同任务的过程中实现自己的理想。

小资料

合作学习的主要方式:同位交流、小组研究、师生共同讨论等是合作学习的主要方式。

(1) 同位交流

对于老师提出的问题,相邻座位的同学可以两人一组进行交流,一人听,一人讲。两人在一起,容易听清楚各自的发言,有利于坦诚交流,形成相互尊重、相互帮助的关系。

(2) 小组研究

以异质学习小组为基本形式(小组内成员的性格、能力、特长等方面不相同),科学分组,明确组内分工,集体研讨,协作交流,共同完成目标或任务。

(3) 师生共同讨论

老师和学生展开热烈讨论,甚至进行全班交流,达到对问题深层次的理解。

平等、融洽、和谐的师生关系表现得非常充分,课堂气氛活跃,问题也能得到圆满解决。

合作学习能够激发每个成员发挥出自己的最高水平,能够促进同学间在学习上互相帮助、共同提高,能够增进同学之间的感情交流,从而也能提高沟通能力,改善人际关系。在合作学习中,小组中的每个成员都积极地参与到学习活动中来,学习任务由大家共同分担,问题就变得比较容易解决。同时,在互相学习中能够不断地学习别人的优点,反省自己的缺点,就有助于进一步扬长避短,发挥自己的潜能。

---

2. 集体活动

集体活动、集体游戏是培养"团队合作"的有效方法。以足球、篮球、排球等球类活动为例,都不能靠"孤胆英雄"来取胜,需要巧妙地传接、默契地配合、精心地协作。

集体活动是培养和锻炼大学生团队意识的最佳舞台。通过举办节日庆典、各种文体比赛以及集体劳动等形式,激发大学生的团结合作精神,培养和提高组织协调能力、管理能力和创新能力。

3. 拓展训练

拓展训练又叫做体验式实践培训活动,不是单一的体能训练,而是一种过程体验和合作精神的培养,就是让学生融入某一设定的情景之中,亲身体验、实践、感知其中的深刻意义。

拓展训练寓教于乐,通过一些需要团队成员密切配合、共同协作才能完成的训练任务,如众人齐心"过电网""孤岛逃生"等游戏,在活动中亲身体验到团队精神的深刻含义。通过拓展训练掌握新的知识和技能,增强体质,促进身心健康发展、磨练意志、激发潜能,提升团队创造力,增强团队凝聚力;让活动中每一个寓意深刻的道理和观念,都能牢牢地扎根在团队的每个学生的潜意识中,深层次培养团队合作精神,并且在日后的学习和工作合作中发挥最大的效用。

4. 社会实践

团队合作精神既强调与人沟通、交流的能力,又强调与人合作的能力。这种能力必须通过实践得以锻炼,并最终运用于实践。通过社会实践,大学生可锻炼语言表达能力、交际能力、自律能力、收集处理信息能力等。在实践中经受意志品质、团结合作、成功与失败的考验,消除自卑、自傲等影响人际关系的不健康心理,学会互相尊重、互相支持,增强团结协作的意识。

【案例】

2007 年 7 月 16 日,复星集团在香港联交所整体成功上市,融资 128 亿港元,成为当年香港联交所第三大 IPO,同时也是香港史上第六大 IPO。中国周刊有一篇报道叫做"郭广昌的商业帝国",介绍了复星集团董事长郭广昌的成功轨迹,"复旦五虎"打造了郭广昌的商业帝国。

点评:郭广昌的核心团队共有五个人,他们是:郭广昌,梁信军,汪群斌,范伟,谈剑。这五个人都毕业于复旦大学,被称作复旦五虎。总结起来他们团队有这几个特点:

(1) 相互信任。1992 年二十四五岁的"复旦五虎"拼凑起 3.8 万元一起创业,早期收获的第一个亿是在医药生物领域获得的。郭广昌没有任何医药生物专业基础,但当他知道了生物工程和医药有前景后,充分信任具有专业基础的梁信军、汪群斌等人,并在他们的组织下在这个领域中大赚了一笔。相互的信任让他们不断取得成绩。

(2) 志同道合,能力互补。"复旦五虎"都毕业于复旦大学,他们在复星身居要职。现任复星集团董事长的郭广昌毕业于复旦哲学系;复星集团副董事长是毕业于复旦遗传学系的梁信军;CEO 是汪群斌,毕业于复旦遗传学系;复星集团联席总裁、复地集团董事长是范伟,毕业于复旦遗传工程系;谈剑,毕业于复旦计算机专业,现任复星集团监事会主席、软件体育产业总经理。这个核心团队总结说:"我们身上有很多相似性和互补性。"志同道合让他们聚在一起,能力互补让他们把企业发展壮大。

(3) 各尽其才,个人能力得到了最大发挥。梁信军对这个"五人团队"的评价是:"郭广昌不保守,从来没有觉得有什么事情只能想不能做,他的系统思维能力很强,处事比较公正,是一个很合格的董事长;在他之外,最适合做总经理的是汪群斌,他对行业的战略意识敏锐,情商智商兼具,行动能力、业务能力、学习能力和业务操作能力很强,是个领袖型的企业家;范伟呢,同他们两人的优点很像,有点差异的地方就是他不太爱说话,是讷于言敏于行的那一类,但从品牌策划上,他又是其他人所不能及的;谈剑的学习能力很强,有段时间她分管我们的行政的时候,在财务上做得非常专业,一般的财务总监都比不过她。而且,在人际关系与业务合作上,她都很有一套。"

第七章　就业基本权益保护

第一节　就业协议与劳动合同知识

一、就业协议书

（一）注册申请就业协议书

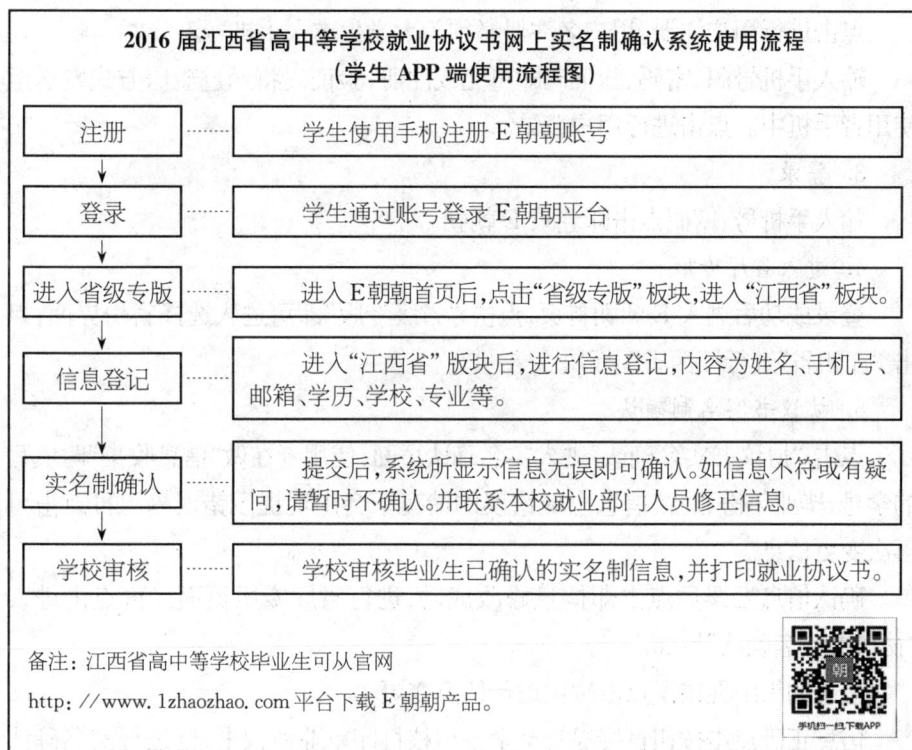

2016 届江西省高中等学校就业协议书网上实名制确认系统使用流程
（学生 APP 端使用流程图）

注册	学生使用手机注册 E 朝朝账号
登录	学生通过账号登录 E 朝朝平台
进入省级专版	进入 E 朝朝首页后,点击"省级专版"板块,进入"江西省"板块。
信息登记	进入"江西省"版块后,进行信息登记,内容为姓名、手机号、邮箱、学历、学校、专业等。
实名制确认	提交后,系统所显示信息无误即可确认。如信息不符或有疑问,请暂时不确认。并联系本校就业部门人员修正信息。
学校审核	学校审核毕业生已确认的实名制信息,并打印就业协议书。

备注:江西省高中等学校毕业生可从官网
http://www.1zhaozhao.com 平台下载 E 朝朝产品。

图 7-1　江西省大学生就业协议书平台使用说明

1. 毕业生用手机扫描下面 E 朝朝二维码下载 E 朝朝 APP 软件：

图 7-2　E 朝朝二维码

系统提供多种下载方式，具体如下：

官方网站下载：http://www.1zhaozhao.com/

苹果用户可在 App Store 搜索"E 朝朝"即可下载。

安卓用户可通过安卓应用市场搜索"E 朝朝"即可下载。

2. 注册

手机点击打开"E 朝朝"进入首页，点击进入用户登录注册界面。

点击进行用户注册，用户名注册必须为大学生本人手机号。

输入手机号码、密码、验证码即可完成注册，验证码将通过短信方式发送至使用者手机中。点击进行用户登录。

3. 登录

输入手机号、密码点击即登录 E 朝朝。

4. 进入省厅专版

登录成功后进入 E 朝朝首页，点击"省级专版"即可进入选择省份界面，点击"江西省"进行江西省厅板块。

5. 协议书实名制确认

点击"协议书实名确认"进入实名确认页面，使用者在做"信息收集"时填写的学号、毕业年份、院校信息出现错误的情况下会出现提示错误框。再点击可再次变更信息。

确认信息无误后点击即信息修改成功，进行省厅专版页面。再点击进入"协议书实名确认"界面。

信息如果出现错误点击按钮进行信息变更。

信息正确点击按钮直接提交至学校审核打印就业协议书，已进行实名确认后将无法再次修改信息。

（二）就业协议书的内容

江西省普通高、中等学校毕业生就业协议书(样表)见图7-1所示。

表7-1　毕业生就业协议书样表

编号：

江西省普通高、中等学校毕业生就业协议书

<table>
<tr><td rowspan="2">学校</td><td>学校名称</td><td colspan="3"></td><td colspan="2">就业部门电话</td><td colspan="2">07938159830</td></tr>
<tr><td>通信地址</td><td colspan="3"></td><td colspan="2">邮政编码</td><td colspan="2">334001</td></tr>
<tr><td rowspan="7">毕业生

甲方</td><td>姓名</td><td></td><td>民族</td><td>汉族</td><td>性别</td><td></td><td>出生年月</td><td></td></tr>
<tr><td>身份证号</td><td colspan="2"></td><td colspan="2">学历</td><td></td><td>学制</td><td></td></tr>
<tr><td>专业</td><td colspan="2"></td><td colspan="2">健康状况</td><td colspan="2">政治面貌</td><td></td></tr>
<tr><td>专业方向</td><td colspan="2"></td><td colspan="2">电话</td><td colspan="2">QQ</td><td></td></tr>
<tr><td>生源地</td><td colspan="2"></td><td colspan="2">家庭联系人</td><td colspan="2">家庭电话</td><td></td></tr>
<tr><td>家庭住址</td><td colspan="8"></td></tr>
<tr><td rowspan="3">用人单位</td><td>单位全称</td><td colspan="3"></td><td colspan="2">单位组织机构代码</td><td colspan="2"></td></tr>
<tr><td>单位地址</td><td colspan="3"></td><td colspan="2">单位邮箱</td><td colspan="2"></td></tr>
<tr><td>单位性质</td><td></td><td>联系人</td><td></td><td colspan="2">联系电话</td><td>邮政编码</td><td></td></tr>
<tr><td rowspan="2">乙方</td><td rowspan="2">档案接收单位</td><td colspan="2">名称</td><td colspan="3"></td><td>联系电话</td><td></td></tr>
<tr><td colspan="2">详细地址</td><td colspan="3"></td><td>邮政编码</td><td></td></tr>
</table>

经协商,甲、乙双方达成如下协议：

一、《江西省普通高、中等学校毕业生就业协议书》由各高校统一打印盖章后生效,甲方与乙方通过"双向选择"达成一致意见,应当签订《江西省普通高、中等学校毕业生就业协议书》。本协议一式三份,甲、乙双方和学校各执一份,复印件无效。

二、乙方须如实向甲方介绍本单位情况,以及拟安排甲方工作岗位及待遇情况。甲方须如实向乙方介绍本人情况,并在规定或约定期限内报到。

三、乙方同意录用甲方,录用方式为：聘用[　]或录用入编[　](请在[　]中填√)。聘用时间为　年　月至　年　月。聘用的毕业生,其报到证及档案、户籍等关系不转入用人单位；录用入编的毕业生,其报到证及档案、户籍等关系转入用人单位并入编。

四、甲方到乙方报到后,双方应按《中华人民共和国劳动合同法》订立劳动合同(聘用合同),并办理有关招录手续。

五、甲乙双方签订协议后,应在15个工作日内由　方(甲或乙)将协议书(一式三份)送学校鉴证登记。

六、本协议经甲乙双方经办人签字、单位盖章后即生效。

七、以下补充条款视为协议内容,甲乙双方应共同遵守:

甲方(毕业生)应聘意见:	院系鉴定意见:	学校(院)鉴定意见
本人同意到　　　　　单位, 从事　　　岗位的工作。 　　　毕业生签名: 　　　　　　年 月 日	院系签章 年 月 日	学校毕业生就业工作部门签章 年 月 日
乙方(用人单位)聘用或录用意见: 人力资源部(或人事处)签章 年 月 日	用人单位上级主管部门签章 (有人事自主权的单位,无需上级主管部门签章) 年 月 日	

就业工作投诉网址:江西省大学生就业人才网(www.jxedu.gov.cn)

监督投诉电话:0791-88692173

江西省高等院校毕业生就业工作办公室

江西省高等院校毕业生就业指导服务中心　制

(三) 就业协议书的作用

应届高校毕业生与用人单位达成就业意向后,须签订由学校发放的就业协议书。学校凭毕业生已签订的就业协议书派遣毕业生的档案、户口等关系。如果未签订就业协议书,毕业生毕业后的人事档案、户口等关系就可能被派回到生源所在地。就业协议书上除了用人单位盖章外,还需由用人单位上级人事主管部门盖章。毕业生到民营企业、合资企业、外资企业等单位工作时无上级人事主管部门,还需要用人单位到各地的人才交流中心办理人事代理手续,来解决该单位接收毕业生人事关系的问题。

(四) 签约的程序和注意事项

1. 签协议前,毕业生一定要全方位地了解用人单位的相关情况。例如企业的发展趋势、招聘的岗位性质、员工的培养制度、待遇状况、福利项目等系列内容,不但要掌握资料,更要实地考察。并且还需要重点了解单位的人事状况,了解企业是否具有应届毕业生的接收权。

2. 毕业生在签约时要按照正常程序进行。一般程序是:由毕业生签字,二级学院在协议书上签署意见盖章,用人单位签署意见后再交给招生就业处。有的毕业生为省事,强烈要求招生就业处违规先签署意见,但这样做使学校无法起到监督、公证的作用,最可能受害的将是毕业生本人。

3. 签署协议书时,一定要认真、如实地填写协议书内容。如果报考了研究生或准备出国,应事先向用人单位说明,并在协议书中注明。以往有毕业生向用人单位隐瞒这些情况,而后引起了不必要的麻烦。协议中空白处若无相关内容,最好划上"/"或注明"空白"。

4. 毕业生在签约时也要考虑对自身权益的保护。协议具有双向约定的作用,如果有双方需要相互承诺的部分,一定要在补充协议上加以说明。就业协议中可以规定违约金的数额,对于违约金,尚无统一规定,但一定要有金额限度。

5. 毕业生在签约时,一定要注意条款的合理性。我国劳动法明确规定,用人单位不得以任何理由向毕业生收取报名费、培训费、押金、保证金等。

6. 毕业生、用人单位双方都不应单方面拖延签约周期。毕业生遇到问题而犹豫不决时,最好能够及时咨询二级学院就业干事或辅导员,征求相关的意见和指导。

7. 每位毕业生只能与一个用人单位签订就业协议书。复制协议书后与多家用人单位签订协议的行为是违规行为,不仅协议无效而且将受到法律追究。

8. 签订就业协议书后,一定要签署劳动合同。就业协议书不是劳动合同,毕业生报到后,应当要求用人单位签订劳动合同,明确约定试用期,工作时间,工作地点,工资待遇,休息休假等。超过一个月未签订劳动合同的,用人单位应当支付双倍工资,不能以签订了就业协议为由拒绝支付。

(五) 就业协议的解除

就业协议的解除分为单方解除和双方解除两种。单方解除,包括单方擅自解除和单方依法或依协议解除。单方擅自解除协议,属违约行为,解约方应对另一方承担违约责任。单方依法或依协议解除,是指一方解除就业协议有法律上或协议上的依据。如:大学生未取得毕业资格,用人单位有权单方解除就业协议,解除方无须对另一方承担法律责任。双方解除是指毕业生、用人单位,经协商一致,取消原订立的协议,使协议不发生法律效力。此类解除应是双方当事人真实意愿表示一致的体现,双方均不承担法律责任,但须取得学校同意。办理解除协议的程序主要有以下几方面:

1. 毕业生首先应该提出合适理由。这种理由,一种是客观原因导致的,如毕业生本人、家庭、原签约单位出现的不以人的意志为转移的天灾人祸,导致毕业生无法正常报到就业;另一种是毕业生的主观原因,如又找到了更好的单位等。不管哪种情况,毕业生都应该先征求用人单位的同意。

2. 凭原用人单位同意解除协议的书面证明,毕业生本人前往自己所在二级学院负责就业工作分管领导签署"同意解约"的书面证明,并加盖公章,送交招生就业处审批。获得批准后,交还原就业协议书,重新上网申请新就业协议书。

3. 毕业生在人才市场上寻找新的接收单位,签署新的就业协议,在规定时间内交至招生就业处,以便及时列入就业派遣计划、办理毕业生离校手续;如果大学生已经毕业离校,那么本人必须自行前往所属江西省高等院校毕业生就业指导中心(南昌洪都北大道96号、江西广播电视大学边)办理改派手续,先交还已经开具的原就业报到证,再领取新的就业报到证。

4. 凭新的就业报到证,毕业生可以在协议双方约定的时间内前往新的接受单位报到上岗。

(六) 不属于违约的情况

一般情况下,毕业生签订协议后,不会轻易要求解除协议。即使解除协议,原因也是多种多样的,不能一概而论,需要具体情况具体分析,然后再依据不同情况,进行有针对性的解决。

下列情况出现后,不属于违约的范围:

1. 就业协议本身如果是无效协议,即使一方违反就业协议,也不属于违约。因为违约以及违约责任的成立,必须以有效就业协议的存在为前提。

2. 协议双方经平等协商后达成一致,共同要求解除协议的,不属于违约。

3. 就业协议解除或者终止约定出现时,一方或者双方提出解除协议或者终止协议的,不属于违约。譬如,因为毕业生不能正常毕业或者体检不合格,用人单位提出解除协议,不属于违约范畴。

(七) 就业协议违约的后果

就业协议书一经毕业生、用人单位、学校签署即具有法律效力,任何一方不得擅自解除,否则违约方应向权利受损方支付协议条款所规定的违约金。从实际情况来看,就业违约多为毕业生违约。因此,毕业生在就业过程应慎重选择,认真履约。

二、劳动合同

劳动合同,也称劳动契约、劳动协议,它是指劳动者同企业、事业、机关单位等用人单位为确立劳动关系,明确双方责任、权利和义务的协议。根据协议,劳动者加入某一用人单位,承担某一工作和任务,遵守单位内部的劳动规则和其他规章制度。企业、事业、机关、团体等用人单位有义务按照劳动者的劳动数量和质量支付劳动报酬,并根据劳动法律、法规和双方的协议,提供各种劳动条件,保证劳动者享受本单位成员的各种权利和福利待遇。

(一)扫描二维码,查看劳动合同范本

图 7-3　劳动合同范本二维码

(二)劳动合同的必备条款

根据《劳动法》的规定,劳动合同的必备条款有:

1. 劳动合同的期限。毕业生所遇到的劳动合同绝大多数是有固定期限的,所以大家一定要注意劳动合同中对期限的约定,以及关于期限违约责任的约定。

2. 工作内容。工作内容即用人单位安排劳动者从事什么工作,是劳动合同中确定的劳动者应当履行的劳动义务的主要内容,包括:劳动者从事劳动的岗位、工作性质、工作范围以及劳动生产任务所要达到的效果、质量指标等。

3. 劳动保护和劳动条件。用人单位对劳动者的工作必须提供合适的生产、工作条件和劳动安全卫生保护措施,包括劳动场所和设备、劳动安全卫生设施、劳动防护用品等。

4. 劳动报酬。劳动报酬主要表现为用人单位根据劳动者劳动岗位、技能及工作数量、质量,以货币形式支付给劳动者的工资。劳动合同中关于劳动报酬的约定应该包括工资的数额、支付日期、支付地点以及其他社会保险(养老、失业、医疗、工伤、生育等)待遇。

5. 劳动纪律。劳动纪律指劳动者在劳动过程中必须遵守的劳动规则,包括国家法律、行政法规以及用人单位内部对劳动者的个人纪律要求等。

6. 劳动合同的终止条件。劳动合同的终止条件一般是指劳动者和用人单位在国家法律、行政法规规定的劳动合同终止的条件以外,协商确定的劳动合同终止的条件,即劳动合同终止的事实理由。

7. 违反劳动合同的责任。在劳动合同履行过程中,当事人一方故意或过失违反劳动合同,致使劳动合同不能正常履行,给对方造成经济损失时应承担的法律后果。

(三) 劳动合同的履行、变更、解除与终止

劳动合同的履行,是指劳动合同的双方当事人按照合同规定,履行各自义务的行为。依法订立的劳动合同具有法律约束力,当事人必须履行合同约定的义务,任何个人或第三方不得非法干涉劳动合同的履行。

劳动合同的变更,是指双方当事人对尚未履行或尚未完全履行的合同,依照法律规定的条件和程序,对原劳动合同进行修改或增删的法律行为。劳动合同变更应遵循平等自愿、协商一致的原则,不得违反法律法规的规定。任何一方不得擅自变更劳动合同,否则要承担相应的法律责任。劳动合同的变更一般是协议变更,双方当事人就变更的内容及条件进行协商,达成一致意见,应签订书面协议。我国劳动法规定,提出变更劳动合同的一方,给对方造成经济损失的,应当承担赔偿责任。

劳动合同的解除,是指劳动合同当事人在劳动合同期限届满之前依法提前终止劳动合同关系的法律行为。劳动合同的解除可分为协商解除、用人单位单方面解除、劳动者单方面解除以及自行解除等。

劳动合同的终止,我国《劳动法》规定:"劳动合同期满或者当事人约定的劳动合同终止条件出现,劳动合同即行终止。"

(四) 就业权益保护相关法律法规

1.《宪法》和《就业促进法》中与就业权益保护相关的内容

我国《宪法》第二十二条规定,中华人民共和国公民在法律面前一律平等。

《就业促进法》中与平等相关的规定有：第二十五条规定，各级人民政府创造公平就业的环境，消除就业歧视，制定政策并采取措施对就业困难人员给予扶持和援助；第二十六条规定，用人单位招用人员、职业中介机构从事职业中介活动，应当向劳动者提供平等的就业机会和公平的就业条件，不得实施就业歧视；第二十七条规定，国家保障妇女享有与男子平等的劳动权利，用人单位录用女职工，不得在劳动合同中规定限制女职工结婚、生育的内容；第二十八条规定，各民族劳动者享有平等的劳动权利；第二十九条规定，国家保障残疾人的劳动权利，各级人民政府应当对残疾人就业统筹规划，为残疾人创造就业条件，用人单位招用人员，不得歧视残疾人；第三十条规定，用人单位招用人员，不得以是传染病病原携带者为由拒绝录用（经医学鉴定传染病病原携带者在治愈前或者排除传染嫌疑前，不得从事法律、行政法规和国务院卫生行政部门规定禁止从事的易使传染病扩散的工作）。当前，我国的就业歧视现象依然屡见不鲜，每个毕业生都应当了解这些法律法规，在就业过程中，用这些法律法规来维护自己平等就业的权利。

2.《民法》中与就业权益保护相关的内容

毕业生要了解《民法》中关于主体平等、自愿和诚实信用等原则和关于用人单位主体资格的法律法规。签约前一定要行使自己的知情权，详细了解用人单位的情况，一般包括单位的规模、效益、管理制度及隶属单位，是否有人事接收权等。近年来，一些非法的传销组织开始盯上涉世之初的高校毕业生，为此一定要调查了解用人单位的主体资格。一般有合法主体资格、有信誉的单位会很配合毕业生对它的调查了解；反之，那些答应得痛快，工作条件诱人，却对学生正当咨询、调查百般敷衍、拖延的单位，需要毕业生提高警惕。

3.《劳动法》和《劳动合同法》中与就业权益保护相关的内容

我国《劳动法》规定：劳动者享有平等就业和选择职业的权利、取得劳动报酬的权利、休息休假的权利、获得劳动安全卫生保护的权利、接受职业技能培训的权利、享受社会保险和福利的权利、提请劳动争议处理的权利以及法律规定的其他劳动权利。

《中华人民共和国劳动合同法》（以下简称《劳动合同法》）在以下几个方面的规定与高校毕业生就业权益密切相关：

(1)《劳动合同法》在劳动关系确立的标准上作出了规定：第七条、第十条明确规定用人单位自用工之日起即与劳动者建立劳动关系,建立劳动关系应当订立书面劳动合同。这些法规告诉我们,判断劳动关系是否确立的标准就是看是否发生了用工行为。

(2)《劳动合同法》对试用期和合同期限方面作出了具体规定：劳动合同期限三个月以上不满一年的,试用期不得超过一个月;劳动合同期限一年以上不满三年的,试用期不得超过二个月;三年以上固定期限和无固定期限的劳动合同,试用期不得超过六个月;以完成一定工作任务为期限的劳动合同,或者劳动合同期限不满三个月的,不得约定试用期;同一用人单位与同一毕业生只能约定一次试用期;试用期是包含在劳动合同期限内的,若劳动合同仅约定试用期,该试用期不成立。

(3)《劳动合同法》进一步强化了劳动者的知情权。《劳动合同法》第八条规定了用人单位招用劳动者时,应当如实告知劳动者工作内容、工作条件、工作地点、职业危害、安全生产状况、劳动报酬,以及劳动者要求了解的其他情况;用人单位有权了解劳动者与劳动合同直接相关的基本情况,劳动者应当如实说明。

(4)《劳动合同法》为毕业生的自主择业权的行使提供了保障。《劳动合同法》第九条规定了用人单位招用劳动者,不得扣押劳动者的居民身份证和其他证件,不得要求劳动者提供担保或者以其他名义向劳动者收取财物。

4.《劳动争议调解仲裁法》中与就业权益保护相关的内容

(1)应注意《劳动争议调解仲裁法》在仲裁前置方面有所改进。此法在保留劳动争议仲裁前置程序的前提下,规定部分劳动争议可以实行一裁终局;劳动者对仲裁不服的,可以自收到仲裁裁决书之日起 15 日内向人民法院提起诉讼。

(2)应注意《劳动争议调解仲裁法》把劳动争议申请仲裁的时效进行了改动。劳动争议申请仲裁的时效期限为一年,从当事人知道或者应当知道其权利被侵害之日起计算;劳动关系存续期间因拖欠劳动报酬发生争议的,劳动者申请仲裁不受一年仲裁时效的限制;劳动关系终止的,申请仲裁应当自劳动关系终止之日起一年内提出。

(3)应注意《劳动争议调解仲裁法》在强化劳动监察部门作用方面的规定。用人单位违反国家规定,拖欠或未足额支付劳动报酬,或者拖欠工伤医疗费、经济补偿或赔偿金的,劳动者可以向劳动行政部门投诉,劳动行政部门应当依法处理。

(4) 要利用举证责任倒置进行维权。《劳动争议调解仲裁法》规定,发生劳动争议,当事人对自己提出的主张,有责任提供证据;劳动者无法提供由用人单位掌握管理的与仲裁请求有关的证据,仲裁庭可以要求用人单位在指定期限内提供,用人单位在指定期限内不提供的,应当自行承担后果。毕业生以后要注意分清哪些举证责任是自己的,哪些是用人单位的,以便发生争议时有效地维护自己的合法权益。

第二节　就业维权

【案例】　　　　　跳槽莫忘依法遵守"竞业禁止"
　　　　　　企业高管违反竞业限制协议被判赔偿

原告:耐克体育(中国)有限公司(简称耐克公司)

被告:赵相林

赵相林于 2006 年 7 月 1 日起在耐克中国公司工作。同年 10 月 30 日,耐克中国公司与赵相林签订《保密协议》,主要约定赵相林在耐克中国公司工作期及离开该公司两年内,对其接触到的商业秘密负有保密义务;2007 年 3 月 28 日,双方签订《竞业限制协议》,其中约定,竞业限制的时间为在公司工作期间及劳动关系解除或终止后 12 个月。同时还对竞业禁止的补偿及违反时的责任承担进行了约定。2008 年 2 月,时任体育市场部经理的赵相林提出辞职得到准许,劳动关系于 3 月 4 日解除,耐克公司要求赵相林在离职后 6 个月内履行竞业限制义务,该公司依法向其支付了竞业限制补偿金。自 4 月 1 日起,赵相林到案外人阿迪达斯(中国)有限公司北京分公司工作。5 月 9 日,耐克中国公司向阿迪达斯(中国)有限公司发出律师函,要求该公司停止接受赵相林为该公司提供服务。5 月 16 日,赵相林与阿迪达斯(中国)有限公司北京分公司解除劳动关系。

原告诉称,原告与赵相林签订的《竞业限制协议》及《保密协议》合法有效,赵相林应履行其竞业限制协议保护原告商业秘密之法定及约定义务。赵相林在接受原告支付的竞业限制补偿金后,于离职当月即受聘于原告主要市场竞争者阿迪达斯(中国)有限公司,该行为严重损害原告的合法权益。为此,原告诉至法院,请求判令:1. 确认被告赵相林的涉案行为构成违反竞业限制义务;2. 被告赵相林继续履行竞业限制义务;3. 被告赵相林向原告返还竞业限制补偿金 126 000 元。

被告辩称,涉案《竞业限制协议》应属无效。被告离职过程中没有就竞业限制期限度补偿金进行过任何协商。原告在商业运作中存在不正当竞争行为。被告从未收到过原告支付的竞业限制补偿金,被告中国银行账户内收到的 126 000 元应属于原告应支付给被告的报销款。即使该款项属于原告支付的竞业限制补偿金,数额也远低于被告应获得的标准,故被告不应受涉案《竞业限制协议》的约束。综上,请求驳回原告的诉讼请求。法院认为,涉案《竞业限制协议》系双方当事人的真实意思表示,未违反我国法律规定,该协议合法有效,被告赵相林应在其自耐克中国公司离职后 6 个月内履行竞业限制义务。现赵相林在自原告耐克中国公司离职后即至该公司的竞争对手阿迪达斯(中国)有限公司处工作,已违反了涉案《竞业限制协议》的约定,其应承担相应的民事责任。据此,法院依据《中华人民共和国民法通则》第四条、《中华人民共和国合同法》第一〇七条、《中华人民共和国反不正当竞争法》第二条第一款之规定,判决如下:

一、赵相林继续履行涉案《竞业限制协议》约定的竞业限制义务至本判决生效之日止。

二、赵相林自本判决生效之日起 10 日内,退还耐克体育(中国)有限公司竞业限制补偿金 126 000 元。

如赵相林未按本判决所指定的期间履行给付金钱义务,则应依据《中华人民共和国民事诉讼法》第二百二十九条之规定,加倍支付延迟履行期间的债务利息。

值得一提的是,毕业生往往认为保守商业秘密是自己的当然义务,任由用人单位提出要求,不注意察看保密条款或者保密协议,而忽视了自己严格保守用人单位商业秘密依法获取补偿的权利。

当各种各样的招聘会扑面而来之时,就业陷阱也紧随而至。在求职时受到欺骗的大学生,或是白做了苦力,或是损失了钱财,严重的还会丧失自由甚至受到侵犯。能否有效地帮助大学生避开就业陷阱,将会关系到他们的健康成长。俗话说得好,"治标要先治本",要想帮助大学生更好地避开这些就业陷阱,首先必需要弄清楚一个问题:为什么大学生容易受骗?大概有以下几个原因。

其一,大学毕业生人数逐年增长,在经济萧条的大背景下,大学生人才市场供给不断增长的势头给大学生就业带来了越来越大的压力。尤其是这几年来,大家普遍感到找工作的难度越来越大了,很多大学生就业心切,看到招聘信息往往不加思考就往上扑,生怕自己是错过了一份高薪高职的好工作,而且求职时的"广撒网"策略也让大学生没有足够的时间和精力去一一验证招聘单位的信息。

其二,大学生从小到大一直在学校里读书,社会生活经验少,分辨是非的能力比较差。很多大学生性格直率,又缺乏刨根问底的习惯,容易轻信所谓的"老乡""熟人""朋友的朋友"之类的人,在不辨真伪的情况下就对其掏心掏肺。大学生初入社会,思想单纯,疏于防范是其容易上当受骗的主要原因。

其三,大学生涉世未深,很容易受到拜金主义、追求名利等不良风气的影响。某些大学生对自身发展定位不准确,急于求成,想要一蹴而就,爱慕虚荣而缺乏戒备之心,往往不想经过自己劳动,而是希望通过"撞大运"来走上成功之路。这些不好的心态都可能导致大学生上当受骗。

其四,招聘骗子针对大学生的招聘骗局的手段、花样不断翻新、层出不穷。

正是由于近些年的招聘骗局越来越多,政府部门逐步加大了对招聘会监管力度,努力规范招聘会。学校也开办了就业指导课程,帮助大学生了解就业情况,辨识招聘骗局。在这种防骗的大环境下,大学生要学会在求职的过程中规避就业陷阱,用法律维护自己的合法权益,完成就业目标。为此,归纳了有关就业权益纠纷基本类型,为大家解读就业法律问题。

一、《劳动法》与《合同法》《劳动合同法》的区别

我国于 20 世纪 90 年代制定了大量与市场经济有关的法律法规,也正是在这个时期我国进行了劳动用工制度改革,把计划经济时期的"铁工资、铁交椅、

铁饭碗"改革为市场化的劳动用工机制。为适应这一改革和变化,我国于1994年颁布的《劳动法》对于市场化的劳动用工机制予以确认,并对劳动者与用人单位之间的权利义务关系进行了规定;在十多年之后,针对劳动领域中存在的劳动合同签订率低、劳动者权利易受损害等问题,2007年又连续颁布了几个重量级的劳动领域的单行法,包括《劳动合同法》《劳动争议调解仲裁法》《就业促进法》等,作为对《劳动法》所确认的市场化劳动制度的修正和完善。这些法律都在开篇第一条对它们制定的目的、保护的对象、调整的法律关系进行了强调,比如《劳动法》第一条就规定"为了保护劳动者的合法权益,调整劳动关系,建立和维护适应社会主义市场经济的劳动制度,促进经济发展和社会进步,根据宪法,制定本法",而在以《合同法》为代表的民事法律规范中,则强调了市场主体之间的平等性。故而,在涉及用人单位与劳动者间的权利义务关系时,我们只能选择《劳动合同法》《劳动法》等劳动领域的法律规定,而不能直接援引《合同法》等民事法律规定。

在了解了劳动合同与一般民事合同的区别之后,需要理清的另一个问题是:在什么样的情形下形成的劳动合同可以适用针对劳动合同的专门立法呢?一般认为劳动关系是建立在雇主与劳动者之间的关系,我国相关的法律法规和解释对于劳动关系的基本特征和法律内涵并未直接作出规定,但是要求劳动关系是存在于企业、个体经济组织、民办非企业单位、律师事务所、会计师事务所或基金会与劳动者之间的,党政机关、事业单位和社会团体与其工勤人员之间的劳动力买卖关系也构成劳动关系;同时也规定,公务员和比照公务员制度的事业组织和社会团体的工作人员以及农村劳动者(乡镇企业职工和进城务工、经商的农民除外)、现役军人和家庭保姆不适用《劳动法》。

【案例】

小张即将大学毕业,由于专业对口、在校成绩不错,再加上经常参加社会实践积累了一定的经验,求职时,某大型国有企业的人事部经理向小张伸出橄榄枝,希望他毕业后加入其公司。小张7月1日拿着毕业证和派遣证兴冲冲地赶到公司报到,人事部经理拿出一份合同让小张在上面签字。小张仔细地研究了一番合同的条款,产生了一个疑问——如果以后在合同的履行过程中发生了争议的话,到底是应当依照我国1999年颁布的《合同法》,还是依照2007年颁布

的《劳动合同法》来解决呢？

　　小张在拿到用人单位提供的劳动合同时,对于合同履行争议产生担忧并非杞人忧天。社会生活复杂多变,任何人都不可能对未来的一切作出丝毫不差的预期和规划。而且劳动者在用人单位工作是一个连续的过程,虽然签订合同的确是双方共同意志的体现,但是随着时间的推移,合同双方的主观、客观情况有可能发生重大变化,需要对合同内容进行变更甚至是终止或解除合同,这时就极有可能出现因合同条款规定不充分、不明确等原因产生争议了。出现争议时,想要明确哪些是我们的权益、哪些是对方的义务,想要保障合法权益,就需要相关的法律规定来明确了。

　　用人单位招聘小张,小张也同意到该用人单位就职,这样双方就达成了合意,形成了合同。对于合意进行调整的法律,我们使用最多的是《合同法》,在这个案例中是不是也可以直接适用《合同法》来解决用人单位和小张之间可能发生的争议呢？答案是否定的,这时候我们需要借助的是《劳动合同法》。这两部法律名称上虽然相似,但实质上存在着很大的区别。原因在于,《合同法》在适用的时候有一个前提,那就是签订合同的双方当事人是平等的民事主体;而在劳动关系中,用人单位和劳动者之间并非是完全平等的。在劳动合同签订之前,从表面上看用人单位和劳动者之间是平等的,劳动者出卖自己的劳动力商品,同时获得用人单位支付的劳动力价格——劳动报酬。但劳动者出卖劳动力的目的是为了解决生存的基本问题,用人单位购买劳动力是为了使其与生产资料结合起来获取经济利润。用人单位可以不获利,也可以少获利,但是劳动者不能不吃饭不生存。因此在签订劳动合同前,合同双方当事人形式上虽是平等的但是实质上却无法实现真正的平等。从劳动合同签订之后来看,劳动者是在用人单位行政管理下从事劳动的,在组织上和经济上都是从属于用人单位的,与用人单位之间也无法实现真正的平等。因此以调整平等主体之间法律关系的《合同法》来调整劳动者与用人单位之间的社会关系,由劳动者与用人单位自由协商确定相互之间的权利义务,很容易出现用人单位利用自己的强势地位免除自己的责任、加重劳动者义务的情形,使劳动者利益受到损害,故而各个国家针对劳动关系基本上都以《劳动法》《劳动合同法》或专章进行立法规定。

　　因此,本案中涉及的小张与用人单位由于劳动关系而可能产生争议时,应当选择《劳动法》《劳动合同法》等劳动法律法规作为法律依据,而不能以《合同法》等民事立法作为法律依据。

二、大学生劳动者身份之争

由于我国不是判例法国家,因此我们在实践中有可能遇到有的法院和法官不认可在校大学生的劳动者地位的情形。如果有同学在工作过程中遭遇到权利被侵害的情形,但是劳动仲裁委和法院都不认可劳动关系,那该怎么办? 一般建议可以按照民事侵权中的人身伤害赔偿处理,适用《民法通则》《最高人民法院关于贯彻执行<民法通则>若干问题的意见》《最高人民法院关于审理人身损害赔偿案件适用法律若干问题的解释》等相关规定,由在校大学生的实习单位和学校承担损害赔偿的责任——如果用人单位没有尽到安全教育、危险警示或安全保护等方面的义务,致使大学生在劳动过程中受到人身损害,则认为用人单位具有过失,根据《民法通则》和《侵权责任法》的规定,应对受害大学生承担过错侵权责任。在2007年洋快餐工资报酬事件后,2007年6月教育部、财政部联合制定的《高等学校学生勤工助学管理办法》第二十六条明确规定,校外勤工助学酬金标准不应低于学校当地政府或有关部门规定的最低工资标准,由用人单位、学校与学生协商确定,并写入聘用协议。但这也只是规定了工资的标准,并未对单位与学生之间的法律关系性质予以明确。

【案例】

郭某19岁,是南京市莫愁职业高级中学2008届毕业生。2007年10月郭某到益丰公司进行求职登记,经总经理审核,同意试用。同月30日双方签订劳动合同,为期三年。2008年7月,公司以对郭某与公司之间是否存在劳动关系持有异议为由,向南京市白下区劳动争议仲裁委员会提起仲裁申请,要求确认两者之间的劳动关系不成立。南京市白下区劳动争议仲裁委员会于2008年8月19日作出仲裁决定,以被告系在校学生,不符合就业条件,不具有建立劳动关系的主体资格,原、被告间的争议不属于劳动争议处理范围为由,决定终结仲裁。郭某对劳动争议仲裁委的裁决不服,向南京市白下区人民法院提起诉讼,法院经过审理,支持郭某的诉讼请求,确认了郭某与益丰公司之间所建立的法律关系为劳动关系。

　　这个案例是 2010 年最高人民法院在《最高法院案例公报》第六期中公布的案例之一。在我国,上级法院作出的判决对下级法院没有直接的强制约束力,但是最高院的案例公报对于各级法院还是有很强的指导意义的。案例中,郭某 2007 年 10 月到益丰公司求职的时候,还是一个在校的大学生,直到 2008 年 7 月才取得学校颁发的毕业证,因此益丰公司依据 1995 年劳动部颁布实施的《关于贯彻执行(劳动法)若干问题的意见》第十二条规定,即以"在校学生利用业余时间勤工助学,不视为就业,未建立劳动关系,可以不签订劳动合同"为由要求劳动仲裁部门确认不存在劳动关系,劳动仲裁委支持了益丰公司的观点,但是人民法院对此持有相反的意见。如果对原劳动部颁发《若干问题的意见》的时间和背景进行分析,我们会发现 20 世纪 90 年代初期的时候,大学生的工作由国家统一分配,大学生缺少外出打工的机会和动因,即使少量大学生外出打工也处于学校的严密控制下,因此这些大学生的权利基本上不会受到侵害。但是随着我国经济体制改革的进一步发展,劳动力市场快速发展起来,私营企业的规模越来越大、数量越来越多,传统的用工形式也发生了巨大的变化,非全日制用工、非标准用工如雨后春笋般快速发展。而且 2007 年教育部和财政部发布的《高等学校大学生勤工助学管理办法》第六条规定:"勤工助学活动由学校统一组织和管理。任何单位或个人未经学校学生资助管理机构同意,不得聘用在校学生打工。学生私自在校外打工的行为,不在本办法规定之列。"司法实践中,法官运用自己对法律的理解,作出了两种截然不同的判决。一种判决从现行法律规范中寻求依据,认为根据《若干问题的意见》第十二条规定,大学生课余时间从事的劳动不视为就业,故而不存在劳动关系,也无法适用《劳动法》《劳动合同法》中对于劳动者的保护性规定,如果发生争议只能适用《民法通则》《合同法》等民事法律规范,若有学生发生人身和财产损害可以适用《侵权责任法》的相关规定;另一种判决认为,只要在校大学生满足《劳动法》要求的劳动者须年满 16 周岁的要求,同时不属于勤工助学,那么其参加社会劳动的行为就应当受到《劳动法》等法律法规的保护。从最高法院的案例公报来看,最高法院是倾向于赞同第二种观点的。

三、中介诈骗的维权

　　证据是证明(案件)事实的依据,证据问题是诉讼的核心问题,全部诉讼活动实际上都是围绕证据的搜集和运用进行的。在民事诉讼中有一个基本的原则就是"谁主张,谁举证",也就是谁是原告、主张权利,谁就应当对自己的主张和要求举证证明其存在的合法性,否则就要承担举证不能的责任也就是承担败诉后果。涉及举证的问题,很多同学在日常生活中都曾遭遇过一些困惑,比如明明在某商店买到了假冒伪劣产品,去找对方理论时对方却矢口否认,或承认但拒不理睬,这时只好自认倒霉。这里最关键的问题就是我们没有证据证明这个假冒的产品是在这家商店购买的,所以商家才这么肆无忌惮。在寻找兼职工作时,同样有很多大学生急于求成或是过于相信中介机构,对于证据的保留没有放在心上,最后导致"哑巴吃黄连,有苦说不出"。那么什么可以作为证据使用呢? 按照我国《民事诉讼法》和《民事诉讼规则》的相关规定,能够作为证据使用的包括书证、物证、视听资料、证人证言、当事人陈述、鉴定结论和勘验笔录几种。但是证人证言和当事人陈述需要其他证据的佐证,鉴定结论需要专业性机构提供,勘验笔录则是由人民法院制作,故而在实践中当事人比较容易获得并且证明力比较强的就是书证、物证和视听资料了。前面我们所提到的发票(盖有印章的收据)就是书证的一种,利用手机等电子设备保存的录音就是视听资料的一种。

大学生要擦亮自己的眼睛,学会甄别真假中介。一般不良中介具有以下特征:(1) 没有营业执照或营业执照过期(不要听信正在办理、被人借走之类的托词,在经营场所悬挂营业执照是法律的明文规定);(2) 没有固定的办公场所;(3) 非专门中介机构,即在经营其他业务的同时兼营中介。首先,只有通过正规中介机构寻求兼职,自己的合法权益才能得到有效保护。其次,一般来讲,用人单位在委托中介机构招聘时,是会与中介机构签订委托合同的,因此,大学生也可以通过要求中介机构出具这一合同文本进行甄别(当然也要注意合同中的委托方与中介机构介绍给大学生的单位是否为同一家)。第三,也是最重要的,如果中介机构要求先付费后中介,大学生可以要求与中介机构签订书面协议或由中介机构开具正式的发票或收据(有公章、签名等),并注明中介成功才收取中介费,切忌口头协议。若中介机构不愿签订书面协议、开具发票或收据,也可以利用手机等电子录音设备,在与中介交涉协商时进行录音,以保留相关的电子证据。

【案例】

大学生程某暑假时通过广告找到一个"助学中心",要求做饮料促销工作,并交了80元中介费,然而久等之后工作依然没有着落。据该"助学中心"称,当时他被介绍到某商店搞食品促销,结果因该店已经招满人而被拒绝,而且该店负责人明确表示没有委托过任何一家职介所招人。程某为此非常气愤,要求退钱,对方说只有一个月内没有介绍成功才可以退中介费。但程某认为这分明是一个骗局,要等一个月的时间,假期都要结束了,还打什么假期工?!

这种情况大概很多大学生在寻找兼职的时候都遇到过,主要是因为大学生日常的学习和生活都在学校内,对校外的劳动需求通常并不了解,因此常常选择通过中介机构来找工作。但目前我国中介市场比较混乱,有不少不良中介专门利用大学生的单纯进行欺诈。不良中介一般会要求大学生一次性交纳50—150元不等的中介费,然后再给大学生介绍工作,而这些服务往往都是一次性的。一些不良中介机构还经常与招聘方唱双簧,由招聘方对大学生严责苛求,当大学生不满意回头再找中介时,他们却不再提供中介服务。除了不良中介的欺诈外,在校园里也经常漫天飞舞着各式各样的招聘小广告,"高薪聘请××""急招××"等都对求职心切的大学生产生了极大的诱惑。这些广告的发布者往往就是利用大学生急于找到兼职工作的心态,以优厚的报酬作为诱饵吸引大学生,使其落入预先设好的陷阱中。这些人常使用的手段是变相收费,虽然不收取信息费、招聘费等,但让兼职的大学生预交押金或抵押物,比如服装费、建档费等等,再以工作不负责或损坏公司物品、影响公司声誉等借口辞退学生,从而将押金或抵押物收入囊中。

四、《就业协议书》与《劳动合同》的区别

毕业生手上都会有由江西省高等院校毕业生就业指导服务中心统一印制的一式三份《江西省普通高、中等学校毕业生就业协议书》,要求应届毕业生与用人单位、学校都要签字或盖章,并且各执一份。在实践中,同学们也是在签订就业协议书后才能拿到《全国普通高等学校毕业生就业派遣报到证》,并凭派遣证到用人单位报到上班。有的单位会要求毕业生在报到的同时签订一份劳动合同,有的单位可能会告诉毕业生有就业协议书就行了。那么劳动合同与就业

协议书是否是同一回事呢？当劳动者和用人单位之间由于劳动履行发生争议的时候，到底应该以就业协议书为准还是以劳动合同为准呢？

从形式上看，《江西省普通高、中等学校毕业生就业协议书》是由江西省高等院校毕业生就业指导服务中心统一印制，由毕业生、用人单位和学校三方签署，明确三者在毕业生就业中的权利义务的书面协议。该协议书依据的是原国家教育委员会1997年颁布的《普通高等学校毕业生就业工作暂行规定》第二十四条的规定："经供需见面和双向选择后，毕业生、用人单位和高等学校应当签订毕业生就业协议书，作为制定就业计划和派遣的依据。未经学校同意，毕业生擅自签订的协议无效。"

在内容上，就业协议包括了学校对大学生的就业过程进行行政管理的内容，例如转递大学生档案、派遣证报到时间、地址等内容。可附用人单位和大学生平等自愿协商的内容，其中关于违约金的内容就是双方平等协商后约定的内容。违反这些内容的行为就是违约行为，应当承担违约责任。教育部关于《全国普通高等学校毕业生就业协议书》管理办法规定：毕业生在协议书上签署个人意见之后，用人单位或学校两方之中只要有一方在协议书上签字，毕业生即不得单方面终止协议的签订工作。毕业生违约时，必须办理完毕业生与原签约单位的解约手续，然后将原协议书交还本校招生就业处，才能换取新的协议书。

而劳动合同是依据《劳动法》《劳动合同法》的规定，对于用人单位和劳动者建立、履行、变更、终止或解除劳动关系过程中，明确双方权利义务关系的合约。因此，就业协议书和劳动合同并不是同一回事，就业协议书是由教育行政部门规定的，而劳动合同是由劳动法来调整的；签订就业协议书的目的是明确毕业生的去向，就业协议书所涉及的法律关系在毕业生到用人单位报到时就应视为履行完毕。而劳动合同则是从劳动合同签订或毕业生实际开始上班时才开始发生法律约束力的文书。

《就业协议书》不同于劳动合同，是不能直接适用《劳动法》《劳动合同法》等法规的。同时《就业协议书》又是毕业生和用人单位之间就毕业生的去向达成的合意，按照"契约必信守"的原则，当一方违约时，若在合同中约定了违约金条款，另一方当事人是可以要求违约方承担违约责任的。

　　由于没有与用人单位签订书面的劳动合同,用人单位矢口否认存在劳动关系时,可以以哪些资料作为证明劳动关系存在的证据呢? 根据劳社部发[2005]12号《关于确立劳动关系有关事项的通知》的规定,用人单位未与劳动者签订劳动合同,认定双方存在劳动关系时可参照下列凭证:(1) 工资支付凭证或记录(职工工资发放花名册)、缴纳各项社会保险费的记录;(2) 用人单位向劳动者发放的"工作证""服务证"等能够证明身份的证件;(3) 劳动者填写的用人单位招工招聘"登记表""报名表"等招用记录;(4) 考勤记录;(5) 其他劳动者的证言等。其中(1)(3)(4)项的有关凭证由用人单位负举证责任。

【案例】

　　林萍和一家公司签订了一份《江西省普通高、中等学校毕业生就业协议书》,约定林萍大学毕业后到该公司工作。7月,林萍如期去公司上班,但公司一直没有与林萍签订劳动合同,林萍也认为自己有就业协议书在手,签不签劳动合同并不重要。次年1月,林萍突然被公司"解雇",而且公司拒绝给予任何经济补偿。林萍不服,向劳动仲裁委申请仲裁,劳动仲裁委认为,大学毕业生就业协议不同于劳动合同,也不能替代劳动合同,并且林萍没有提供证据证明其与公司之间的劳动关系,遂判决驳回了林萍要求公司按照《劳动合同法》规定给予经济补偿的申请。

　　在此案例中,林萍只与用人单位签订了《就业协议书》,解决了学校对大学生就业的指导和统计工作,明确了她未来的工作去向问题。但是由于没有签订书面的劳动合同,所以在林萍和用人单位之间的劳动履行中的权利义务关系并不明确。如果林萍不能举出切实的证据证明她曾在用人单位工作、曾是用工单位的工作人员,那么劳动仲裁委驳回林萍要求公司按照《劳动合同法》规定给予经济补偿的仲裁申请,就是正确的。一句话——"证据为王"!

【案例】

　　在一次人才招聘会上,甲公司表示愿意招聘小李为该公司的销售代表。这家企业地处偏远,小李并不特别满意,可是周围很多同学都已经签了就业协议书,小李十分着急,于是抱着"先就业,再择业"的心态签了就业协议书。就业协议书中约定,若小李在规定时间内未到公司报到上班,需向公司支付违约金1

万元。6月底小李经同学介绍,被一家大型国企录用。小李告知甲公司将不会去该公司报到,并要求甲公司退还就业协议书,以方便更改派遣证。但甲公司称,小李的行为构成了违约,应按就业协议书中的约定先支付违约金1万元。这时小李犯难了。

五、就业歧视

【案例】

小王是今年的应届毕业生,工科专业,属于市场紧缺型,同班的很多男同学都已经找到了单位,签好了就业协议书,可是包括小王在内的几个女生却一直找不到工作。有的单位甚至连她资料和简历都不看,原因是这些用人单位的招聘广告中几乎都有"本单位限招男生"或"男生优先"字样。小王对此很委屈也很气愤,却又无能为力,因此在自己的QQ签名档中写下了"不是我不优秀,只因我是女人",很多同学、朋友对此都颇有同感。

2009年,人力资源和社会保障部国际劳工与信息研究所牵头组成一个课题组,进行题为"反对就业歧视,促进就业平等"的专题研究。根据2 240份问卷的统计分析,结果显示:就整体而言,50%以上的被调查者认为我国就业歧视问题严重;仅有3.2%的被调查者在遭受就业歧视后采取过行动。而且我国的就业歧视问题实际上越来越严重,出现了年龄歧视、性别歧视、健康歧视、户籍歧视、籍贯歧视、身高歧视、外貌歧视、学历歧视、工作经验歧视、血型歧视、姓氏歧视、属相歧视、色盲歧视等。在2007年之前,虽然在我国《宪法》《劳动法》中已经有禁止就业歧视的规定,但由于一方面,对于就业歧视仅列举为民族、种族、性别、宗教信仰四种情形,另一方面对于劳动者遭受就业歧视通过何种途径获得救济缺少法律规定,所以就业歧视在我国有愈演愈烈之势。2007年我国颁布《就业促进法》和《劳动争议调解仲裁法》,对就业歧视的范围和解决途径进行了明确规定,在一定程度上可以起到遏制的作用。

在遭到就业歧视时怎么办? 2010年《现代快报》的一篇报道,对网友遭到就业歧视时,会采取的应对之策做过一个调查,结果如下:很多人在遭遇就业歧视时无奈地选择了放弃维权,另谋出路。

这在一定程度上说明了现阶段的一个非常现实的问题,即劳动者在遭遇就业歧视时维权的难度还很大。原因有很多,其中最关键的是通过向人民法院起诉的方式维权难度大,被歧视者常常面临法律专业知识缺乏、诉讼中无力承担预交的诉讼费用、举证责任负担等问题,导致打官司成本高,费时费力。普通劳动者通常难以承担。从以往实际出现的劳动者向人民法院起诉用人单位就业歧视的案例来看,很多有影响力的案件都是被歧视者在学术机构或民间公益机构的支持下进行的。故而在反就业歧视方面,不仅有赖于劳动者维权意识的进一步提升,更需要整个社会和国家的帮助,以及民事诉讼制度的完善。

六、见习期 PK 试用期

用人单位与劳动者建立正式劳动关系之前,一般会围绕对方是否符合自己的要求等具体情况进行了解和磨合。这种了解和磨合,在我国通过两种制度确立了下来,一是见习期制度,二是试用期制度。

见习期是对应届毕业生进行业务适应及考核的一种制度,不是劳动合同制度中的概念,而是人事制度中的一种安排。1981 年原国家教委、计委、劳动人事部联合发布的《高等学校毕业生调配派遣办法》第二十六条规定:"毕业生分配到达工作岗位后,实行一年见习的制度。见习期满后,经所在单位考核合格的转正定级。考核不合格的,可延长见习期半年到一年,延长见习期仍不合格的,按定级工资标准低一级待遇。"而试用期是用人单位和劳动者建立劳动关系后为相互了解、选择而约定的考察期,适用于初次就业或再次就业时改变劳动岗位或工种的劳动者,这是普遍适用于劳动关系的一项制度。由此可见,见习期与试用期并非一回事。在颁布了《劳动合同法》,实行劳动合同制度之后,见习期并没有被废除,而是与试用期并存。由此,有些用人单位要求毕业生有一年的见习期,而有些单位则直接与毕业生约定一个月到六个月的试用期,试用期过后即成为正式员工。还有一些单位,既规定见习期,又规定试用期,并且把试用期作为见习期的一部分。对此,劳动部在 1996 年全面实行劳动合同制时以复函的形式规定:"关于见习期与试用期。大中专、技校毕业生新分配到用人单位工作的,仍应按原规定执行为期一年的见习制度,见习期内可以约定不超过半年的试用期。"由于法律法规对见习期内的权利和义务没有具体的规定,因此,见习期与现行的劳动合同制确实有不相适应之处。如果用人单位仅仅规定了见习期,则见习期内的待遇及劳动关系,仍然按照国家人事部门及高等院校有关见习期的规定执行。如果用人单位既规定了见习期,又规定了试用期,则在试用期内执行《劳动法》和《劳动合同法》有关试用期的规定,试用期结束后见习期内,按照人事部及高等院校 1987 年发布的《高等学校毕业生见习暂行办法》第二条规定执行。该暂行办法第二条规定:"高等学校本、专科毕业生分配工作后,原则上都要安排到基层见习,见习期为一年。对入职前已从事一年有关实际工作的,经所在单位批准,可免去见习期。有些行业的人才,需要更长时间的实际锻炼,可以在见习期满后自行安排。"第七条规定:"见习期满,应及时办理转正手续,按期为其评定专业技术职务的任职资格,聘任相应工作职务,确定工作岗位。对达不到见习要求的,经所在单位讨论,报主管部门批准,延长见习期半年至一年,并将延长的期限和理由通知本人。延长期结束时,仍达不到要求的,不再延长见习期,另行安排工作,工资待遇按毕业生转正工资标准低定一级。对表现特别不好的,经所在单位领导批准,报主管部门审核同意后,可以辞退。"

为什么会出现见习期和试用期同时存在的情形? 这是由于见习期制度形成于 20 世纪 80 年代,当时在劳动用工方面采用的是国家计划安排统一招录的方式,见习期制度对于当时的干部和工人是一律适用的,亦即对于用人单位方没有特别的要求。但是从 20 世纪 90 年代开始,由于市场经济体制建立并进一步深化,干部和工人的身份区别已被公务员和劳动法中的劳动者所取代。针对公务员与其所在单位的法律关系,我国制定了《公务员法》来进行调整;对于劳动者与用人单位之间的法律关系调整,我国制定了一系列的劳动法律法规。而且特别规定劳动关系是建立在企业、个体经济组织、民办非企业单位等用人单位与劳动者之间的(也包括国家机关、事业单位、社会团体与其工勤人员之间)。但是确立见习期制度的相关规定至今仍然有效,对于那些传统上属于干部但是现在又未列入公务员序列的劳动者仍然可以适用,所以就出现了见习期和试用期有时会共存一体的现象。

【案例】

2009 年 1 月 5 日,大学毕业后一直没有找到合适工作的赵菲等 5 名毕业生,好不容易受聘于一家公司,签订了为期三年的劳动合同。签订劳动合同时,公司提出见习期一年,见习期内的工资比正式录用时的工资下调40%,见习期满后再执行正式工工资待遇。赵菲等人鉴于工作难找,加之该工作比较适合自己,只好答应。2009年12月1日,公司以"不符合录用条件"为由,通知赵菲等人已经被解雇。赵菲等5名毕业生对此提出了异议,认为依照我国《劳动合同法》的规定,试用期最长不得超过6个月,而且用人单位不得在试用期满后以不符合录用条件为由解除劳动合同。但是公司回应说,公司不是依据试用期制度而是依据见习期制度作出的解雇决定。

从该案例来看,赵菲等5名毕业生所在的公司既采用了见习期制度,又采用了试用期制度。劳动合同的期限是三年,试用期不能超过6个月,其间的权利义务关系直接适用劳动法律法规的规定,比如试用期的劳动报酬不得低于本单位相同岗位最低档工资或者劳动合同约定工资的80%,并不得低于用人单位所在地的最低工资标准。因此,赵菲等人在见习期的工资比正式录用时工资下调40%,这明显是违反劳动法律法规的行为;公司提出解除劳动合同的时间距离签订劳动合同之日已经超过了6个月的试用期,而劳动法律法规规定是不允许在试用期期满后再以不符合录用条件的理由来解除劳动合同的,所以这时公司提出解除劳动合同也是违法的。

七、劳动合同形式要求

我国2007年制定的《劳动合同法》规定了用人单位由于自身原因不与劳动者签订书面劳动合同的法律责任,即"用人单位自用工之日起超过一个月不满一年未与劳动者订立书面劳动合同的,应当向劳动者每月支付两倍的工资。用人单位违反本法规定不与劳动者订立无固定期限劳动合同的,自应当订立无固定期限劳动合同之日起向劳动者每月支付二倍的工资"。2008年实施的《劳动合同实施条例》中规定,自用工之日起一个月内,经用人单位书面通知后,劳动者不与用人单位订立书面劳动合同的,用人单位应当书面通知劳动者终止劳动关系,无需向劳动者支付经济补偿,但是应当依法向劳动者支付其实际工作时间的劳动报酬。

劳动者与用人单位没有签订书面的劳动合同,只是口头上达到一致,会不会影响到劳动关系？对此，《劳动合同法》特别规定，用人单位出于任何原因不与劳动者签订劳动合同，都要承担相应的法律责任；劳动者不与用人单位签订劳动合同，也要承担相应的法律责任，但是这个法律责任不会影响到已经履行的劳动合同的效力。若是用人单位不签订书面的劳动合同，那么可能会承担向劳动者支付双倍工资的责任，更严重的会被视为劳动者与用人单位之间已经建立无固定期限劳动合同；若是劳动者拖延，不与用人单位签订书面的劳动合同，那么用人单位有权书面通知终止劳动合同，但是用人单位要支付经济补偿金。

【案例】

2010年某工科学院毕业的小张被某私营企业录用，入职时，人事部门工作人员向小张介绍了公司的相关情况，比如有关劳动关系履行的时间、工资报酬、休息休假、劳动安全卫生、社会保险等事项，并通知小张直接上岗工作。小张提出来是不是应该签订一份书面的劳动合同时，该工作人员说只要小张同意这些事项就行了，签不签书面的劳动合同意义不大。

从这个案例我们可以看到，小张和公司之间就建立和履行劳动关系达成了合意。从形式上看是采用了口头的方式，从内容上看也包含了合同的履行期限、工资报酬、劳动规章制度、违约责任等方面，似乎只要双方依约履行就没有任何问题了。但是在我国，对劳动合同的形式，从《劳动法》开始就特别强调应当采取书面的形式，《劳动合同法》对此也再次予以强调，其目的很简单，就是当劳动者与用人单位因为劳动关系的权利义务发生纠纷的时候，能够有白纸黑字的证据。

八、劳动合同的解除和终止制度

我国《劳动合同法》中规定，对于用人单位违法解除劳动合同，而劳动者要求继续履行劳动合同的，用人单位应当继续履行；如果劳动者不要求继续履行的，用人单位应当承担经济赔偿金责任。

劳动合同的解除，是劳动者与用人单位之间劳动关系终结的形式之一，除了劳动者单方辞职或用人单位单方辞退劳动者之外，还可以因为双方当事人协商一致而解除;同时,劳动合同终止同样可以起到终结权利义务的作用。只不过解除是提前终结劳动关系,而终止一般是约定的履行期限届满或法定事由出现而终结劳动关系。无论是解除或是终止,都会涉及经济补偿金的适用,如果用人单位违法解除劳动合同而劳动者要求继续履行,则应当继续履行,劳动者不要求继续履行的,用人单位要承担经济赔偿金责任。经济补偿金,是用人单位依法解除或终止劳动合同时,对劳动者承担的义务;经济赔偿金,是用人单位违法解除劳动合同时,对劳动者承担的责任。

劳动者一方可以依据其自主意志进行自由的流动,但是用人单位的合法利益同样应当获得保障。因此,《劳动合同法》规定,劳动者享有辞职的自由和权利。但是在实践中,用人单位为便于自己的劳动管理,常常通过劳动合同中高额违约金责任的敲定达到限制劳动者自由流动的目的,所以《劳动合同法》规定只有在两种情况下,用人单位可以与劳动者约定违约金责任,其他情况下约定的违约金责任均属无效。第一种是上面案例中提到的用人单位在提供了专项培训费的情况下;第二种是用人单位中负有保密义务的劳动者,违背了保守用人单位商业秘密和竞业限制条款的情况下。其中对第一种情况下的违约金的上限法律还作出明确的限制。

【案例】

2011 年 6 月毕业的小王和公司签了期限为 2 年的劳动合同,但是只干了 5 个月,小王就以工作环境差、工资报酬低、没有发展前途为由,向公司人事部门提出书面辞呈。可这时正值公司销售的最关键时刻,如果同意他这个时候离职,公司很难及时找到合适人员替代,于是公司驳回了他的辞呈。小王无奈,只好继续工作了 1 个月,还是觉得难以坚持,悄悄离职。结果被公司起诉到法院,公司声称由于小王的不辞而别给公司造成了一定数额的损失,要求他承担赔偿责任。

【案例】

小赵 2009 年毕业后回到家乡的一家私营企业工作,签订了期限为 5 年的劳动合同。单位给有些岗位职工的工资较低,而且劳动条件恶劣,他对此深感同情。小赵经常在和这些职工的交谈中,流露出鼓励这些职工向单位管理层提出改善劳动条件、增加工资待遇要求的看法,并帮助他们草拟了一些申请书等。单位管理层发现小赵的这些言行之后,于2011年3月以他不安于本职工作,煽动工人闹事为由作出开除他的决定。小赵对此不服,认为单位的这一决定是违法的,要求继续履行劳动合同。

这两个案例都涉及劳动合同的解除,只不过一个是劳动者一方单方面提出解除劳动合同,另一个是用人单位方单方面提出解除劳动合同。在劳动合同的解除过程中,劳动者是应该听命于用人单位的安排,还是享有在劳动自由基础上的辞职自由呢?用人单位是否可以以享有经营自主权为由,随意解除与劳动者之间的劳动合同?劳动者的劳动权利究竟应该由谁来为他们做主呢?

从劳动的性质来看,劳动者出卖的是劳动力,但是劳动力与劳动者人身无法分割,因此辞职自由是劳动自由的一部分,而且我国劳动立法中对劳动者的辞职自由是给予了明确肯定的。因此,在案例一中,小王只要按照劳动法的相关规定,提前30天以书面方式通知用人单位解约,就是合法的行为,无须向公司解释理由,也无须获得公司的同意。公司所声称的小王不辞而别是不符合事实的,要求小王承担公司的损害赔偿责任也是没有法律依据的。

那么用人单位是否能以享有经营自主权来随意解除与劳动者之间的劳动合同呢?正如我们前面分析的那样,由于劳动者在与用人单位的劳动关系中处于实质上不平等的地位,如果赋予用人单位以劳动合同的自由解除权,很容易使劳动者处于劳动关系不稳定、受制于用人单位的状态。故而在我国劳动立法中,对于用人单位的单方解除权是予以收紧的,只有在法律明确规定可以单方解除的情形下、满足单方解除的限制性条件和程序要求的情形下,才能合法地解除劳动合同。小赵鼓励其他职工向公司管理层提出改善劳动条件、增加工资待遇等要求,并为他们草拟申请书等,这种行为是正当反映劳动者诉求的一种方式,不符合我国劳动立法中用人单位可以单方解除劳动合同的条件和程序规定,故而该公司的行为属于违法解除劳动合同。

九、解除劳动合同的依据

【案例】

2005年,王某进入中兴通讯(杭州)有限责任公司(以下简称中兴通讯)工作,劳动合同约定王某从事销售工作,基本工资每月 3 840 元。中兴通讯的《员工绩效管理办法》规定：员工半年、年度绩效考核分为 S、A、C1、C2 四个等级,分别代表优秀、良好、价值观不符、业绩待改进;S、A、C(C1、C2)的等级比例分别为 20%、70%、10%;不胜任工作原则上考核为 C2。王某原在公司分销科从事销售工作。2009 年 1 月后因分销科解散等原因,转岗至华东区从事销售工作。2008 年下半年、2009 年上半年及 2010 年下半年,王某的考核均为 C2,中兴通讯认为,王某不能胜任工作,经转岗后,仍不能胜任工作,故在支付了部分经济补偿金的情况下解除了劳动合同。2011 年 7 月 27 日,王某提起劳动争议仲裁。同年 10 月 8 日,仲裁委作出裁决：中兴通讯支付王某被解除劳动合同的经济赔偿金。中兴通讯认为其不存在违法解除劳动合同的行为,于同年 11 月 1 日起诉至法院,请求判令不予支付解除劳动合同赔偿金。

　　这是一个真实的案例,是最高人民法院 2013 年 11 月发布的第五批指导性案例中的一个。最高人民法院从 2011 年开始发布指导性案例,目的在于通过典型性案件的案件事实和法律适用的归纳和梳理,对下属各级人民法院类似案件审判起到指导、引导的作用。从本案的案件事实来看,王某在工作中并没有什么大的过错,只是工作业绩考核不理想,中兴通讯就要和他解除劳动合同。是否能够由公司单方决定解除劳动合同,关键要看劳动立法对此是如何规定的,以及什么是末位淘汰,末位淘汰是否构成劳动合同单方解除的法定原因。

　　末位淘汰制这种绩效考核管理方式,最早由美国通用电气公司前 CEO 杰克·韦尔奇提出,于 20 世纪 90 年代传入中国,目前深受国内一些企业追捧。这种管理模式在促使员工增强危机意识、竞争意识,最大限度地挖掘员工潜力,达到个人绩效的最大化方面有其积极的作用。在现实劳动关系中,用人单位往往将员工在绩效考核中排名末位作为不能胜任工作的表现,直接套用《劳动合同法》中规定的"不能胜任工作或严重违反用人单位规章制度"条款,达到强行与员工解除劳动合同的目的。

　　确实,我国《劳动合同法》第三十九条规定,用人单位可以单方即时解除劳动合同的一种情形是"严重违反用人单位的规章制度的";第四十条规定,用人单位提前 30 天书面通知或额外支付一个月工资以解除劳动合同的情形之一也包括"劳动者不能胜任工作,经过培训或调整工作岗位,仍不能胜任工作的"。那么,公司规章制度中只要有类似末位淘汰的规定,不论是否合理或合法,劳动者就应当遵从吗? 绝大多数公司基于企业管理和成本控制的需要,都会制定本公司的规章制度,通过规章制度来建立劳动秩序、规范劳动行为、提高经济效益,但是有些公司仅从自己角度考虑,导致规章制度存在一些在劳动者看来的不合理之处。如果存在这种在劳动者看来不合理的内容怎么办? 对此《劳动合同法》第四条首先明确用人单位有制定规章制度的权利,但是规章制度中涉及劳动者切身利益和重大事项时,要求由用人单位和工会或职工代表协商确定,也就是经常说的共同决定。此外,用人单位还需向劳动者公示或告知涉及劳动者切身利益的规定制度和重大事项,否则不对劳动者产生约束力,也就是用人单位不能以未经公示或告知的规章制度来约束劳动者。

　　如果用人单位将末位淘汰制纳入规章制度中,并履行了相关的法律程序,是否就意味着可以实施淘汰了呢? 在最高人民法院的这个指导性案例中,虽然法官没有给出具体的理由,但是认为考核中的相对排名并不能直接与是否胜任工作画等号。因此中兴通讯以王某在工作中考核排名靠后就等同于不胜任工作,从而解除劳动合同的做法属于违法行为,中兴通讯应依法向王某支付经济补偿标准两倍的经济赔偿金。

　　当然在实践中,也会遇到有些单位的规章制度不仅不合理而且不合法的情形,比如有的单位为了保证劳动者在工作过程中不被家庭事务分散精力,在规章制度中规定"本单位职工入职后三年内不得结婚生子""本单位职工应当严格遵守劳动规章制度,若因违反规章制度导致的人身财产损害责任自负"等。这些规定不同程度地违反了我国其他的法律制度,比如关于入职不得结婚的规定违反我国《宪法》人身自由和《婚姻法》结婚自由的规定。《劳动合同法》第八十条规定,用人单位直接涉及劳动者切身利益的规章制度违反法律法规的,由劳动行政部门责令改正,给予警告;给劳动者造成损害的,应当承担赔偿责任。当然实践中也经常遇到用人单位的规章并不违反法律法规的强制性规定,但是存在不合理的情形,这时能不能作为解除劳动合同的依据呢?《最高人民法院公报》在2014年第七期公布的一个案例中提到,"如果用人单位的规章制度超越合理权限对劳动者设定义务,并据此解除劳动合同,属于违法解除,损害劳动者的合法权益,用人单位应当依法支付赔偿金。"也就是说用人单位的企业规章制度不仅要合法而且也要合理,否则不能作为解除劳动合同的依据,不能对劳动者产生约束力。

十、劳务派遣中的三方关系

什么是劳务派遣?劳务派遣,是由劳务派遣单位与被派遣劳动者之间签订劳动合同,然后向用人单位派出该员工,使其在用工单位的工作场所内劳动,接受用工单位的指挥、监督,以完成劳动力和生产资料的结合的一种特殊用工方式,也是一种就业形式。劳务派遣与一般用工形式(普通全日制用工)之间的最大不同就在于:劳务派遣中有三方当事人,而普通全日制用工中只有双方当事人,即用人单位与劳动者。对于只有双方当事人的普通劳动关系,我们都比较容易解决相互之间的权利义务关系;但是对于存在三方当事人的劳务派遣,如何确定三方之间的法律关系就显得十分重要了。在我国《劳动合同法(修正案)》中对于这三方关系及其权利义务等做出了进一步的明确。首先,在派遣单位和用工单位之间,应当签订劳务派遣协议,明确约定派遣岗位和人员数量、派遣期限、劳动报酬和社会保险费的数额与支付方式以及违反协议的责任。很显然,在派遣单位和用工单位之间是一种民法的合同关系。其次,在派遣单位与劳动者之间是一种劳动关系,应当签订两年以上的固定期限劳动合同,除要明确一般劳动合同应当有的内容外,还应当明确被派遣劳动者的用工单位以及派遣期限、工作岗位等情况。第三,在用工单位和劳动者之间,法律没有明确到底是什么性质的法律关系,但是明确规定了用工单位对劳动者应尽的义务及法律责任等。同时还明确规定,无论是派遣单位还是用工单位违法,给劳动者造成损害时,由派遣单位和用工单位承担连带赔偿责任。

实践中,还有一种叫作"人事代理"的制度,看上去与劳务派遣有些相似,都有三方当事人。那么人事代理是不是劳务派遣?如果不是,两者之间有什么区别?如何分辨是劳务派遣还是人事代理?人事代理一般由政府人事部门所属的人才市场,按照一定的法律和政策规定,为用人单位办理人才引进、毕业生接收、职称评审、人事档案管理等事项。这项制度是随着 20 世纪 90年代市场经济体制的建立和发展,适应增强人才流动、将单位人员由"单位人"变为"社会人"的需要而形成的。在这项制度确立之初,一般服务对象是三资企业、民办高科企业、乡镇企业等不具备人事管理权限的非国有企事业单位,现在则发展到包括国有企事业单位在内的各种类型的单位和具有中专以上学历或取得专业技术资格的人员;服务的内容也从最初的单纯管理档案发展到代办社会保险、人力资源开发和信息咨询服务等各个方面。而且,2001 年 9 月人事部、国家工商总局修订的《人才市场管理规定》中规定,人才市场是为用人单位和劳动者提供中介服务的中介组织。从前述的人才市场的功能和性质来看,人才市场是不同于劳务派遣中的派遣单位的,人事代理也不是劳务派遣。

如何区分劳务派遣和人事代理呢?一般从两个方面来进行分辨。第一看主体。劳务派遣中是由派遣单位与劳动者之间签订劳动合同的,派遣单位按照法律规定必须是采用有限公司形式的企业法人,并且需要获得劳动行政部门的行政许可;但是人才市场是经过人事部门批准建立的中介机构,可以是事业单位也可以是企业,比如在江西就是由"江西省人才流动中心"负责人才中介工作。而且,一般可以从悬挂于这些组织办公场所的许可证和执照来进行区分。如果仍然觉得不好确定的,还可以登录当地的人力资源与社会保障部门的官网进行查询。第二看合同的内容。由于劳务派遣单位和人才中介服务机构都分别有自己的劳务范围,且不能超越业务范围提供服务,所以从所签订的合同的内容角度也可以进行分辨。人才中介服务机构的业务只是在使用劳动力的单位和劳动者之间提供相关的信息、培训、测评等,而劳务派遣中的派遣单位虽然也可能涉及信息的提供、培训服务等方面,但更重要的是派遣单位要给劳动者支付劳动工资、提供劳动安全条件、确定工作岗位及工作地点、安排工作时间和休息休假、缴纳社会保险金等。

【案例】

小王终于毕业了,可是今年的就业形势特别严峻,很多用人单位都不直接招聘人员,而是采用了一种叫作"劳务派遣"的方式,小王工作所在的中国移动某分公司也是如此。和小王签劳动合同的是一家叫"顶尖人力资源有限公司"的单位,小王的人事档案等资料都由该公司管理,而实际工作是由某移动分公司安排的。但是小王听说采用劳务派遣的方式对劳动者非常不利,经常发生派遣单位和用工单位之间推诿责任,导致劳动者的合法权益无法保障的现象。现在自己也面临着劳务派遣的方式,会不会也出现这种情形,如果出现这种情形该怎么办? 在与自己签订劳动合同的人力资源公司和实际就业的某移动分公司之间,谁才是自己真正的雇主?

可以说对于小王听说的情形、所担忧的状况现实生活中都是存在的,这要归因于劳务派遣这种比较特殊的劳动用工形式。在《劳动合同法》2008 年 1 月 1 日实施以后,小王可以不必过于担心劳务派遣用工中劳动者权益易受侵害的情形发生在自己身上了。因为,法律明确规定了派遣单位是被派遣劳动者的雇主(用人单位);用工单位虽然没有明确是雇主,但也要承担部分与派遣工作相联系的雇主应承担的义务及相关法律责任。

十一、用欺诈手段找工作

随着就业形势的日趋紧张,用人单位提高招聘条件的情形司空见惯,有些劳动者为了找到一份好工作或者为了应聘到更高的职位,对用人单位使用欺诈手段,后被用人单位发现,由此产生纠纷。在这类纠纷发生后,经常会涉及以下法律问题: 其一,对于劳动者采用欺诈手段与用人单位签订的劳动合同,是否可以被认定无效;其二,对于劳动者向用人单位提供虚假信息的,是否可以一概认之为劳动者实施了欺诈,因而确认劳动合同无效: 其三,如果用人单位与劳动者对于劳动合同是否属无效产生争议,应当如何解决;其四,因劳动者原因而签订的无效劳动合同,应当如何处理。

《劳动合同法》的第二十六条第一款第一项规定,以欺诈、胁迫的手段或乘人之危,使对方在违背真实意思的情形下订立或变更劳动合同的,合同无效或部分无效。第三十九条第五项规定,因为劳动者有本法第二十六条第一款第一项规定的情形致使劳动合同无效的,用人单位可以解除劳动合同。《劳动合同法》第二十八条中规定,劳动合同被确认无效,劳动者已付出劳动的,用人单位应当向劳动者支付劳动报酬。劳动报酬的数额,参照本单位相同或相近岗位劳动者的劳动报酬确定。第八十六条规定,劳动合同依本法第二十六条规定被确认无效,对一方造成损害的,有过错的一方应当承担赔偿责任。

在实践中,如果用人单位在招聘时提出的招聘条件违反法律规定或公序良俗,比如要求女职工未婚或入职后一定时间内不得结婚生子等条件,导致女职工为获得工作机会,在符合其他招聘条件的情况下隐瞒自己的婚姻状况,提供虚假信息,一般不会被认定为劳动者实施欺诈。

如果用人单位与劳动者双方对于劳动合同是否无效产生争议,依据我国《劳动合同法》第二十六条第三款的规定,对劳动合同的无效或者部分无效有争议的,由劳动争议仲裁机构或人民法院确认。

【案例】

日语专业毕业生小王,应聘时发现用人单位在招聘过程中开出的条件越来越高,仅仅靠自己即将获得的本科毕业证书很难满足其严苛要求,于是小王想到了找家办证机构给自己制作几份有"分量"的证书的办法,以此增加自己求职过程中的砝码。果然有家用人单位看中了他通过办证机构获得的"英语即时翻译能力"证书,与其签订了劳动合同。但是在翻译工作中,小王在与单位的日方贸易伙伴联系和沟通时却频频出错,给单位造成了一定的负面影响和经济损失。单位经过调查后发现小王所提供的各种证书大多为虚假证书,认为他在签订劳动合同中存在欺诈行为,因而所签订的劳动合同无效,并通知小王解除劳动合同。小王认为在工作中出现过错实属难免,而且自己在"日语专业毕业生"方面并未造假,对于用人单位作出的决定不服,因而双方之间发生争议。

本案中毕业生小王希望找到一份自己满意的工作的心情是可以理解的,但是如果为了达到自己的目的而采用欺诈、胁迫等手段,违反了法律上所强调的诚实信用原则和公序良俗,可能会给国家、集体或第三人带来经济利益的损失。

根据最高人民法院公报 2012 年第九期公布的"上海冠龙阀门机械有限公司诉唐某劳动合同纠纷案",法院做出的判决认定劳动者伪造虚假学历应聘并与用人单位订立劳动合同,对用人单位构成欺诈,用人单位知悉后可以据此解除劳动合同,且无需支付解除劳动合同补偿金。当然,如果劳动者一方是劳动合同中的被欺诈的一方,按照前述的条文规定,作为实施欺诈行为的另一方——用人单位也需要承担相应的法律责任。

十二、劳动争议解决程序

在现实生活中,任何人在与他人的交往中都有可能产生争议和纠纷,关键是出现了争议或纠纷如何解决。一般情形下对于劳动争议要申请仲裁,对仲裁裁决不服再向人民法院起诉。《劳动争议调解仲裁法》第四十七条规定,有下列情形的,除非劳动者不服仲裁裁决提起诉讼外,仲裁裁决为终局裁决:(1)追索劳动报酬、工伤医疗费、经济补偿或赔偿金、不超过当地最低工资标准12个月金额的争议;(2)因执行国家劳动标准在工时、休息休假、社会保险方面发生争议的。此外,2006年最高人民法院出台的《关于审理劳动争议案件适用法律若干问题的解释(二)》中规定,劳动者以用人单位的工资欠条为证据直接向人民法院起诉,诉讼请求不涉及劳动关系其他争议的,视为拖欠劳动报酬争议,按照普通民事纠纷受理。

按照我国《劳动争议调解仲裁法》的规定,劳动争议由劳动合同履行地或用人单位所在地的劳动争议仲裁委员会管辖;劳动争议仲裁的时效期间为1年,从当事人知道或应当知道权利被侵害之日起计算。若对仲裁的裁决不服,决定向人民法院起诉,是以劳动仲裁委为被告,还是以用人单位为被告呢?需要在多长时间内起诉?按照规定,应当在收到仲裁裁决书之日起15日内向有管辖权的人民法院起诉。这里有管辖权的法院一般是用人单位所在地或劳动合同履行地的基层人民法院。在起诉时,应当以仲裁的对方当事人也就是所在公司为被告提起诉讼;若是公司对仲裁裁决不服,公司可以以个人为被告提起诉讼。如果个人和所在公司都对仲裁裁决不服,又怎么向同一个人民法院起诉呢?在《民事诉讼法》中,把先起诉的一方列为原告,但是对于对方的诉讼请求,法院也会一并做出裁决。

当然劳动争议案件的纠纷解决程序是比较特殊的,如果是劳动争议之外的其他争议的话,争议当事人是可以选择和解、调解、仲裁、诉讼中的任何一种途径的,并且没有前置程序的限制和要求。

【案例】

小赵因与单位就自己被开除一事产生了争议,双方各持己见不肯让步,于是小赵一气之下将单位起诉到了法院,可是法院立案庭却告诉他,这个案子法院不能直接受理,作出了"不予受理"的裁定。小赵认为,自己的劳动权利受到了侵害,而且根据"司法是权益救济的最后屏障"的司法谚语,法院理应通过公正的司法判决来保护当事人合法权益。那么,法院的裁定是否合法呢?

　　本案中小赵选择了直接向人民法院起诉的方式,但是法院却拒绝受理。依照法律,法院真的不能直接受理吗? 如果真是那样,小赵该通过什么途径解决呢? 一般情况下,解决争议纠纷的方法有很多,比如和解、调解、仲裁、诉讼都可以。同样,在劳动关系中出现争议纠纷时,也可以选择各种非诉讼方式。但是,我国《劳动法》同时还规定,对于当事人之间纠纷和解、调解不成的或不愿意进行和解、调解的,一般情形下需要先向劳动争议仲裁委员会申请仲裁,对仲裁裁决不服的,可以向人民法院起诉。可见,对劳动争议案件直接向人民法院起诉是不符合我国《劳动法》对于纠纷解决程序规定的。所以法院立案庭告诉小赵,这个案子法院不能直接受理,这是有法律依据的。

十三、社会保险制度

　　社会保险是指国家为了预防和分担年老、失业、疾病以及死亡等社会风险,实现社会安全,而强制社会多数成员参加的、具有所得重新分配功能的非营利性的社会安全制度。迄今为止,几乎所有的国家都完成了社会保障立法的工作,建立起了包括养老、疾病、失业、工伤、贫困救济等在内的社会保障制度。工业社会中,家庭化解风险的能力逐步衰退,人们需要有别于家庭的方式来化解社会风险、解决问题。社会保险作为风险管理机制为人们所采纳,通过保险的责任分担机制,管理、化解社会风险,构筑社会安全秩序。因此社会保险建立的目的是预防社会风险、实现社会安全。个体作为社会成员享有个体自治,但是为了社会整体利益也应承担相应的社会强制。所以社会保险具有强制性:首先,当事人无法自主决定是否建立社会保险关系;其次,社会保险费的缴纳标准由法律直接规定;第三,请求社会保险待遇给付的条件具有强制性。我国自20世纪50年代开始逐步建立和完善保险制度,现已建立完善了包括养老保险、医疗保险、失业保险、工伤保险和生育保险等制度。社会保险基金主要来自参保人的缴费,国家的财政补贴为补充,体现了雇主、雇员、国家在社会保险方面的责任共担机制。根据我国现行的制度规定,不同社会保险险种基金的缴费率不同,具体如下表:

表7-2 我国社会保险基金的来源及其筹集比例

类 别	用 人 单 位	职 工	国 家
基本养老保险基金	企业缴纳比例一般不超过企业工资总额的20%。	个人缴纳比例,1997年不低于本人缴费工资的4%,1998年起每两年提高1个百分点,最终达到本人缴费工资的8%;自愿参保的无雇工的个体工商户、未在用人单位参加基本养老保险的非全日制从业人员以及其他灵活就业人员的缴费率为20%。	财政补贴
基本医疗保险基金	用人单位按照本单位工资总额的2%缴纳。	城镇企业、事业单位职工按照本人工资的1%缴纳;招用的农民合同制工人本人不缴纳。	
失业保险基金	用人单位缴费率应控制在职工工资总额的6%左右。	职工缴费率一般为本人工资收入的2%。	
工伤保险基金	企业缴费率最高不超过工资总额的1%。	职工个人不缴纳。	
生育保险基金	用人单位缴费为本单位职工工资总额乘以单位缴费率之积,费率由统筹地区经办机构确定。		

【案例】

毕业生小张经招聘到某公司从事销售工作,公司与小张就待遇等问题协商一致,准备签订劳动合同。但是,公司提出,由于要为职工办理社会保险,公司将根据规定每月从小张工资中扣除500多元的社会保险费。如果小张同意公司不扣缴社保费用,公司可以把应缴纳社会保险费的一半作为补贴发放给小张。小张心想:能多拿点现钱多好啊,并且自己年轻力壮工作当中小心谨慎,也不打算在这家公司干多长时间,办了社会保险不一定能够用得上。因此,小张跟公司协商不办理社会保险。公司同意了小张的要求,但要求小张就要求不办理社会保险的情况与公司签订补充协议。于是双方签订了一年期的劳动合同,约定每月工资3 400元;并在补充协议中明确,经小张要求,公司将不予办理社会保险,而将单位应缴纳社会保险金的一半作为补贴发放给小张。后来,小张在上班途中遭遇到机动车交通事故,车主应负全责,但肇事车主逃逸,小张要求公司为其申报工伤并为其报销医疗费等费用。公司以小张主动要求不办理社会保险,并且单位应缴纳部分已经随工资发放给小张为由予以拒绝。

本案涉及社会保险制度中的工伤保险制度。工伤是一种职业性伤害,简单来说,工伤就是劳动者在工作时间、工作地点因为工作原因而受到的伤害,此外与工作相关的情形,比如上下班途中受到非本人主要责任的交通事故等,也视同工伤。工伤保险就是对劳动者在受到职业伤害时,给劳动者本人及近亲属的一种救助。由于这些职业性伤害在工业化时代无法彻底地避免和消除,同时劳动者及其家庭的风险化解承受能力不足,故而逐步发展出了以工伤保险为代表的诸多社会保险制度。基于社会公平正义的追求,这些社会保险建立的目的是预防社会风险、实现社会安全。个体作为社会成员所享有的个体自由,应该为了社会整体的利益而承担相应的社会强制。故而社会保险制度除了具有社会性和保险性外,还具有鲜明的强制性,即任何人不得自主选择是否参加社会保险;社会保险的缴费义务人必须按照法定的标准和期限及时、足额缴纳社会保险金,否则构成违法。我国制定的《工伤保险条例》《社会保险法》对此都有明确的规定。

故而案例中的毕业生小张与所在公司签订的补充协议,约定小张不参加社会保险,公司将应缴纳的社会保险金以补贴形式发放给小张的做法是违法的。公司除了要承担因违法未缴纳社会保险金的行政责任外,对于小张所受到的伤害,在被劳动行政部门认定为工伤后,还要按照《工伤保险条例》规定的工伤给付标准向小张进行赔付。如果公司按规定为小张缴纳了社会保险金的话,这部分工伤赔偿就将由社会保险经办机构来支付了。

在社会上持有和小张一样想法的年轻人不在少数,希望当下的每月能获得更多的现金收入,对于以后则选择了走一步看一步的态度。有的用人单位出于减少成本支出的考虑,也不愿意为劳动者缴纳社会保险金。于是就出现了用人单位和劳动者协商一致不缴纳社会保险金的情形。对于这种情形,我们需要考虑的是:第一,社会保险制度是什么? 有什么用? 第二,社会保险是否可以由劳动合同的双方当事人自由协商予以排除? 第三,我国在哪些领域建立和完善了社会保险制度?

第八章　就业指导服务与就业援助政策详解

第一节　就业派遣

根据教育部规定,地方主管毕业生调配部门和高等学校按照国家的有关政策派遣毕业生,派遣毕业生统一使用《全国普通高等学校本、专科毕业生(毕业研究生)就业报到证》(以下简称"报到证"),江西省毕业生就业调配主管部门为江西省高等院校毕业生就业工作办公室(简称"省就业办")。

就业派遣,从传统理念来说,表面上只是报到证的打印和签发。随着高等教育大众化以及高校毕业生就业市场化,就业派遣的内涵除了报到证的打印和签发之外,还包括对就业政策的理解、职业生涯规划与就业指导、就业信息的收集和报送、就业率的统计等等。

就业派遣与毕业生的切身利益紧密相关,下面以江西省为例,对毕业生的就业派遣工作作具体解释和说明。

一、就业派遣工作程序

就业派遣有着严格的工作程序,为了能顺利到用人单位报到、顺利落实档案与户口等关系,毕业生应该主动了解本地和本校有关就业派遣工作的规定和程序,做到心中有数,积极配合,避免"有业不能就"等不必要的麻烦和阻碍。

江西省有关毕业生就业派遣的工作流程如图(8-1)所示。

二、毕业生资源信息

资源信息是指毕业生本人的基本信息(如姓名、性别、生源地、考生号、学号、

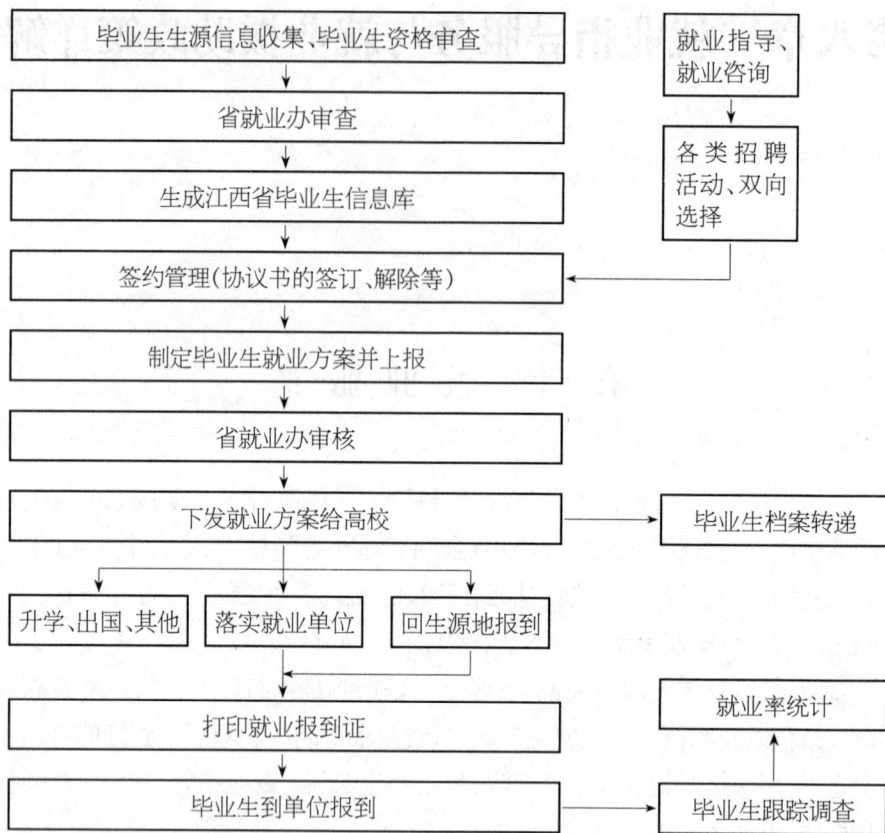

图 8-1　江西省高校毕业生就业派遣工作流程图

身份证号等）及其在学校的基本表现（如奖惩情况等）。各高校首先需要将毕业生的资源进行审查和认定，以便于将来就业派遣工作的顺利进行。

（一）生源地的确认

生源地是毕业生资源信息中的一项重要内容。在每年最终派遣计划生成后，主动申请回生源地的毕业生、未签署就业协议的毕业生，以及申请调整就业去向未获批准的毕业生，全部凭回生源地的报到证，到生源所在地市人事局报到。因此，如不能正确判断个人生源地或错误上报生源地信息，将导致毕业生档案投递错误，或因多次往返寄送增加档案丢失的几率，还会造成毕业生户口迁出后在规定的时间内无法落户，出现所谓"黑户"的情况。因此，毕业生要掌握确定生源地的方法，并向学校提供相关材料。

生源地是指学生的来源地。一般情况下,生源地是毕业生高考前的户籍所在地,但有的时候,生源地的判断容易出现问题。常见的情形主要有以下几种:

1. 借考

例如某学生小张,高考时户口所在地为上饶玉山县,高中时一直在南昌中学就读,并在南昌报名参加了高考。在上报资源信息时,小张的生源地应为玉山县。

2. 父母工作调动

例如某学生小李,高考时户口所在地为鹰潭贵溪,且在贵溪参加高考,在大学读书期间,其父母因工作调动至九江德安,并将户口迁移到工作单位。此时,小刘的生源地应为德安县。

3. 购买商品房

例如某学生小高,高考时户口所在地为上饶县,在大学读书期间,小高在南昌市购买了商品房,此时报送小高的生源地时应为南昌市。

特别提示:毕业生如遇到以上情况,请务必与学校就业部门老师联系,以免报错信息,增加不必要的麻烦。

(二) 上报资源信息的有关规定

1. 上报范围

毕业生在填报生源地信息时必须填至县级或市区级(如江西省上饶县或江西省上饶市信州区),下列情况的学生不在上报范围之内:

(1) 没有正式学籍的学生、旁听生;

(2) 成人教育、函授教育、网络教育、自考等学历教育学生;

(3) 港、澳、台学生(含国内学生在校期间持单程证赴港澳定居);

(4) 外籍生源学生;

(5) 已经确定不能正常毕业的学生。

2. 上报时间

江西省各高校在每年的 10 月前向省就业办上报下一年的本校毕业生资源信息。

3. 上报途径

为了统一管理和便于报到证的打印,各高校通过"江西省高校毕业生就业信息管理与监测系统",用统一的格式上报数据。

省就业办对各高校上报的资源信息进行数据整理(包括专业代码、生源地、培养方式等)、数据初始化后,生成当年的毕业生信息库,并上传至"全国高校毕业生就业管理与监测系统"。

三、制定就业方案与就业信息

各高校根据毕业生取得的有效的单位接收证明,制定本校毕业生的建议就业方案,并上报至省就业办。省就业办对此方案审核后,形成就业方案下发给各高校执行。

(一) 有效的接收证明

可列入建议就业方案中的用人单位接收证明,主要有 5 种:

1. 公务员录取通知书;

2. 各地市(县、区)人事局、教育局签发的录用通知书(函);

3. 省直及中央驻粤单位主管部门签发的录用通知书(函);

4. 省外单位所在地人事部门签发的录用通知书(函);

5. 普通高等学校毕业生、毕业研究生就业协议书。

(二) 建议就业方案的制订

1. 回生源地就业:毕业生必须取得生源地具体用人单位的接收证明,方能作为跨区域就业方案上报。

2. 跨地区就业:应有单位所在地毕业生就业主管部门的接收证明,才能作为跨地区就业方案上报。

3. 到省直及中央驻粤单位就业:应有该省直及中央驻粤单位主管部门的接收证明,才能够解决毕业生的户口和人事关系。

4. 到省外就业:应有单位所在地毕业生就业主管部门的接收证明。

5. 升学深造:应有录取通知书或调档函,学生提交相关证明材料经学校审核后上报就业办。

6. 出国(出境):毕业前已办理好签证手续,提交相关证明材料,经学校审核后上报就业办。

7. 其他不能正常毕业的:已办理了休学、退学、延长学习年限等,或结业、肄业等无法取得毕业证的。

（三）上报建议就业方案的时间

江西省每年的 6 月初至 6 月 20 日,为高校上报建议就业方案的时间。毕业生须将自己的就业信息(有效接收证明、就业单位组织机构代码、联系人、联系电话等)在本校就业工作部门要求的时间内告知学校,由学校编制建议就业方案并上报至省就业办。

（四）就业信息的上报

就业信息是毕业生具体的就业情况。江西省已建立了就业信息定期报告制度,各高校须在每年的 3—7 月(每月的 30 日前),将本校毕业生就业信息统计后上报省就业办。

四、就业方案

就业方案,即以报到证形式反映出来的就业信息。省就业办对学校上报的建议就业方案进行审核通过后,形成具体执行的就业方案,并以此为依据打印并签发报到证,对毕业生进行就业派遣。

每年的 6 月 20—30 日,省就业办制定就业方案,打印、签发报到证,届时高校停止报送就业信息。

五、报到证

报到证以前也称为"派遣证",其全称是《全国普通高等学校本专科毕业生就业报到证》和《全国毕业研究生就业报到证》,简称《报到证》,它是由国家教育部统一印制,省级高校毕业生就业主管部门签发,列入当年国家就业方案的毕业生才有的有效证件。报到证是毕业生就业派遣的书面依据,是毕业生人事关系正式从学校转移到就业单位的证明。

（一）报到证的形式和内容

一份报到证由正、副两联组成:正联(蓝色)叫《报到证》,由毕业生持有,到指定单位报到,副联(白色)叫《通知书》存入毕业生档案。

报到证的具体内容主要有:学生个人基本资料(姓名、性别、毕业院校、专业、学历、修业年限)、接收单位名称、报到地址、报到期限和备注等。毕业生报到的期限原则上为 2 个月。报到证样本如图(8-2)所示(以全国普通高等学校本专科毕业生就业报到证为例)。

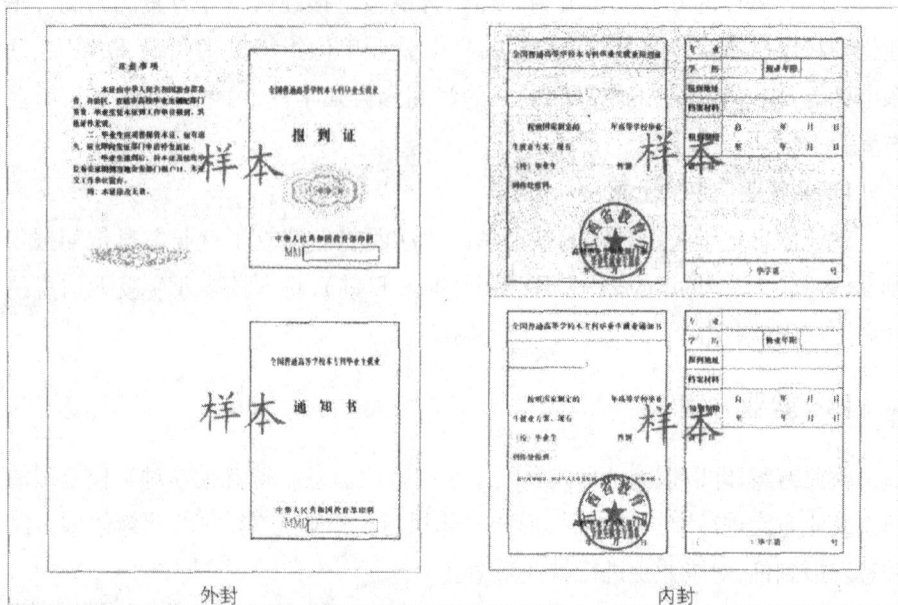

外封　　　　　　　　　　　　　　　　　内封

图 8-2　《全国普通高等学校本专科毕业生就业报到证》

(二) 报到证的作用

1. 证明持证人是纳入国家统一招生计划的普通高等学校毕业生。

2. 是接转毕业生的个人档案和户籍的依据。

3. 接收单位凭报到证予以办理毕业生的接收手续和户口关系。

4. 报到证是到接收单位报到的凭证,毕业生就业后的工龄由报到之日开始计算。

5. 报到证是毕业生在工作单位转正和干部身份的证明。

报到证目前仍在中国人事管理体制中扮演着重要的角色,因此,毕业生们应注意保管好自己的报到证,并在报到期限内到相关单位报到。如在报到期限内遗失报到证,毕业生应及时向学校写申请说明情况,并由学校报省就业办给予补办,除此之外的情况不予受理。

报到证一人一份,由其他部门印制或签发的就业报到证无效。毕业生要妥善保管就业报到证,不论什么原因,凡自行涂改、撕毁的就业报到证一律作废。

六、就业派遣

毕业生离校后,应持《报到证》和《户口迁移证》,到用人单位、人事主管部门或生源地就业主管部门办理报到手续,由上述单位或机构办理接收和落户手续。

(一) 回生源地就业

已与生源地具体用人单位签订了就业协议,将派遣回生源地。报到证上开具的接收部门为生源地毕业生就业主管部门,备注栏注明具体的用人单位名称。

(二) 省内跨地区就业

如单位所在地毕业生主管部门同意接收,表明该单位能够解决毕业生户口、人事关系,派遣该生时可直接派遣到单位所在地。报到证上的接收部门为就业单位所在地的毕业生就业主管部门,备注栏根据接收函而定单位名称。

如该单位无法解决户口和人事关系,按规定派遣回生源地,其报到证上的接收部门为生源地毕业生就业主管部门。

(三) 到省直及中央驻粤单位就业

到省直及中央驻粤单位就业的毕业生,报到证上的接收部门为该省直及中央驻粤单位的上级主管部门。

(四) 到省外就业

到外省就业的毕业生,派遣至该地省一级的毕业生就业主管部门。有具体工作单位的,在报到证的备注栏中注明。

(五) 未落实就业单位

未落实就业单位,将派遣回生源地,接收部门为生源地毕业生就业主管部门。

(六) 其他情况

1. 升学深造的毕业生

升学深造要以获得录取通知书或调档函为依据。保送、考取研究生和普通专升本的毕业生,不签发报到证;考取成人专升本或其他非普招系列的毕业生,签发回生源地的报到证。

2. 毕业后申请出国（出境）的毕业生

报到证签发回生源地。

3. 毕业后入伍的毕业生

报到证签发回生源地。

七、调整改派

毕业生的调整改派，是指在学校上报就业方案及主管部门核发报到证后，毕业生正式到用人单位报到前进行单位及地区调整的一种做法。通俗地说，就是指将签发到原单位的报到证、户口迁移证和档案等人事关系重新改签到新的用人单位或其上级人事主管部门。

一般来说，无特殊原因，毕业生不得随意办理改派。但毕业生如果已改变就业意向、更换单位，就需及时办理改派手续，否则会影响其人事关系的落实和解决。

江西省毕业生就业报到证改派的期限是毕业后两年内，超过两年需调整就业单位的不再办理报到证改派手续，可通过人事调动程序进行。

报到证改派的两种情况：

（一）在本地市内调整用人单位的，由本地市人事部门审批并办理改派手续。

（二）毕业后跨省或地市调整用人单位的，由省毕业生就业主管部门审批并办理改派手续（改派流程图 8-3 所示）。

八、报到证遗失补办

毕业生应妥善保管报到证，如遗失了报到证，应立即向省级就业主管部门申请补发新证或遗失证明，毕业后一年内报到证遗失的，可重新补发新证；毕业后超过一年遗失的，只能开具报到证遗失证明，其作用等同毕业生就业报到证。就业报到证补办程序为：

（一）由毕业生本人向学校毕业生就业部门提交书面申请。

（二）经学校毕业生就业部门核实后开具介绍函，再到省就业办办理补办手续。

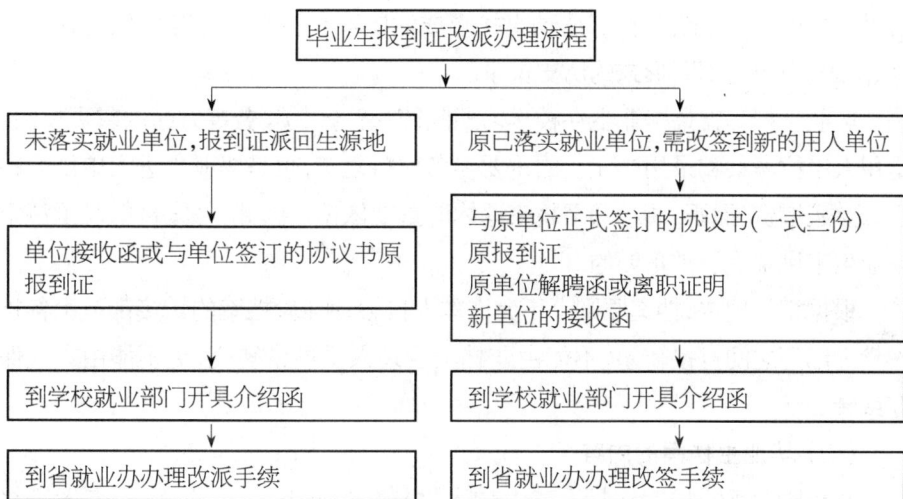

图8-3 毕业生报到证改派流程图

【案例】 寻找遗失的工龄

小张是江西省贵溪市人,2010年从省内一所大学毕业后来到上海的一家民营单位工作,合同期为三年,他的档案按规定寄回了鹰潭市教育局毕分办。2013年小张在与公司合同期满后回到了家乡贵溪,同年小张参加了该地江西铜业有限公司的招聘,并最终被铜业所录用。小张在进公司办理手续时突然发现找不到毕业时的报到证,这时他才猛然想起自己毕业时由于疏忽没有按时到鹰潭市教育局去办理报到手续。铜业公司人事部的工作人员告诉小张,没有报到证,他从2010至2013年参加工作的工龄就不能计算,为此,小张找到鹰潭市教育局毕分办,希望开具有关证明,但工作人员答复小张由于他当年没有及时报到,这期间的工龄也就无法计算了。

第二节 毕业生档案、户口

一、毕业生档案

(一) 档案的定义

档案是指过去和现在的国家机构、社会组织以及个人从事政治、军事、经济、科学、技术、文化、宗教等活动直接形成对国家和社会有保存价值的各种文字、图表、声像等不同形式的历史记录。

毕业生档案就是毕业生在校学习期间德、智、体、美、劳等方面的客观反映，是用人单位考察和录用毕业生的重要参考材料之一，也是毕业生进入单位后转正、定级、增资、提职、调动乃至将来退休的重要依据。因此，档案材料对于每个毕业生来讲都是非常重要的。

根据相关规定，档案原则上不允许本人接触，所以，档案的转接都是由各档案管理部门之间直接转递，不能由非档案管理人员携带转交，更不能由本人保存或转交。

（二）毕业生档案的内容

高校毕业生的档案包括：高中转入材料（学籍、思想品德鉴定、高考等材料）、高校学籍卡、高校毕业生登记表、毕业生体检表、实习总结、教师资格认定申请表、入团、入党等相关材料、奖惩决定文件及其他一些有必要装入档案袋内的相关材料。

（三）毕业生档案的去向

1. 已经签约的毕业生，其档案按就业协议书上规定的档案转递单位转递。

2. 升学继续深造的毕业生，其档案转至即将入学的学校或科研单位。

3. 出国的毕业生，将档案转至生源地毕业生就业主管部门的档案管理部门。出国留学的毕业生的档案也可转至教育部留学服务中心留学人员档案室。

4. 灵活就业或待就业毕业生，其档案可转至生源地毕业生就业主管部门，毕业生在落实具体单位后，再由生源地毕业生就业主管部门进行二次派遣，将档案调入所在单位。

（四）毕业生档案的转递

毕业生档案必须通过机要局或邮政部门寄往档案接收单位。单位工作人员来学校调档或阅档时，必须由单位出具证明，学校查看并记录工作人员的证件。档案不能由学生自己提取。

（五）我校毕业生档案的转递和查询

我校一般在每年的 8 月底前通过邮政 EMS 完成毕业生档案的转递工作，毕业生可通过电话咨询学校招生就业处（0793-8154136）或登录招生就业处就业信息网(http：//zsjy. sru. jx. cn/)查询自己的档案转递情况,通过邮政 EMS 转递的毕业生档案查询期限为一年。

二、户口

户口通常指"户籍",即公安部门以户为单位,登记本地内居民的册子。派出所的户籍民警,负责登记选册,记录每个家庭成员的姓名、性别、年龄、职业、住址、成员关系等各类资料。

户口是中国特有的一种户籍制度,中国政府依靠户口来统计中国人口方面的数据,因此,在中国,户口就是你最本质的证明。没有户口,就是"黑户",将面临种种麻烦,比如没法办理身份证,没办法登记结婚,没办法领取社会补助,没办法读书上学等。

然而"黑户"很常见,有些还是拥有本科文凭的知识分子。他们成为"黑户"的原因很简单,就是毕业以后"三不管",户籍档案关系"任逍遥",等到用的时候发现,自己竟然莫名其妙变成"黑户"了,所以大家一定要时常关注自己的户口。

一般来讲,毕业生户口有四种去向:

(一) 毕业后迁至工作单位所在地(工作单位有户籍管理的条件,比如政府部门、国有企事业单位等);

(二) 毕业后若没有落实单位,档案挂靠在人才交流中心的,户口迁入人才交流中心;

(三) 回原籍;

(四) 任逍遥,不知所终。

我国常见户口分三类:一是居民户口和集体户口,二是农业户口和非农业户口,三是城市户口与农村户口。办理户口迁移时,需开具户口迁移证。迁移时依据报到证上所填单位地址办理户口迁移手续。到新的工作岗位(单位)报到时,向报到单位所在地户口管理机关递交户口迁移证及有关证件,才可办理入户登记手续。

【案例】　　　　　善待自己的档案,别把档案变死档

小王于 2008 年毕业,毕业前跟江苏苏州一家企业签署了协议,报到证写的这家企业,档案也就随着到了苏州当地的人才中心,但小张毕业后并没去该企

业工作,后者就把档案邮回了学校。2008 年 9 月他从学校把档案拿出来后一直放在自己家里,现在想把档案落在南昌,但南昌人才交流中心说小张的档案里没有转正定级表、干部介绍信、工资证明信,因而无法接收他的档案。小王试图请苏州的企业给他开具这些材料,但苏州的企业表示小王没在那工作过,无法开具这些材料。苏州的人才市场也表示档案没在他们那放着,没理由给小王开具材料。小王现在不知道该怎么办,这就是说小王的档案断档了。

点评:案例中小王犯了两个错误。一是小王错误地由自己保管档案。档案管理是很严格的事情,只有具有人事管理权的地方才能保管档案,如各地的人才交流中心等,小王的档案因为放在自己手中,时间一长变成了死档,这也意味着他今后的职称评定、干部提拔等都将受到牵连。二是小王未能及时与苏州的企业解除协议,并办理改派手续,造成他的档案及户口均无处接收。正确做法是,小王应及时与苏州的单位解除协议,然后到学校办理改派,将档案派回原籍(根据我省的有关规定二年内可以改派)。所以,大学生毕业时还是要好好处理自己的档案。

第三节　中小学教师资格证的申请和认定

教师资格证是教育行业从业教师的许可证。在我国,师范类大学毕业生须在学期期末考试中通过学校开设的教育学和教育心理学课程考试,并且要在全省统一组织的普通话考试中成绩达到二级乙等(中文专业为二级甲等)以上。非师范类和其他社会人员需要在社会上参加认证考试等一系列测试后才能申请教师资格证。

本节内容我们将以江西省为例,结合我校的实际情况,对中小学教师资格的申请和认定工作作详细说明。

江西省中小学教师资格证考试改革从 2015 年正式实施,打破教师终生制且五年一审,改革后将实行国考,考试内容增加、难度加大。在校专科大二、大三,本科大三、大四才能报考。改革后将不再有师范生和非师范生的区别,想要做教师都必须参加国家统一考试,方可申请教师资格证。

一、中小学教师资格认定种类

(一)幼儿园教师资格;

(二)小学教师资格;

(三)初级中学教师和初级职业学校文化课、专业课教师资格(统称初级中学教师资格);

(四)高级中学教师资格;

(五)中等专业学校、技工学校、职业高级中学文化课、专业课教师资格(统称中等职业学校教师资格);

(六)中等专业学校、技工学校、职业高级中学实习指导教师资格(统称中等职业学校实习指导教师资格)。

二、申请中小学教师资格认定应具备的条件

(一)身份条件

申请认定教师资格者,应当是中华人民共和国公民,并且未达到国家法定退休年龄。

(二)思想品德条件

申请认定教师资格者,应当拥护中国共产党的领导,遵守国家宪法和法律,热爱教育事业,履行《中华人民共和国教师法》规定的义务,遵守教师职业道德,爱岗敬业,为人师表,教书育人。

(三)学历条件

1. 申请幼儿园教师资格,应当具备幼儿师范学校毕业及以上学历;

2. 申请小学教师资格,应当具备中等师范学校毕业及以上学历;

3. 申请初级中学教师资格,应当具备高等师范专科学校或者其他大学专科毕业及以上学历;

4. 取得高级中学教师资格和中等职业学校教师资格,应当具备高等师范院校本科或者其他大学本科毕业及以上学历;取得中等职业学校指导教师资格应当具备的学历,由国务院教育行政部门规定;

5. 取得高等学校教师资格,应当具备研究生或者大学本科毕业学历。

(四)教育教学能力条件

1. 普通话成绩达标

普通话成绩达到国家语委颁布的《普通话水平测试等级标准》二级乙等及以上标准。其中申请认定语文和对外汉语学科教师资格者,应达到二级甲等以上标准。

2. 非师范教育类专业

必须参加国家中小学教师资格考试,且笔试、面试均合格,取得教育部考试中心颁发的有效期内的《中小学教师资格考试合格证明》。

3. 全日制师范教育类专业

我省 2015 年以前(包含 2015 年)入学的全日制师范教育类毕业生,要求在校期间必须完成教育学、教育心理学两门课程的学习且考试成绩合格,必须参加中小学教学实习,实习时间不少于 3 个月。2015 年之后入学的全日制师范教育类毕业生,与非师范教育类专业申请要求一致。

全日制师范教育类专业毕业生,申请的任教学科与其所学专业不同的教师资格,以及已认定某一层次或种类教师资格,现申请另一层次或种类教师资格,不论是否属于师范教育类专业毕业,与非师范教育类专业申请人要求一致。

4. 具有良好的身体素质和心理素质

申请认定教师资格者应无传染性疾病、精神病史和绝症,能适应教育教学工作的需要,经相应的教师资格认定机构指定的县级以上人民医院体检合格。

(五)暂不受理下列人员认定教师资格的申请

1. 受过拘留以上治安、刑事处罚者;
2. 同一申请人在同一年内要求申请两种及以上教师资格者。

三、中小学教师资格认定的程序

(一)申请教师资格的网上报名

1. 申请认定中小学教师资格的时间为每年的 4 月份,申报人员登录中国教师资格网(网址: www.jszg.edu.cn)进行教师资格申请报名;凡已参加国家中小学教师资格考试且笔试、面试成绩合格的申报人员,选择"全国统考合格申请人网报入口";其他申请人选择"未参加全国统考申请人网报入口"。

2. 在网上申请报名时要仔细阅读注意事项,准确、如实填写申请人信息,自行下载打印填写好的《教师资格认定申请表》《思想品德鉴定表》等相关表格,按表中说明到有关部门盖章,在教师资格认定的现场确认阶段提交相应的教师资格认定机构审核。

3. 户籍在我省范围内的社会人员申请小学(幼儿园)、初中教师资格,应勾选本人户籍所在地县(市、区)教师资格认定机构指定的现场确认点;申请高中(含与高中相同层次)教师资格应勾选本人户籍所在地设区市教师资格认定机构指定的现场确认点。

经全国普通高等学校统一招生考试、研究生统一招生考试,由我省高等学校录取的应届毕业生申请小学(幼儿园)、初中教师资格,应勾选本人学校所在地县(市、区)教师资格认定机构指定的现场确认点;申请高中(含与高中相同层次)教师资格应勾选本人学校所在地设区市教师资格认定机构指定的现场确认点。

4. 我校毕业生网上申报教师资格认定注意的事项:

(1) 现场确认点:应届毕业生申报教师资格认定时在现场确认点一栏应填上饶师范学院。

(2) 教师资格认定机构:应届本科毕业生申请高级教师资格认定机构为上饶市教育局(学前、小学教育专业除外);学前、小学教育及专科毕业生申请初级教师资格认定机构为信州区教育局。

(3) 思想品德鉴定单位:申报教师资格认定的应届毕业生所在的二级学院。

(4) 工作单位:填写毕业生所在班级,如 15 文 1。

(5) 本人简历:从本人小学毕业后填写。

(6) 所学专业:按毕业证书专业填写。

(7) 申请任教学科:按照中华人民共和国教育部或省级教育行政部门制定的教学计划规定填写。本科申报高级中学××教师,专科申报初级中学××教师。

(8) 户籍所在地:填写至乡镇或街道办事处。

(9) 现从事职业:学生。

（二）申请教师资格认定材料

1. 师范类：

(1) 报名网下载打印的《教师资格认定申请表》两份；

(2)《申报教师资格人员思想品德鉴定表》一份；

(3) 学生成绩表一份(2015 年以前入学的师范教育类专业毕业生)；

(4) 身份证原件及复印件(往届毕业生需提供户籍证明)一份；

(5) 应届毕业生提供如期毕业的证明材料一份(学校教务部门盖章)；

(6) 往届毕业生,确因特殊情况未在应届毕业时申请直接认定的,须在毕业3 年内(毕业当年至第 3 年的 8 月 31 日前)向户籍所在地教师资格认定机构递交毕业以后历年未认定教师资格原因的书面证明申请认定教师资格。往届毕业生提供毕业证原件及复印件一份(教师资格认定机构对出具的毕业证书有疑问,可要求申请人提供学历认证报告,提交原件及复印件一份)；

(7) 申请认定教师资格人员体检表两份；

(8) 参加教育教学实习三个月以上,须提供接受实习的中小学开具原件证明和实习总结复印件各一份,本科学生应在中学实习,专科学生应在初中或小学实习,总结上要有清晰的实习学校公章并同时加盖二级学院公章；

(9)《普通话水平测试等级证书》原件及复印件一份；

(10) 与网络报名相同照片五张(蓝底一寸)。其中两份教师资格认定申请表和两份体检表上各贴一张,余下一张贴在其中一张教师资格认定申请表的封面上备用。

2. 非师范类：

(1) 报名网下载打印的《教师资格认定申请表》两份；

(2)《申报教师资格人员思想品德鉴定表》一份；

(3) 身份证原件及复印件(往届毕业生需提供户籍证明)一份；

(4) 应届毕业生提供如期毕业的证明材料一份(学校教务部门盖章)；

(5) 往届毕业生提供毕业证原件及复印件一份(教师资格认定机构对出具的毕业证书有疑问,可要求申请人提供学历认证报告,提交原件及复印件一份)；

(6) 网络打印的有效期内的《中小学教师资格考试合格证明》；

(7)《普通话水平测试等级证书》原件及复印件一份；

(8) 申请认定教师资格人员体检表两份；

(9) 与网络报名相同的照片五张(蓝底一寸)。

(三) 申请认定教师资格的体检、面试试讲

体检和面试试讲的具体时间由各级教师资格认定机构确定并通知申请者。

四、江西省中小学教师资格笔试考试

(一) 报考对象

申请幼儿园、小学、初级中学、普通高级中学教师资格的学生须分别参加相应类别的教师资格考试。符合下列条件之一的，方可参加考试：

1. 已取得合格学历者，且户籍所在地在江西，可报名参加考试。

2. 江西省内普通高校全日制在校本科大三、大四学生，专科大二、大三学生方可报名参加考试。

3. 2015 年以前(含 2015 年)已入学的师范教育类专业学生在毕业时可按照师范生首次申请认定与所学专业相应学科教师资格的政策，直接申请认定相应的教师资格。如果所申请教师资格的任教学科与所学专业不一致或不相近，须参加中小学教师资格考试。

(二) 报考条件

具有中华人民共和国国籍；遵守宪法和法律，热爱教育事业，具有良好的思想品德；符合申请认定教师资格的体检标准；符合《教师法》规定的学历要求。

(三) 时间安排

江西省中小学教师资格笔试考试时间有两个时间段，分别是每年的 3 月份和 11 月份。

(四) 考试科目

表 8-1 江西省中小学教师资格笔试考试安排表

时　间 类　别	＊＊年＊＊月＊＊日(星期六)		
	上午 9:00—11:00	下午 13:00—15:00	下午 16:00—18:00
幼儿园	综合素质(幼儿园)	保教知识与能力	
小　学	综合素质(小学)	教育教学知识与能力	

(续表)

时间 类别	**＊＊年＊＊月＊＊日(星期六)**		
	上午 9:00—11:00	下午 13:00—15:00	下午 16:00—18:00
初级中学	综合素质(中学)	教育知识与能力	学科知识与教学能力
高级中学			学科知识与教学能力
中职文化课			
中职专业课			
中职实习指导			

1. 初级中学学科知识与教学能力科目为：语文、数学、物理、化学、生物、历史、地理、思想品德(政治)、英语、音乐、美术、体育与健康、信息技术、历史与社会、科学等 15 个学科。

2. 高级中学学科知识与教学能力科目为：语文、数学、物理、化学、生物、历史、地理、思想品德(政治)、英语、音乐、美术、体育与健康、信息技术、通用技术等 14 个学科。

3. 笔试考试科目全部采用纸笔考试方式。每科考试时间为 120 分钟。

(五) 报名、缴费

笔试报名、资格审核和缴费三个阶段均在网上完成。

1. 报名流程：

(1) 登录。考生在报名期间内登录"中小学教师资格考试网(http://www. ntce. cn)"。

(2) 注册。考生需首先进行注册。按要求填写姓名、选择证件类型、填写证件号码等信息。

(3) 报名。考生按本人户籍所在地选择考区、报考类别和考试科目。在校生按就读学校所在地选择考区。

2. 资格审核：考试实行诚信报考。考生笔试报名资格审核由各设区市招考办(教育考试院)负责,网上审核主要审核考生照片及考生信息的完整性。

3. 缴费：报名考试费按每生 70 元/科的标准预收,具体按省发改委、省财政厅核定标准执行,多退少补。

(六) 其他事项

1. 考生在考前一周登录中小学教师资格考试网(www. ntce. cn)报名系统,自行下载并打印准考证。

2. 笔试成绩合格线由国家确定,笔试单科成绩有效期为 2 年。考生在外省参加中小学教师资格国考笔试,单科成绩合格,有效期内可跨省保留成绩。考生笔试各科成绩合格且在有效期内的,方可参加面试报名。

3. 考试不统一指定教材,考生可通过中小学教师资格考试网(www. ntce. cn)下载《考试标准》和《考试大纲》。

五、违规处理

(一) 违反《教师资格条例》,跨属地认定教师资格的,违规认定的教师按照《教师资格条例》第十九条规定予以处理;对有关责任人员,按照《教师资格条例》第二十二规定,由主管的教育行政部门依法给予行政处分;情节严重的,移送纪检、司法部门处理。

(二) 对申请教师资格人员材料审查工作渎职的工作人员,按照《教师资格条例》第二十二条规定,由教育行政部门依法给予行政处分。对提交假学历证书的申请者,按照《教师资格条例》第十九条的规定,取消认定资格,5 年内不得重新申请认定教师资格。

(三) 参加教师资格考试有作弊行为的,按照《教师资格条例》第二十条规定,其考试成绩作废,3 年内不得再次参加教师资格考试。

第四节　毕业生就业推荐表

一、推荐表的作用

毕业生推荐表是学校为帮助毕业生就业,专门向用人单位出具的一份正式的书面函。推荐表能证明该生的毕业身份、专业、培养方式等,并向用人单位简要介绍该生的在校表现。推荐表是以组织的形式向用人单位推荐毕业生,对用人单位来说具有较大的权威性和可靠性,因此大部分用人单位非常看重推荐表,把该表当作录用毕业生必备的书面材料。

推荐表全称是江西省普通高等学校毕业生就业推荐表,它是由江西省高等院校毕业生就业工作办公室为毕业生定制的一份统一格式的表格,毕业生根据自己实际情况填写表格内信息,内容填写必须真实可靠,学校盖章生效。

二、推荐表的内容

推荐表的内容包括:毕业生基本情况、教育背景、联系方式、教育经历、综合技能(英语和计算机水平)、社会实践情况、其他情况(获奖与科研情况)、学校推荐意见等,推荐表样表如图 8-4 所示。

三、推荐表注意事项

(一) 推荐表要有学院和学校就业主管部门的公章。

(二) 推荐表未包含毕业生学习成绩,毕业生成绩由教学管理部门另附。

(三) 推荐表应包含一些附件,如各种获奖证书、技能证书、社会实践证明材料等。

四、我校毕业生就业推荐表下载、填写及盖章流程

(一) 下载推荐表网址: http://jy.sru.jx.cn/lanmu_25.aspx。

(二) 推荐表信息填写: 个人基本信息必须真实可靠。

(三) 推荐表打印: 统一用 A4 纸打印,打印多份备用。

(四) 院(系)盖章: 由辅导员把关审核后填写推荐意见并加盖学院公章。

(五) 学校就业主管部门盖章: 由辅导员统一收好后到招就处就业科盖章。

【案例】　　　　　　诚信就业,认真填写自己的推荐表

小吴是江西省内一所高校的 2015 年应届毕业生,通过公务员考试录用到广东梅州的某司法部门,在其资格复审时单位发现他所提交的毕业生就业推荐表和学生证件等相关材料上专业不一致,单位立即向小吴所就读的高校就业部门电话核实,原来小吴在其就业推荐表上将自己所读的法学专业改成了单位招录时要求的法律专业。因小吴的个人信息不真实,就业不诚信,单位取消了他的录用资格。

_____届江西省普通高等学校毕业生就业推荐表

[毕业学校：　　　　　　　上饶师范学院　　　　　　　]

基本情况	姓名		性别		民族		相片
	出生年月		政治面貌		健康状况		
	生源地				邮政编码		
	家庭地址				家庭电话		
教育背景	所在院系				入学年月		
	专业		学历		学位		
	学号		培养方式	定向/非定向	毕业年月		
联系方式	联系地址				邮政编码		
	E-mail 地址				联系电话		

教育经历	起止时间	所在学校		担任职务	

综合技能	外语水平	
	计算机水平	
	其他技能	

社会实践	起止时间	工作或实践单位	岗位或工作内容

其他情况	[获得奖励或完成科研情况]

学校推荐意见	院(系)推荐意见： （公章） 　年　　月　　日	学校推荐意见： 　　以上表格内容填写情况属实,特此证明。 （公章） 　年　　月　　日		
		学校就业部门联系人	魏老师	电话	07938159830

（续图）

说明	1. 本推荐表中毕业生基本信息均由毕业生所在高校就业部门进行了认定。 2. 该生的学习成绩表由毕业生所在高校数学管理部门另附。 3. 本表须由毕业生所在高校毕业生就业部门盖章有效,用人单位可查看原件以核实其真实性。 4. 本推荐表使用范围为: 全省高校经普通招生计划录取的并即将毕业的学生,成人教育和自学考试等毕业生不在本推荐表的使用范围内。

江西省高等院校毕业生就业工作办公室　制

图 8-4　江西省普通高等学校毕业生就业推荐表(样表)

第五节　困难毕业生一次性
求职创业补贴

　　为贯彻落实《人力资源社会保障部、教育部、财政部关于做好高校毕业生求职补贴发放工作的通知》(人社部发[2013]43 号)、《江西省人力资源和社会保障厅、省教育厅、省财政厅关于进一步做好高校毕业求职创业补贴发放工作的通知》(赣人社字[2013]43 号)、《江西省人民政府转发国务院办公厅关于做好2014 年全国普通高等学校毕业生就业创业工作的通知》(赣府厅发[2014]24号)、《江西省人民政府关于大力推进大众创业万众创新若干政策措施的实施意见》(赣府发[2015]36 号)、《江西省人民政府办公厅关于深化高等学校创新创业教育改革的实施意见》(赣府厅发[2015]49 号)文件精神, 切实做好我省高校毕业生就业管理和服务工作,应及时发放困难高校毕业生一次性求职补贴和大学生一次性创业补贴,帮助高校毕业生尽快实现就业创业或参加到就业准备活动中。

　　困难毕业生一次性求职补贴和大学生一次性创业补贴的发放工作体现党和政府对困难毕业生和创业学生的关心和鼓励,涉及困难毕业生和创业学生切身利益。

一、困难高校毕业生一次性求职创业补贴

(一)申领对象

本省行政区内普通高等院校有就业愿望并积极求职的城乡居民最低生活

保障家庭、残疾或已获得国家助学贷款的应届毕业生,可以申领一次性求职创业补贴。

普通高校毕业生是指通过全国普通高校招生统一考试,按照国家计划经省级招生主管部门同意招收的、纳入《全国普通高等学校毕业生就业报到证》管理范畴的全日制高校毕业生。成人高等教育、高等教育自学考试、网络大学、各类非学历教育的毕业生均不在此范围中。

● 城乡最低生活保障家庭是指持有县以上民政部门核发的《城乡最低生活保障证》的家庭,其家庭成员是指具有法定赡养、扶养、抚养关系并共同生活的人员,包括户籍迁出的在校学生。

● 残疾毕业生是指持有《中华人民共和国残疾人证》的毕业生。

● 已获国家助学贷款毕业生是指得到国家助学贷款资助的毕业生。

(二) 补贴标准

一次性求职创业补贴标准为每人 1 000 元,同时具备多个条件的毕业生不累计发放。

(三) 发放原则

诚实守信、自愿申请、公开公正、属地管理、专款专用。属地管理指由普通高校校区所在地的设区市管理。委托办学、合作办学或独立学院毕业生申请求职补贴,由其所读高校向所在地设区市人力资源社会保障部门申报。

(四) 发放时间

为缓解困难高校毕业生在求职创业期间的生活困难,将申请发放时间提前。夏季毕业的毕业生一次性求职创业补贴申请时间为最后一学年的 10 月底,发放时间为最后一学年的 12 月底。

(五) 发放程序

1. 政策公告。每年开学,省内各普通高等院校要将一次性求职创业补贴发放的对象、标准、申请办法、拨付方式、监督举报电话等内容通过网络、短信(微信)、公告等及时告知本校应届毕业生。

2. 本人申请。申请人本人向所在高校就业部门领取并填写一次性求职创业补贴申请表,并提交申请人本人身份证及学生证原件和复印件、银行卡开户银行及账户。同时,根据申领对象的不同,提供相关证明材料,其中,低保家庭毕业生需提供城乡最低生活保障证,以及与受领人具有法定赡养、扶养、抚养关系等证明(如户籍证明);残疾毕业生需要提供《中华人民共和国残疾人证》;已获得国家助学贷款毕业生需要提供该生在校期间获得助学贷款的证明(学校资助中心盖章)原件和复印件。

3. 复核公示。高校就业部门对申请材料原件进行初审,通过初审的,名单在本校进行公示,时间不少于 5 个工作日。本校公示无异议的,由各高校代制汇总申请补贴人员名册和申请人账号,并附加盖学校印章的申请材料复印件,报送高校所在地设区市人力资源社会保障部门。申请材料主要包括:××年度一次性求职创业补贴人员花名册及申请人银行账号,一次性求职创业补贴申请审批表,其他申请材料复印件,并装订成册,一式三份。高校所在设区市人力资源社会保障部门受理材料之日起 10 个工作日内,要对申请材料的全面性、真实性进行复核。

4. 补贴发放。高校所在地设区市人力资源社会保障部门复核无误后,统一向同级财政部门提交一次性求职创业补贴拨款申请。财政部门收到拨款申请后,在 5 个工作日内将资金拨付至同级人力资源社会保障部门就业专项资金支出账户,再由各地人力资源社会保障部门将补贴资金拨付至申请人指定账户。

二、大学生一次性创业补贴

(一) 发放对象及条件

在校生和毕业 5 年内自主创业且已领取《就业创业证》的高校毕业生(含国内各类高校毕业生、出国(境)留学回国人员),在江西省行政区域内创办企业或从事个体经营,且稳定经营 1 年以上,可申请一次性创业补贴。

毕业 5 年内指申请人高校毕业证记录的签发时间到申请一次性创业补贴时不超过 5 周年。

(二) 补贴标准

一次性创业补贴标准为 5 000 元。

(三) 补贴申领程序

1. 自愿申请。符合条件的毕业 5 年内的高校毕业生向注册登记营业场所所在地基层人力资源社会保障事务所申请一次性创业补贴,在校生向所在学校就业部门申请一次性创业补贴。申请一次性创业补贴需要提供下列材料：

(1) 申请人材料：本人身份证、毕业证(在校生需提供学籍证明)、《就业创业证》(或《就业失业证》)原件及复印件、《营业执照(副本)》或《民办非企业登记证》《税务登记证(副本)》原件及复印件；

(2) 企业材料：《组织机构代码证(副本)》、企业财务报表、员工工资支付凭证等原件及复印件；

(3) 个体工商户材料：税收或免税证明、进货单、销售明细表或服务清单；

(4)《江西省大学生一次性创业补贴申请审批表》；

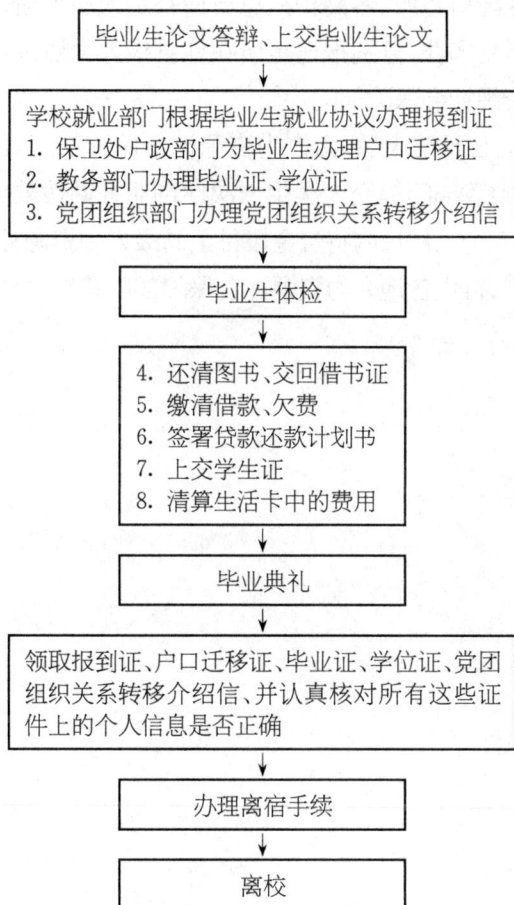

```
┌─────────────────────────────────────┐
│      毕业生论文答辩、上交毕业生论文        │
└─────────────────────────────────────┘
                  ↓
┌─────────────────────────────────────┐
│ 学校就业部门根据毕业生就业协议办理报到证     │
│ 1. 保卫处户政部门为毕业生办理户口迁移证     │
│ 2. 教务部门办理毕业证、学位证            │
│ 3. 党团组织部门办理党团组织关系转移介绍信    │
└─────────────────────────────────────┘
                  ↓
┌─────────────────────────────────────┐
│             毕业生体检                 │
└─────────────────────────────────────┘
                  ↓
┌─────────────────────────────────────┐
│ 4. 还清图书、交回借书证                 │
│ 5. 缴清借款、欠费                     │
│ 6. 签署贷款还款计划书                  │
│ 7. 上交学生证                        │
│ 8. 清算生活卡中的费用                  │
└─────────────────────────────────────┘
                  ↓
┌─────────────────────────────────────┐
│             毕业典礼                  │
└─────────────────────────────────────┘
                  ↓
┌─────────────────────────────────────┐
│ 领取报到证、户口迁移证、毕业证、学位证、党团   │
│ 组织关系转移介绍信，并认真核对所有这些证      │
│ 件上的个人信息是否正确                  │
└─────────────────────────────────────┘
                  ↓
┌─────────────────────────────────────┐
│            办理离宿手续                │
└─────────────────────────────────────┘
                  ↓
┌─────────────────────────────────────┐
│               离校                  │
└─────────────────────────────────────┘
```

图 8-5 毕业生离校流程图

（5）银行开设的基本账户。

2. 初审。人力资源社会保障事务所受理毕业5年高校毕业生申请后,应对申请材料进行审查,并对高校毕业生创业情况进行实地查看且以照片形式记录。所在学校就业部门受理在校生申请后,应对申请材料进行审查,并对高校毕业生创业情况进行实地查看且以照片形式记录。

3. 公示。毕业5年内高校毕业生通过审核的,应在人力资源社会保障事务所张贴公示并在县级人力资源社会保障部门网站上予以公示;在校生通过审核的,由所在学校予以公示。公示期均不少于5个工作日。公示无异议的,分别由人力资源社会保障事务所、各高校汇总申请补贴人员名册,并附加盖初审单位印章的申请材料复印件,分别报送至所在地县级人力资源社会保障部门、所在地设区市人力资源社会保障部门。

4. 审核拨付。公示结束后,由人力资源社会保障部门对初审材料进行审核,并统一向同级财政部门提交大学生一次性创业补贴拨款申请,财政部门收到拨款申请后,在5个工作日内将资金拨付至同级人力资源社会保障部门就业专项资金支出账户,再由各地人力资源社会保障部门将补贴资金拨付至申请人指定账户。

附表 2015 年全国各省区市毕业生回生源地派遣单位一览表

省市	单 位 名 称	联 系 方 式
北京市	**师范类、非师范类** **派遣单位**：生源地区(县)人力社保障局毕业生就业工作部门 **档案转递**：生源地区(县)人才服务中心	北京市人力资源和社会保障局大中专毕业生处 地址：北京市西城区永定门西街 5 号 邮编：100050 电话：63167955
天津市	**师范类、非师范类** **派遣单位**：天津市教育委员会或天津市大中专毕业生就业指导中心(切勿直接派至市、区县人事局) **档案转递**：天津市大中专毕业生就业指导中心	天津市大中专毕业生就业指导中心 地址：天津市南开区宾水西道 2 号枫林园三楼 邮编：300381 电话：022-23018725 022-23018720
河北省	**师范类** **派遣单位**：生源地区、市级教育局及定州、辛集市教育局，档案随转	河北省教育厅学生处 河北省石家庄市中山西路 449 号，邮编是 050051 学生处联系电话：0311-66005730 0311-66005132(传真)
河北省	**非师范类** **派遣单位**：生源地所在设区市人力资源和社会保障局及定州、辛集市人力资源和社会保障局，档案随转	河北省人力资源和社会保障厅人力资源市场处 地址：石家庄市维明北大街 118 号 邮编：050051 联系人：杨帆 电话：0311-88616771、88616287
山西省	**师范类、非师范类** **派遣单位**：生源地市、县(区)教育局(太原市为太原市大中专毕业生就业指导中心)，档案随转	山西省高校毕业生就业指导中心 地址：太原市学府街 25 号 邮编：030006 联系电话：0351-2241230、2241200、2241300、2241292

(续表)

省市	单位名称	联系方式
内蒙古	**师范类** **派遣单位**: 各地级市人力资源和社会保障局(包头市为公务员局,兴安盟为人才服务局,乌兰察布、阿拉善盟为教育局),档案随转	内蒙古高校毕业生就业指导中心 地址: 内蒙古呼和浩特市新城区丁香路5号 邮编: 010011
内蒙古	**非师范类** **派遣单位**: 各地级市人力资源和社会保障局(包头市为公务员局,兴安盟为人才服务局),档案随转	联系电话: 报到咨询: 0471-6204139、2856066 档案咨询: 0471-6204180、6372296
辽宁省	**师范类** **派遣单位**: 各地级市教育局或辽宁省大学生就业指导局(绥中县和昌图县为直管县可直接派遣至县教育局),档案随转	辽宁省大学生就业指导局 派遣咨询: 024-26901912 档案查询: 024-26901901
辽宁省	**非师范类** **派遣单位**: 各地级市人力资源和社会保障局或辽宁省大学生就业指导局(绥中县和昌图县为直管县可直接派遣至县人力资源和社会保障局),档案随转	辽宁省高校毕业生就业创业服务中心 代理咨询: 024-26901900 地址: 沈阳市皇姑区泰山路19号 邮编: 110032
吉林省	**师范类、非师范类** **派遣单位**: 吉林省高等学校毕业生就业指导中心 **档案转递**: 吉林省高等学校毕业生就业指导中心	吉林省高等学校毕业生就业指导中心 地址: 吉林省长春市金川街151号 邮编: 130033 电话: 0431-84625791转6201、6202 传真: 0431-84636128
黑龙江	**师范类** **派遣单位**: 各市(地)和县教育局(大兴安岭地区派至大兴安岭地区行署教育局)农场(农垦生源)、林业局(森工生源),档案随转	黑龙江省教育厅学生处 地址: 哈尔滨市香坊区赣水路12-8号 邮编: 150090 电话: 0451-82353558
黑龙江	**非师范类** **派遣单位**: 各市(地)和县人力资源和社会保障局(哈尔滨为市人才服务局(大兴安岭地区派至大兴安岭地区行署人力资源和社会保障局)、农场(农垦生源)、林业局(森工生源),档案随转	

（续表）

省市	单 位 名 称	联 系 方 式
上海市	**师范类、非师范类** **派遣单位**：上海市学生事务中心，档案随转	上海市学生事务中心 地址：上海市学生事务中心（上海市冠生园路 401 号） 联系电话：021-64829191 邮编：200235
江苏省	**师范类、非师范类** **派遣单位**：江苏省高校招生就业指导服务中心或生源地市（县）人才服务中心，档案随转	江苏省高校招生就业指导服务中心 地址：江苏省南京市鼓楼区上海路 203 号 邮政编码：210024 电话：025-83335765、83335764（传真）
浙江省	**师范类** **派遣单位**：生源所在市、县教育局，档案随转 **非师范类** **派遣单位**：生源所在市、县人力社保局，档案随转	浙江省高校毕业生就业指导服务中心 地址：杭州市华星路 203 号 联系人：邓老师、黄老师 电话：0571－88008635、88008656 传真：0571－88008661
安徽省	**师范类、非师范类** **派遣单位**：生源所在市、县人才交流服务机构，档案随转	安徽省大中专毕业生就业指导中心 地址：合肥市金寨路 188 号 邮编：230002 电话：0551－63608886（数据交换）、62999739（手续办理）
福建省	**师范类** **派遣单位**：福建省教育人才服务中心，档案随转 **非师范类** **派遣单位**：生源所在地市、县人力资源和社会保障局（或公务员局），档案随转	福建省教育厅高校学生处 地址：福州市鼓屏路 162 号 邮编：350003 电话：0591-87844868 福建省大中专毕业生就业工作办公室 地址：福州市东大路人才厦 12 层 邮编：350001 电话：0591-87674885
江西省	**师范类、非师范类** **派遣单位**：江西省高等院校毕业生就业指导服务中心，档案随转	江西省高等院校毕业生就业工作办公室 地址：江西省南昌市洪都北大道 96 号 邮编：330046 电话：0791-88556969、88692173 传真：0791-88503302

（续表）

省市	单　位　名　称	联　系　方　式
山东省	**师范类** **派遣单位：** 生源所在市级教育局，档案随转	山东省教育厅学生处 电话：0531-81916511 地址：济南市历下区文化西路 29 号 　邮编：250011
山东省	**非师范类** **派遣单位：** 生源所在市人力资源和社会保障局，档案随转	山东省人力资源和社会保障厅高校毕业生就业处 地址：济南市燕子山路 2 号 邮编：250014 电话：0531-88597896　88544043
河南省	**师范类** **派遣单位：** 生源地市（级）教育局（其中开封市、邓州市、汝州市、固始县、鹿邑县、新蔡县、长垣县、滑县、兰考县为人力资源和社会保障局），档案随转	河南省大中专学校学生信息咨询与就业指导服务中心 地址：郑东新区金水东路 39 号（金水东路与农业南路交叉口，中原出版传媒集团主楼西侧 2 楼） 邮编：450008 电话：0371-65795070（传真）
河南省	**非师范类** **派遣单位：** 生源地市（级）人力资源和社会保障局（其中固始县、鹿邑县、新蔡县、长垣县、滑县、兰考县直接派到县人力资源和社会保障局），档案随转	
湖南省	**师范类、非师范类** **派遣单位：** 湖南省大中专学校学生信息咨询与就业指导中心或生源地市、自治州教育局，档案随转	湖南省教育厅毕业生就业办公室 地址：长沙市雨花亭新建西路 37 号 邮编：410007 电话：0731-82816663、82816670
湖北省	**师范类** **派遣单位：** 生源地市州教育局（襄阳市、荆门市、孝感市、咸宁市、随州市为大中专毕业生就业指导办公室，黄冈市、潜江市为大中专毕业生就业指导服务中心，恩施土家族苗族自治州、神农架林区为人才交流中心），档案随转	湖北省高等学校毕业生就业指导服务中心 地址：湖北省武汉市洪山区石牌岭东一路 15 号 邮编：430070 电话：027-87678400

省市	单 位 名 称	联 系 方 式
湖北省	**非师范类** **派遣单位:** 生源地市、自治州大中专毕业生就业工作指导办公室(武汉市、鄂州市为人民政府大中专毕业生就业管理办公室,十堰市、宜昌市、仙桃市为教育局,黄冈市、潜江市为大中专毕业生就业指导服务中心,天门市为人力资源和社会保障局,恩施土家族苗族自治州、神农架林区为人才交流中心),档案随转	湖北省高等学校毕业生就业指导服务中心 地址: 湖北省武汉市洪山区石牌岭东一路 15 号 邮编: 430070 电话: 027-87678400
广东省	**师范类** **派遣单位:** 广东省高等学校毕业生就业指导中心或地级市教育局(广州市为广州市高校毕业生就业指导中心),档案随转	广东省高等学校毕业生就业指导中心 地址: 广州市农林下路 72 号 邮编: 510080 派遣咨询: 020-37626987 档案查询: 020-37627802、37626097
	非师范类 **派遣单位:** 广东省高等学校毕业生就业指导中心或地级市人力资源和社会保障局(广州市为广州市高校毕业生就业指导中心),档案随转	
广西区	**师范类、非师范类** **派遣单位:** 广西大学生就业服务中心或生源所在市、县人力资源和社会保障局 **档案转递:** 广西大学生就业服务中心或生源所在市、县人才服务管理办公室(梧州市人力资源和社会保障局)	广西大学生就业服务中心 地址: 广西南宁市教育路 3-1 号 邮编: 530022 电话: 0771-3859813、3839583
海南省	**师范类、非师范类** **派遣单位:** 各市县人力资源和社会保障局或就业局(海口市为人才劳动力交流服务中心、三亚市为市人力资源开发局,三沙市为海口市人才劳动力交流服务中心),档案随转	海南省人力资源开发局 海南省大中专毕业生就业指导服务中心 地址: 海口市白龙南路 53 号(琼苑宾馆斜对面) 邮编: 570203 电话: 0898-65351699、65341724

（续表）

省市	单 位 名 称	联 系 方 式
重庆市	**师范类** **派遣单位**：各区县人力资源和社会保障局（北部新区为人事局，万州区、沙坪坝区、巴南区、合川区、永川区、大足区、潼南县、梁平县、城口县、丰都县、云阳县、秀山县、酉阳县为教育委员会，万盛经开区为教育局），档案随转 **非师范类** **派遣单位**：各区县人力资源和社会保障局（丰都县为就业服务局，北部新区为人事局），档案随转	重庆市大学中专毕业生就业指导服务中心 地址：重庆市江北区红石路7号 邮编：400020 电话：023-88517388　88517378 传真：023-88517359
四川省	**师范类** **派遣单位**：各市州教育局（绵阳市为绵阳市教育体育局，自贡市、攀枝花市、德阳市、乐山市、宜宾、南充市、达州市、阿坝州、甘孜州、眉山市、资阳市、雅安市为人力资源和社会保障局），档案随转 **非师范类** **派遣单位**：各市州人力资源和社会保障局，档案随转	四川省普通高等学校学生信息咨询与就业指导服务中心 地址：成都市陕西街26号 邮编：610041 电话：028-86112806
贵州省	**师范类、非师范类** **派遣单位**：生源地市、州教育局，（遵义市所属区为遵义市人力资源和社会保障局），档案随转	贵州省普通高等学校毕业生就业工作办公室 地址：贵州省贵阳市八鸽岩路194号 邮编：550004 电话：0851-6812656　6810407
云南省	**师范类** **派遣单位**：各市、州人力资源和社会保障局（昆明市为昆明市教育局），档案随转 **非师范类** **派遣单位**：各市、州人力资源和社会保障局（昆明市为昆明人才服务中心），档案随递	云南省教育厅学生工作处 电话：0871-65157623、65157667 云南省大中专毕业生就业服务中心 电话：0871-65169216、65156863、65144557

（续表）

省市	单 位 名 称	联 系 方 式
西藏区	**师范类、非师范类** **派遣单位**：师范类为西藏教育厅师资管理处、非师范类为西藏人力资源和社会保障厅高校毕业生就业指导服务中心，档案随转	西藏人力资源和社会保障厅高校毕业生就业服务中心 地址：拉萨市北京西路46号 邮编：850000 电话：0891-6845857
陕西省	**师范类** **派遣单位**：生源地市级教育局（宝鸡市为各区、县教育局，咸阳市、铜川市、渭南市、韩城市、延安市、榆林市、商洛市为市人才交流服务中心，杨凌示范区为区人才交流服务中心，汉中市为各区、县人才交流服务中心），档案随转 **非师范类** **派遣单位**：生源地市级人才交流服务中心（西安市为市人力资源和社会保障局，汉中市为各区、县人才交流服务中心），档案随转	陕西省高校毕业生就业服务中心 地址：西安市长安南路563号 邮编：710061 电话：029 - 88668820、88668665
甘肃省	**师范类、非师范类** **派遣单位**：生源地市（州）人力资源和社会保障局，档案随转	甘肃省大中专毕业生择业指导中心 地址：兰州市皋兰路78号兴业大厦615房 邮编：730000 电话：0931-8960728
青海省	**师范类、非师范类** **派遣单位**：生源地所在各市、州、县人力资源和社会保障局，西宁市为西宁市人才交流中心，档案随转	青海省大中专毕业生就业指导中心 地址：青海省西宁市五四西路33号 邮编：810008 电话：0971-6302709
宁夏区	**师范类、非师范类** **派遣单位**：生源地级市人才交流服务中心（宁夏石嘴山市就业创业服务局人才交流服务中心），档案随转	宁夏大中专毕业生就业指导服务中心 地址：宁夏银川市文化西街108号自治区政务服务中心教育厅窗口 邮编：750001　联系人：田瑞 电话：0951 - 6026710　6982727（传真）

(续表)

省市	单 位 名 称	联 系 方 式
新疆区	**师范类、非师范类** **派遣单位:** 地市州及兵团人力资源和社会保障局(新疆生产建设兵团第八师(石河子市)新疆生产建设兵团第一师(阿拉尔市)新疆生产建设兵团第三师(图木舒克市)新疆生产建设兵团第六师(五家渠市)新疆生产建设兵团第十师(北屯市)新疆生产建设兵团第二师(铁门关市),档案随转	• 新疆维吾尔族自治区教育厅 地址: 新疆区教育厅学生处乌鲁木齐市胜利路 229 号 联系电话: 0991-7606192 邮编: 830049 • 新疆区人力资源和社会保障厅就业促进处 地址: 新疆乌鲁木齐市北京南路445 号 邮编: 830011 联系电话: 0991-3689695

参考文献

[1] 赵敏. 大学生就业指导[M]. 南昌：江西人民出版社,2015.

[2] 胡振坤,黄兆文. 大学生就业指导[M]. 天津：南开大学出版社,2013.

[3] 贺林香. 与毕业生朋友谈就业[J]. 江西教育,2016.

[4] 焦金雷. 大学生就业与创业指导[M]. 西安：西安交通大学出版社,2014.

[5] 曲振国. 大学生职业生涯规划与就业创业指导教程[M]. 西安：西安交通大学出版社,2015.

[6] 周新杰. 中国大学生就业[M]. 北京：全国高等学校学生信息咨询与就业指导中心,2016.

[7] 孙毅. 应届大学毕业生自我营销浅析[J]. 合作经济与科技,2015(10).

[8] 苏文平. 自我营销与个人职业生涯发展初探[J]. 企业经济,2004(10).

[9] 黎莉. 新经济条件下大学生的自我营销[J]. 科技资讯导报,2007(2).

[10] 郭秀英. "大学生"营销探析[J]. 中国大学生就业,2005(16).

[11] 李德福. 大学生就业心理分析及其对策研究[J]. 煤炭高等教育,2008(5).

[12] 杨东辉,刘春. 大学生就业指导与职业生涯规划[M]. 北京：中国建材工业出版社,2011.

[13] 张敏强. 大学生职业规划与就业指导[M]. 广州：广东高等教育出版社,2012.

[14] 金正昆. 社交礼仪教程[M]. 北京：中国人民大学出版社,2013.

[15] 冯刚. 大学,梦起飞的地方[M]. 北京：清华大学出版社,2012.

[16] 王明复,孙培雷. 大学生职业生涯规划与求职指导[M]. 北京：清华大学出版,2012.

[17] 刘俊彦. 用人单位看重什么[M]. 天津：天津社会科学院出版社,2011.

[18] 熊治梅. 大学生职业指导教程[M]. 北京：中国人事出版社,2002.

[19] 胡振坤,张宏磊. 大学生就业指导[M]. 武汉：湖北教育出版社,2009.

[20] 吴亚平. 大学生职业生涯规划与就业指导[M]. 上海：复旦大学出版社,2009.

[21] 童长清. 大学生就业指导教程：就业创业成功[M]. 北京：北京理工大学出版社,2009.

[22] 卢志鹏.大学生就业与创业指导[M].北京：北京理工大学出版社,2010.

[23] 陈国强.面试礼仪与口才[M].北京：中国经济出版社,2008.

[24] 李伟,赵瑛,张建民.新世纪大学生就业指导[M].西安：西安交通大学出版社,2002.

[25] 马恩,谢伟.大学生就业指导与发展活动教程[M].北京：清华大学出版社,北京交通大学出版,2011.

[26] 石勇,薛文湃.新编职业规划与就业指导[M].北京：现代教育出版社,2011.

图书在版编目(CIP)数据

大学生就业指导/黄时祥,俞智慧主编. —上海:复旦大学出版社,2016.12
弘教系列教材
ISBN 978-7-309-12741-6

Ⅰ.大… Ⅱ.①黄…②俞… Ⅲ.大学生-职业选择-高等学校-教材 Ⅳ.G647.38

中国版本图书馆 CIP 数据核字(2016)第 305261 号

大学生就业指导
黄时祥 俞智慧 主编
责任编辑/郑越文

复旦大学出版社有限公司出版发行
上海市国权路 579 号 邮编:200433
网址:fupnet@ fudanpress.com http://www.fudanpress.com
门市零售:86-21-65642857 团体订购:86-21-65118853
外埠邮购:86-21-65109143
上海浦东北联印刷厂

开本 787×960 1/16 印张 15.75 字数 229 千
2016 年 12 月第 1 版第 1 次印刷
印数 1—5 100

ISBN 978-7-309-12741-6/G·1669
定价:34.00 元